Michael Humphrey
Volker Hans Rey

**RIESEN-VOLKSBETRUG
IN DEUTSCHLAND UND EUROPA**

Michael Humphrey
Volker Hans Rey

RIESEN-VOLKSBETRUG IN DEUTSCHLAND UND EUROPA

Essays zur (Finanz-)Politik unserer Tage
und wie es besser werden kann

R. G. Fischer Verlag

Bibliografische Information der Deutschen Nationalbibliothek
Die Deutsche Nationalbibliothek verzeichnet diese Publikation in der Deutschen Nationalbibliografie; detaillierte bibliografische Daten sind im Internet über http://dnb.d-nb.de abrufbar.

© 2016 by R.G.Fischer Verlag
Orber Str. 30, D-60386 Frankfurt/Main
Alle Rechte vorbehalten
Schriftart: Minion Pro 11pt
Herstellung: RGF/pr
ISBN 978-3-8301-1717-9

Für

Giuseppina Kilic

Inhalt

Krise als Zustand 9

Gedanken zu unserer Zeit 15
Das platonische Zeitalter 16
Demokratie und Kapitalismus 22
Der Preis der Euro-Rettung und ihr Wert 28
Tricks der Haushaltsführung 34
Schattenhaushalte 44
Vom Sinn der Rettungsschirme 50
Die Lüge von der Errettung des Euro und andere 69
Demokratie und Recht 77
Wer bestimmt, was Journalisten berichten dürfen? 108
Der Unterschied zwischen inoffiziell und offiziell 116
Die mächtigste Frau der Welt 121
Mit offenen Armen – Flüchtlinge in Deutschland 127
Weg mit dem Euro 133
Befreiung von der Parteiendiktatur 140
Der geordnete Ausstieg 141
Bürgerkrieg und Revolution 157
Währungsreform 161
Neuausrichtung der Politik 188
Wir sind das Volk – Modell für direkte Demokratie ... 209

Was zu sagen bleibt 215

Unser Dank 219

Über die Autoren 221

Literaturempfehlungen 223

Krise als Zustand

Angela Merkel hat versagt – die Große Koalition hat versagt. Die Regierung schaffte weder eine gemeinsame Verfassung für Deutschland, schaffte es nicht, die Staatsschulden Deutschlands zu senken, noch Verbesserungen für das gemeinsame Europa zu erreichen. Im Gegenteil: Im Angesicht der Flüchtlingskrise offenbart sich, wie vielfältig Europa ist; wie viele Meinungen einem Dogma entgegenstehen, das Merkel im Auftrag der USA (und China) vertritt. Diese Finanz- und Wirtschaftsmächte beherrschen Europa, also auch Deutschland, und die schaffen durch Ungleichheit Unruhe.

Der weicher und weicher werdende Euro trägt kaum dazu bei, das Wirtschaftswachstum der Euroländer zu steigern – im Gegenteil: Die Schulden mehren und mehren sich. Dagegen helfen auch keine sogenannten Rettungsmaßnahmen in Form von billigen Krediten, die von der Europäischen Zentralbank gewährt werden, aber allein durch Minizinsen verursacht. US-Ratingagenturen ermöglichen zudem falsche Bewertungen. Sie verhelfen den Euroländern dazu, weiterhin billige Kredite zu bekommen, um Schulden zu bezahlen.

Deutschlands Schulden sind kaum mehr tilgbar. Am schlimmsten sind die Schulden, die in den Sozialsystemen stecken: die sogenannten impliziten Schulden. Sie entstanden durch das umlagefinanzierte Rentensystem, das zu Zeiten Konrad Adenauers beschlossen wurde.

Die von der Gro-Ko kürzlich beschlossene Rentenreform, trägt, wie schon das Umlageverfahren, dazu bei, dass die gegenwärtig Arbeitenden zu wenig in die Kassen einzahlen, um künftige Rentner zu finanzieren. Anstatt das leidige System zu unterbrechen, führte es Andrea Nahles (SPD) mit ihrer Rente ab 63 ad absurdum.

Ein ähnlicher Fehlschlag ist die Mütterrente, die demselben politischen Lager entsprang. Auch sie ist nicht finanzierbar, zeigt aber das partei-politische Konzept, das hinter der Arbeit unserer sogenannten Volksvertreter steckt. Während der Regierungszeit werden vermeintliche Erfolge erzielt, mit denen sich die Parteilager brüsten. Nach Ablauf der Regierungszeit verwandeln sich diese in Katastrophen und werden den kommenden Parteivertretern auferlegt, die Ausreden und Beschönigungen oder Lügen dafür finden müssen, das politische Versagen zu bemänteln. Anstatt also Strategien der Sache nach zu eröffnen, die langfristig Werte für Volk und Land schaffen, werden Projekte angepackt, die kurzzeitig partei-politischem Ruhm dienen.

Im Fall des Umlagesystems finanzieren heutige Arbeitnehmer die gegenwärtigen Renten; ihre Renten werden von der künftig arbeitenden Generation finanziert werden. Weil die eingezahlten Beiträge jedoch weder die gegenwärtigen Renten decken, noch Vorsorge treffen können, zahlt der Staat zu. So bleiben die Schulden und steigen sogar, obgleich die Renten gekürzt werden müssen. Die Rentenreform der Andrea Nahles hätte demnach niemals vom Bundestag bzw. Bundesrat genehmigt werden dürfen. Dass dies dennoch geschah, zeigt ein anderes politisches Konzept, das schadet: Obgleich kein langfristiger Nutzen erzielt werden kann, führen allerhand politische Verflechtungen nicht zur Abwendung, sondern nach Parteiendiktat zur Annahme, damit das Gesicht der Partei gewahrt bleibt.

Hatte Deutschland durch die Abschaffung der in Europa geltenden Wechselkurse und die halbwegs starke D-Mark als Exportmeister Vorteile durch die Einheitswährung, so vernichtete der Euro letztlich den Gewinn bringenden europäischen Handel, der eben von den unterschiedlichen Wechselkursen lebte. Europa als Staatengemeinde wurde auf diese Weise aus einem Wettkampf geworfen, den die USA, wenn auch sehr leise, ausgerufen hatten: das Ringen um die Weltherrschaft. Einzig China kann in diesem Wettstreit noch mithalten, da seine Gold gedeckte Währung und die halbwegs vernünftigen

Staatsfinanzen in einem Maße Schulden produzieren, die dem Staat (noch) nicht schaden.

Es wird sich zeigen, inwiefern die USA, die permanent an der Staatspleite vorbeischrappen, mit ihrem Konzept »Handelsabkommen« gegen das Konzept der Chinesen »Gold gedeckte Währung« im Kampf um die Weltherrschaft bestehen können. Klar ist aber: Europa oder gar Deutschland spielen in diesem Rennen keine Rolle mehr.

Alle Vorhaben, die die Große Koalition in ihrem Vertrag der Zusammenarbeit aushandelten, scheiterten daran, auf einen ausgeglichenen Haushalt zurückgreifen zu können. Schattenhaushalte täuschen über die Staatspleite hinweg; die Insolvenz des Staates wird mit Unsummen gemildert, die die Steuerzahler zu tragen haben. Hinzu kommen Kosten zur Beihilfe zur Insolvenzverschleppung anderer Euroländer, die Steuerzahler, Rentner und Kleinanleger tragen. Verbesserungen bei der Bildung, Fortschritte in der Umweltpolitik oder der Gesundheitspolitik wurden nicht erreicht. Überall fehlt Geld, zudem es sich die deutsche Regierung leistet, unternehmerischen Steuersündern Freiheiten zu gewähren, die schaden.

Damit verrieten deutsche Politiker das Wohl der Deutschen, verrieten den sogenannten Generationenvertrag, der besagt, die Altvorderen hinterlassen Werte für die Nachkommen. Deutsche Politiker vergingen sich auch an der Idee vom gemeinsamen Europa, indem sie wirtschaftlich notwendige Unterschiede abschafften und durch Eurokratie ersetzten, die keiner demokratisch legitimierten rechtlichen Basis oder Ordnung entspricht, sondern dazu beiträgt, die Schulden der einzelnen Länder zu stützen, so dass Europa in Rezession bleiben muss.

Seit nunmehr 20 Jahren gilt in Europa (inkl. Deutschland) der finanzielle bzw. wirtschaftliche Ausnahmezustand. Er hält an; er ist zum Zustand geworden, der unsere Zeit beschreibt. Die Hochfinanz erzielt die besten Gewinne an Verlusten; Renten, angemessene Arbeitnehmerbezüge und Vorsorge für unsere Kinder werden auf diese Weise verwirkt. Dass dieses Vorgehen, das Eliten vollbrachten, nicht ohne Betrügereien, Rechtsmissbräuche, sogar Rechtsbrüche, umzusetzen war, mag als beinahe notwendig erscheinen.

Um zu berichten, was die sogenannte etablierte Presse gern übersehen will oder es muss, weil es selbsternannten Eliten nicht passt, informieren Menschen für Demo-kratie über die Entwicklung der Krise, über die Berufsverkommenheit von Politikern, der Hochfinanz und anderer, im Internet unter www.menschenfuerdemokratie.de, aber auch in unserem Buch: »Das deutsche Desaster. Wie die Deutschen um die Demokratie betrogen werden und warum Europa kaum bessere Aussichten hat«, das im Mai 2014 erschien.

Wir kamen zu dem Schluss: Das erträumte Europa steht auf tönernen Füßen. Es müssen Voraussetzungen her (in Deutschland Notstandsgesetze), die die Macht der Hochfinanz brechen und die Souveränität der Staaten wieder herstellt bzw. neu ordnet, wie eine Insolvenzordnung für alle Euroländer, Währungsreformen, Amtsenthebung der Regierenden, Prüfung der strafrechtlichen Verantwortlichkeit, Neuwahlen, eine Rückkehr zu den Schengener Abkommen und speziell für Deutschland die Neutralität, die in einer neuen Verfassung verankert ist, ebenso wie endlich direkte Demokratie.

Keiner der Verantwortlichen der Krise wurde bisher im Sinne der europäischen Völker tätig. So geht der Irrsinn wohl in sein letztes Stadium. Für Deutschland gilt: Es ist kein Sozialstaat mehr und auch kein Rechtsstaat. Der Betrug, der über Jahre hin wirkte, kann kaum Besserung bringen. Demnach sind Deutschlands, wie Europas Aussichten nicht besser, sondern deutlich schlechter geworden.

Aus diesem Grund haben wir uns entschlossen, ein zweites Buch zu machen. Mehrere Essays beschäftigen sich mit verschiedenen Themen. Sie alle dokumentieren Gedanken über unsere Zeit, zeigen Handlungsmuster, denen Politiker folgen.

Aufbauend auf unseren Vorschlag, eine neue Verfassung für Deutschland zu präsentieren, die wir im Buch »Das deutsche Desaster« vorstellten, zeigen die Essays in diesem Buch Wege, die Deutschland aus der Krise helfen. Der wichtigste davon ist der Ausstieg aus dem Euro und die Währungsreform, wobei vor allem der Umgang mit den impliziten Schulden, also den Fehlbeträgen, die in den Sozialsystemen stecken, in Deutschland sofort geändert werden muss. Damit wäre dem Haushalt geholfen. Schattenhaushalte, Sparprogramme und sonstige sogenannte Rettungsmaßnahmen wären erledigt. Dazu legen wir ein Maßnahmenpaket vor.

Außerdem zeigen wir, wie Politik künftig zu Gunsten des Volkes gemacht werden muss und es Renten und Unterstützungsgelder geben kann, die sich nicht zu untilgbaren Schulden auswachsen. Dazu gehört die Neuausrichtung der Politik, aber auch anderer Verantwortlicher, wie des Rechtssystems.

Die Macht volksundienlicher Herrscher muss gebrochen werden, damit direkte Demokratie entstehen kann. Auch dazu legen wir ein Modell vor. Es zeigt, wie Regierungsarbeit oder politische Arbeit im Allgemeinen, künftig geschehen muss, denn alle Staatsgewalt muss vom Volk ausgehen.

Es darf nicht länger sein, dass Hochfinanz, Politik, Wirtschaft und Presse unser aller Schicksal bestimmen, und es fertigbringen, uns allen vorzumachen: Der Ausnahmezustand ist der normale Zustand, mit dem wir alternativlos leben müssen. Dabei ist es heute fraglicher denn je, ob sich die Auseinandersetzungen, die es bisher auf Konten gibt, zu einem Krieg auswachsen, der uns alle aus dem Leben reißt, das wir bisher kennen. Oder, dass eine Diktatur des Finanzwesens bleibt, die künftigen Generationen die Seele raubt.

Volker Hans Rey und Dr. Michael Humphrey

Gedanken zu unserer Zeit

Seit 1984 die ersten Verträge zur Einführung der gemeinschaftlichen Währung in Europa unterzeichnet wurden, hätschelte die Politik den Euro als Mission des Friedens und der Völkerverständigung.

Leider übersahen die eurokratischen Freudentänzler, dass die Einheitswährung die wirtschaftlichen Vorteile des europäischen Devisenhandels zunichtemachte und außerdem, dass sich die Staatsschulden der einzelnen europäischen Länder durch die Einführung des Euro (heimliche Währungsreform) zwar eine kurze Zeit verringerten, aber heute umso mächtiger zu Buche schlagen, weil der Euro rasant an Wert verliert. Die Maßnahmen, die dagegen ergriffen wurden, gehen als sogenannte Eurorettung in die Geschichte ein – es wird hoffentlich bald vielen, vielen Europäern klar, wie sehr die vermeintliche Rettung einem Verrat gleichkommt, der politische Lügen, Betrügereien und Staatsstreiche mit sich brachte.

Obgleich die Politikergilde bis heute zusammenhält und sich keiner Schuld bewusst zu sein scheint, ist es an der Zeit, das einst so geliebte Prestigeprodukt zu tilgen, denn der Euro ist unhaltbar geworden. Er verfällt zu schnell, wird weicher und weicher. Der Ausfall macht sich in den Staatshaushalten der Euroländer bemerkbar, in den sozialen Systemen und, was das Schlimmste ist, im Portemonnaie der Bürger, die ohnedies jahrelang um Anlagen und Renditen betrogen wurden, so bei Lebensversicherungen.

War es lange politisches Streben, den Euro einzuführen, muss er nun weg. Das Experiment ist gescheitert, zugeben wird das freilich kein Politiker. Die Bilanzen der Politik werden gesäubert, Fehler werden ins Gegenteil verwandelt – aber: Was ist das Gegenteil von einem Fehler?

Diese Aufgabe zu lösen, gebührt PR-Agenturen, die der Politik dienen, und der Presse. Sie handelt im Sinn des Irrsinns – verschleiert, beschönigt, umschreibt. Ein Beispiel dafür ist der 8. Oktober 2008. An diesem Mittwoch luden Kanzlerin Angela Merkel und Finanzminister Wolfgang Schäuble bedeutende Pressevertreter ins Kanzleramt, auf das sie dort die Weisung erhielten, »*keine schlechte Stimmung zu machen, denn dazu ist die Lage zu ernst*«. (Die Zeit, Nr. 6 vom 29.1.2009) Damals war der Immobilienriese Lehman gecrasht – heute wissen wir, dass seither nichts mehr besser geworden ist.

Noch immer ist es Aufgabe der Presse, gute Stimmung zu verbreiten, zu zeigen, wie gut es uns geht, dass die Krise vorüber ist, und dass schon alles gut werden wird. Aktionen der Politik, wie Terror und Kriegshandlungen, werden als miese Maschen des ewig Bösen ausgegeben, gegen die wir uns alle verteidigen müssen.

Es wird aber unmöglich werden, kommenden Generationen zu erklären, wie die untilgbaren Schulden in Europa, den USA und anderen Ländern möglich wurden. Wie es zur europa- und weltweiten Insolvenzverschleppung und Beihilfe dazu kommen konnte; wie die beinahe unendliche Steuerhinterziehung geschehen konnte, die Staaten schadet, und wie es passieren konnte, dass wieder einmal in der Geschichte, ein paar Wenige irrsinnig über Wohl oder Unwohl schier Unzähliger zu entscheiden vermochten, mit unkontrollierbaren Folgen.

Das platonische Zeitalter

Im Zuge des Verfalls des Euro handelt Politik unkontrolliert, zudem straffrei, denn juristisch festgelegte Mechanismen zur Kontrolle beispielsweise der Staatsmacht funktionieren nicht mehr oder werden durch Weisungsgebundenheit der juristischen Entscheider an die Politik ausgehebelt. Dies zu ändern bedarf rechtlicher Strukturen, die Verbote und Gebote schaffen – im Sinne des Staates, der nicht zwangsläufig ein Hort für ein Volk sein muss.

Ein Staat kann ganz allein von Mächten genutzt werden, die ein Volk zusammenhalten zum eigenen Nutzen. Mächtige, die eigentlich keinem Staat angehören zu brauchen. Für diese ist unwichtig, ob ein Volk – oder Völker – Mitspracherecht an politischen Entscheidungen hat, ob es überhaupt staatliche, juristische Strukturen gibt. Diese sind dienlich, zur Kontrolle des Volkes, zur Bestrafung des Volkes bzw. der Völker, die sich oft zu Staaten verbinden, wenngleich jede ethnische Zugehörigkeit fehlt.

Der Staat ist ein Konstrukt, geleitet und verwaltet von erbötigen Kräften. Die Mächtigen sind keine Politiker; mächtig sind die, die ein künstlich geschaffenes Diktat zum Zwecke des ständigen Gewinns manipulieren. Diese Mächtigen sind eine Handvoll Menschen, die sogenannte Hochfinanz. Sie zieht die Strippen; Politiker arbeiten in ihrem Auftrag. Politiker sind es, die vorgeben, andere Interessen zu vertreten, es aber gar nicht können.

Diesem Dauerversagen ist geschuldet, dass tatsächliche Werte, wie Demokratie, Gesellschaft, Wirtschaft, Politik, selbst Glaube oder sogar Wissen unterdrückt werden – Zerrbilder sein müssen. Es kann kein Wert gefunden werden, der beispielsweise politische, akademische oder anderweitige Leistung ermisst. Einzig der Wert dessen, was das Volk erwirtschaftet, ist ein reeller Wert, der jedoch allein der Hochfinanz dient. Mitmenschliches Leben in Staatsform scheint weltweit eine Art Beschäftigungstherapie geteilt nach Sprachen zu sein; die Anordnung, in der Geld kumuliert wird. Ein synthetisches Universum.

Dass auf dieser Basis ein Staat oder Volk beschützt werden muss, bedeutet, dass Staatsmächte aller Art, allein die Aufgabe haben, das Volk zu lenken – täglich zur Arbeit. Als Gegenleistung erhält der Arbeiter/Angestellte einen Minimalbetrag, mit dem er in einer Scheinwelt existiert. Der Faktor Geld schafft zudem Unterschiede; die menschliche Natur schafft Differenzen.

Dieses System der Mächtigen funktioniert seit dem Mehrprodukt. Es brachte Kriege und Krisen hervor – wie diese, in der wir gegenwärtig leben. Die Kontrahenten sind die durch ihre Abhängigkeit von den Geldwächtern begründete machtlose Politik und das entrechtete Volk. Diese beiden Seiten gehören eigentlich zusammen, wenn Politik im Sinne des Volkes und nicht im Dienst der Mächtigen geschähe. Der Drang der Menschheit, sich voneinander unterscheiden zu wollen, erhält den Mächtigen einen Graben, der das System der Rendite unterstützt.

Werte, wie beispielsweise Demokratie, sind in diesem anomischen Spiel Raum für Gedanken. Demokratie als Möglichkeit für das Volk, politische Entscheidungen zu beeinflussen oder mitzugestalten, entspricht Träumen, die keine Lösung bieten, die allerdings Ausdruck für das Maß der Ohnmacht sind, mit dem Politik versucht, Macht auszuüben und zu halten, um es den tatsächlich Mächtigen gleichzutun.

Die Sehnsucht des Volkes, sich selbst verwalten zu wollen oder zumindest Anteil an den Aufgaben zu haben, die Politiker sich als vermeintliche Staatsräsonierer an sich gerissen haben, wird durch Demokratie kaum erfüllt, auch nicht durch Bildung.

Demokratie ist somit vielleicht das wirkungsloseste Instrument zur Beseitigung irgendwelcher Krisen. Es ist an der Zeit, dass Politik endlich das Ziel erkennen und gemeinsam mit dem Volk, das sie wählt, den künstlich geschaffenen Graben überwindet und vielleicht den momentanen Umsturz der Welt für dieses Ziel nutzt, damit die Hochfinanz, die zu Beginn der 1970er Jahre alle Kontrollschranken aushebelte, um ihren vermeintlichen Siegeszug mit gewissem Ausgang zu starten, endlich ihre Ausbeute verliert. Es kann nicht mehr sein, dass nach Jahrtausende währender Menschheitsgeschichte Geld oder jedes andere künstliche Zahlungsmittel kumuliert wird, dessen Gewinn jedoch nicht dem Volk zukommt. Anstatt ein Volk zu kontrollieren, muss endlich die Hochfinanz kontrolliert werden. Dieses Ziel ist allein mit politischen Mitteln zu erreichen. Dazu braucht es andere, nämlich volksdienliche, Politiker und ein anderes, nämlich volksdienliches, Verständnis von Politik und Wirtschaft.

Historiker, Soziologen, Philosophen haben Demokratie bestimmt, sortiert, betrachtet und kritisiert. Einer der ersten Kritiker war der griechische Gelehrte Platon (428/427 v. Chr. bis 348/347 v. Chr.). Er lebte zur Zeit der sogenannten attischen Demokratie. Platon, der Schüler Sokrates' und Lehrer Aristoteles' war, beschrieb in dem ihm zugeschriebenen »Siebenten Brief« den Kosmos Athen.

Den zu dieser Zeit etwa 30 Jahre alten Mann »*schwindelte*« mit Blick auf die Demokratievertreter und er sah »*das Gemeinwesen in vollständiger Verwirrung*«. (Meier, Christian: Athen. Ein Neubeginn der Weltgeschichte, München 1997, S. 691.)

Das tägliche Hauen und Stechen im athenischen Senat war also kein Vorbild zur Entwicklung einer Volksherrschaft (›Demokratie‹ entstammt dem Griechischen; ›demos‹ bedeutet das Volk, ›kratia‹, bedeutet Herrschaft). Zur Zeit Platons regierten Aristokraten oder Plutokraten. Das Volk hatte kaum politischen Einfluss. Demokratie bedeutet demnach nicht, dass ein Volk regiert, sondern eine Volksvertretung, die im besten Falle vom Volk gewählt wurde. Der athenische Senat war eine Art Arena; Austragungsort politischer Bataillen, unnütz für das Volk.

Im besten Fall kann der Begriff Demokratie in der Bedeutung der Volksherrschaft als Übersetzungsfehler gelten. Charles de Montesquieu (1689 bis 1755), der in seinem 1748 erschienenen Buch »Vom Geist der Gesetzte« ausführte, in einem Staat müsse die Macht die Macht eingrenzen, da eine Erfahrung lehre, Menschen würden zum Missbrauch neigen, sofern sie eben Macht hätten. Um einen Diktator zu verhindern, bestimmte Montesquieu: In einem Staat müsse es drei Mächte geben, die gesetzgebende, die richterliche und die vollziehende. Montesquieu entließ diese Gedanken mit dem Hinweis, diese drei Mächte müssen unabhängig voneinander agieren. Für das heutige Deutschland, wie für die meisten der Länder unserer Zeit, kann allerdings festgestellt werden, dass diese Mächte nicht mehr unabhängig sind, geschweige denn, unabhängig agieren, sofern es sie im einem Staat überhaupt gibt.

Platon definierte Demokratie als Herrschaft der Menge, die »*mit Gewalt oder mit ihrem guten Willen […] über die, welche das Vermögen in Händen haben*« regiert (Der Staat, übers. und hrsg. v. Karl Vretska, Stuttgart 2000, 291d – 292a.). Es ist anzunehmen, dass der athenische Politzirkus ihn zu dieser Ansicht trieb – es brauchte eine Gegenmeinung; vielleicht haben diese Gedanken zu Überlegungen geführt, die er mit dem sogenannten Idealstaat beschrieb – einem Staat, von dem er verlangte, dass er allen Bürgern den Weg zur Wahrheit ermögliche; der Wahrheit, die in Dingen begründet liegt. Ein solcher Staat kümmere sich in erster Linie um Gerechtigkeit.

Die Frage, was Gerechtigkeit ist, beschrieb der Denker in seinem Buch »Politeia«. Demnach bedeutete sie, dass »*jeder seine Aufgabe vollende und nicht alles Mögliche betreibe.*« Diesem Gedanken lag zugrunde, dass »*jeder einzelne […] eine von all den Aufgaben des Staates durchführen [solle], wozu sich seine Naturanlage am besten eigne.*« (Platon: Der Staat, übers. und hrsg. v. Karl Vretska, Stuttgart 2000, je 433a und 433b.) Diese Anlagen des Menschen sollten zeigen, wer den Staat lenkte: Philosophen – oder: Menschen, die sich eine Position – am besten durch Denken – erarbeiteten; nicht beispielsweise Könige waren, gegen die Platon wetterte, weil sie eben zu der Zeit regierten als Platon lebte, allein durch Geburt regierten, dazu ausgestattet mit Vermögen, das allerdings nicht daher stammte, dass ein König dafür gearbeitet hatte.

Platon spielt damit auf die Unvereinbarkeit der Mächte Volk und Politik an; das Volk, das teils ungebildet gar nicht in der Lage ist, politische Entscheidungen zu treffen und Politik, die ihre Bildung dazu nutzt, am ehesten eigene Interessen zu verfolgen. In Philosophen sieht er die, die am ehesten dazu befähigt sind, vor ihrer eigenen Vernunft Rechenschaft über ihr Handeln abzulegen, was Platon als Beweggrund für all die ansieht, überhaupt einen Posten als verantwortungsbewusster Volksvertreter anzunehmen, der in der Lage sein will, für andere oder im Interesse anderer zu entscheiden.

Die grundsätzliche Kritik Platons an Demokratie ist demnach darin begründet, dass Herrscher ihre Rolle als Begünstigung der eigenen Person verstehen, in ihrer Rolle verharren, unfähig sind, ihre Macht sinnvoll einzusetzen oder sie aufzugeben. Das Unvollkommene des Menschen, nicht in erster Linie seine Interessen zu wahren, hat in der Politik verheerende Wirkung.

Grundsätzlich hat Platon mit seiner Kritik an der Demokratie genau den Zirkus beschrieben, der bis heute unter dem Label Politik veranstaltet wird. Er kostet jeden Staat Milliarden, manchen Menschen das Leben, nützt dem Volk kaum etwas, nützt allein denen, die unsichtbar Strippen ziehen.

Die haben sich zur Ohnmacht der Abhängigen – das ist ja Politik, wie Volk – das Mittel des medialen Überangebots ersonnen. War zu früheren Zeiten Bildung elitär, so wird sie heute für jedermann angeboten. In einer Welt, in der vielleicht zu schnell die Machenschaften der Strippenzieher aufgedeckt wären, wurde Dauerbeschallung installiert, die Ablenkung schafft, Menschen voneinander fernhält und weiterhin die schützt, die endlich kontrolliert, besser noch abgeschafft werden müssen.

Unser heutiges Zusammenleben, das gern als demokratisch beschrieben wird, krankt an denselben Unüberwindlichkeiten, wie zu Platons Zeiten. Das spielt in die Karten der wahren Herrscher – der Hüter des Geldes. Vielleicht müssen es keine Philosophen sein, die überhaupt Politiker werden sollten, aber der platonische Gedanke, es müssten Menschen sein, die grundsätzlich in der Lage sind, vor der eigenen Vernunft Rechenschaft über ihr Handeln abzulegen, sollte all denen innewohnen, die sich um ein Amt bemühen. Solche Herrscher allerdings gab es wohl nicht zur Zeit Platons, und auch heute nicht. Zumindest sind sie nicht diejenigen, die um Wahlprognosen bangen, notfalls durch Lügen Wählerstimmen jagen und die die

Geschicke unserer Zeit lenken; wie alle die, die noch immer zu Wahlen gehen, die an Stammtischen reden und die allesamt doch nichts unternehmen können. Sie alle sind Marionetten.

Wenn Kanzlerin Angela Merkel in ihrer Rede zum Reformationstag 2014 in der uckermärkischen Kirche von Templin behauptete: »*Gott wollte keine Marionetten, keine Roboter, keine Menschen, die einfach das tun, was sie gesagt bekommen.*« mag dies so sein – wir wissen nicht, was Gott denkt, was zur Frage führt, wie Angela Merkel dies wissen kann, wir wissen aber, dass Politik sich nicht gegen Strippenzieher wehrt – zu einem Nutzen, der mit Eitelkeit beschrieben werden kann, denn der Eintrag im Geschichtsbuch ist sicher. Die ach so großen Taten der Politik, die ach so edlen Handlungen und Ergebnisse werden oft falsch dargestellt – sind Teil der Zerrbilder, die an Universitäten oder anderen Bildungsstätten vermittelt werden. Auch dies ist ein Mittel, das den Strippenziehern dient. Volk und Politik zusammen sind wohl in der Lage, sich von den Strippenziehern zu befreien. Erst nachdem diese unschädlich gemacht worden sind, sind Werte wie Demokratie, Glaube, Wissen überhaupt möglich, denn erst dann leben wir in einer reellen Welt. Bis dahin leben wir noch immer im platonischen Zeitalter, das fern ist von jeder Demokratie.

Demokratie und Kapitalismus

Im Wort Kapitalismus steckt der Begriff Kapital. Gemeint sind hierbei Werte, wie Geld, Vermögen, Maschinen, andere, eine Produktion oder einen Handel unterstützende Mittel, mit dem Ziel Profit zu erwirtschaften. Diese Werte und diejenigen, die diese Werte besaßen bzw. besitzen sind diejenigen, die sich aufgrund dieser Profite bereicherten und damit Macht verbanden. Die Macht über diejenigen, die außer ihrer Arbeitskraft nichts besaßen bzw. besitzen. Sie scheinen dazu verdammt, zu dienen im Sinne der Kapitalisten, also derjenigen, die Kapital besitzen. Zu dieser Ungleichheit kommt, dass die Masse der Kapitalisten deutlich geringer ist als die Masse derjenigen, die den erwünschten Profit erarbeiten – die Arbeiter. Die Schieflage der Verteilung bringt mit sich, dass ein Zusammenleben von Kapitalisten und Arbeitern von Gesetzmäßigkeiten bestimmt werden, die sich danach ausrichten, stets den größtmöglichen Profit zu erhalten. Auf diese Weise unterliegen Kapitalisten und Arbeiter gleichermaßen der Abhängigkeit vom Profit.

Von dieser Schieflage ausgegangen, haben Arbeiter niemals die Chance Profit zu nutzen, um wiederum Profit zu machen; Kapitalisten hingegen erlahmen nicht an ihrer Arbeitskraft – sie können sich anderen Zielen, wie der Erfindung neuer Möglichkeiten, Profit zu schaffen, widmen. Dieser Betrachtung folgt: Wer Kapital hat oder darüber regiert und den Profit nutzt, ist mächtig. Er bestimmt dem sich ständig ändernden Kapital folgend, auf welche Weise Profit erzeugt wird und wie dieser eingesetzt wird, um entweder den Besitz des Kapitalisten zu mehren oder aber, um wieder eingesetzt zu werden, um mehr Profit zu erzielen. Der Weg des Kapitals, der immer dem meisten Profit folgt, ist damit ein Weg, der keine andere Macht als die der ständigen Mehrung des Profits zulässt.

Obgleich Kapitalisten auf diese Weise ebenso vom Zwang abhängen, der bei Wegfall unmittelbar die Existenz der Kapitalisten, wie der Arbeiter in Frage stellt, ist es mit der Zeit der Industrialisierung Sitte geworden, diesem Zwang, eine Macht zuzuordnen, die es Kapitalisten erlaubt, über das Zusammenleben der Arbeiter zu bestimmen. Dies geschieht durch Gesetze.

Gesetze sollten frei sein von jedwedem Zwang, denn Recht, auf dem Gesetze allein basieren sollten, sollte dem Zweck des Zusammenlebens entsprechen, den Rechten auf Solidarität und Freiheit.

Ist Recht, also auch Gesetz von Profit abhängig, so unterstützt dies allein die Macht des Profits. Es mag ein Fehler der Kapitalisten sein, zu glauben, dass diese den Profit unterstützende, aber eigentlich dem Freiheitswillen des Menschen nicht entsprechende, Gesetzmäßigkeit die eigene Macht begründet. Die Unfreiheit des Kapitals hat alle

Menschen in die Unfreiheit geführt – Freiheit hieße demnach, allein von der Fähigkeit des Menschen, nach Ermessen und allein abhängig von Bedingungen, die die Natur stellt, zu entscheiden. Zu dieser Freiheit gehört, dass alle Entscheidungen im Sinne der Menschen fallen, denn Menschen wollen leben, müssen zusammenleben, um der Natur und ihren Bestimmungen gewachsen zu sein. Zusammenschlüsse zu diesem Zweck können sich nach Maximen richten, nach Gesetzmäßigkeiten, die das Zusammenleben fördern. Sie dürfen nicht dem Zweck dienen, dass Menschen über Menschen herrschen. Sie sollten allein dem Zweck dienen, dass niemand über Menschen herrscht.

Profit jedoch herrscht über Menschen; dem Recht und Gesetz unterzuordnen, verleiht eine Scheinmacht, eine Scheinherrschaft, die nicht erst seit der Industrialisierung gilt. Unsere gesamte Welt hat sich insofern entmenschlicht als das sie es nicht schaffte, sich vom Profit und dem Zwang der Mehrung des Profits zu befreien. Frei ist demnach niemand; nicht selbständig handelnd. Nicht selbständig.

Freiheitliches Zusammenleben, das sich allein an menschlichen Bedürfnissen orientiert und der Selbständigkeit dient, sich jederzeit an naturbedingte Veränderungen anpassen zu können, denen der Mensch als Teil der Natur unterliegt, muss somit vor allem allen das Maß an Möglichkeiten bieten, das dem Erhalt des Menschen dient. Dies ist das Eigentum, das Maß alles Existenziellen. Dieses Maß muss die oberste Maxime des Zusammenlebens sein: Jeder hat den Besitz, der zum Lebenserhalt nötig ist.

Besitz oder Eigentum mögen sich historisch verändert haben. Die Frage danach, was ein Mensch zum Leben braucht, ist Moden unterworfen. Solange aber das Zusammenleben der Menschen jedem dies Eigentum garantiert, und ihm darüber hinaus Schutz seiner Habe oder Ersatz bei Verlust gewährt, solange überleben Menschen und richten sich in ihrem Handeln danach, was den Menschen als Teil der Natur ausweist: überleben zu wollen, sich vermehren zu können, zu essen und zu trinken, die Umwelt sinnvoll zu nutzen.

Eine Gemeinschaft, die mitmenschlich handelt, handelt nach diesem Gesetz; regelt die Gemeinschaft den Schutz des Eigentums und damit der Selbständigkeit, handelt sie freiheitlich im Sinne des Menschen. Gewährt eine Gemeinschaft ein Zusammenleben auf dieser Basis, so ist die Gemeinschaft in der Lage, freiheitlich zu agieren. Haben alle das, was sie zum Leben brauchen, ist die Gemeinschaft zudem in der Lage, zu überleben. Dies gilt für Gruppen, wie für Einzelne.

Abgesehen davon, was jeder Mensch zum Überleben braucht, sind Menschen verschieden. Sie haben unterschiedliche Fähigkeiten und Kenntnisse. Diese sollten dem Zusammenleben nützen, bringen es aber mit sich, dass Attribute zuerkannt werden müssen, die dazu beitragen, diese Fähigkeiten und Kenntnisse im Interesse des Zusammenlebens einzusetzen. Das bedeutet unter Umständen, dass sich ihr Eigentum mehrt. Wer, was besitzen darf, über den Bedarf des bloßen Überlebens hin, muss ebenfalls geregelt sein und dem Erhalt der Gemeinschaft untergeordnet werden. Gesetze müssen gemeingültig sein. Sie müssen allen der Gruppe entsprechen und von diesen zum Wohl der Gruppe festgelegt worden sein. Dieses Vorgehen wird als demokratisch bezeichnet.

Demokratie soll die Grundlage vieler Staaten sein, die heute existieren – richtig ist, dass sich die Gruppe, wie ein Volk, kaum selbst regiert, also Staaten wenig mit Demokratie zu tun haben. Die Selbständigkeit des Menschen, sein bedarfsgemäßes Eigentum, seine Freiheit, sind Begriffe, die sich an den Schieflagen unserer Existenz, vor allem aber an der Abhängigkeit vom Profit entleert haben. Hinzukommt, dass das Zusammenleben von Faktoren bestimmt ist, die sich schwerer als Kenntnisse, Fähigkeiten oder Bedürfnisse fassen lassen, wie Fürsorge oder Teilhabe derer, die ihren Beitrag zur Gruppe aufgrund des Alters oder anderer Umstände noch nicht bzw. nicht mehr zu leisten im Stande sind. Diese Grundlagen zu schaffen und zu erhalten, sind Ausdruck der Sozialität einer Gruppe, also des Maßes, das die Gruppe in der Lage sein lässt, jenen Teilen der Gruppe ein Recht auf Versorgung zu gewähren. Soziale Aspekte sind so wichtig, wie die materiellen bzw. auf Fähigkeiten und Kenntnissen beruhenden, denn sie gewähren das Überleben der Gruppe. Der Nachwuchs sorgt für die Erneuerung der Existenz; Ältere können mittels Erfahrungen helfen bzw. bei der Versorgung des Nachwuchses.

Das Prinzip, sich zu helfen, Hilfe zu gewähren und anzunehmen, ist ebenfalls eine Grundlage des Zusammenlebens, das ebenso wichtig ist, wie die Mitbestimmung jedes Einzelnen und der Gruppe an politischen Entscheidungen. Dem Einzelnen und der Gruppe gerechte Entscheidungen zu treffen oder durch Vertreter, die Eigentum, Freiheit und Selbständigkeit zum Wohl der Gruppe, also des Volkes, schützen, haben sich in unserer Welt am Zwang, stets mehr Profit schaffen zu müssen, zerstreut und mit ihm viele soziale Aspekte aufgelöst, die für die Gemeinschaft überlebensnotwendig sind. Diesen Zustand als gesetzlich gesichert zu bezeichnen, der Frieden und Freiheit fördert, fällt schwer. Allein, dass noch Frieden ist, zumindest in Europa, den USA oder in Asien (dort zum Teil), kann nicht mehr als Aushängeschild für Demokratie gelten. Es muss als entartete, entmenschlichte, dem Zwang verfallene Art des Zusammenlebens angesehen werden, die Menschen schadet.

Das Problem ist, dass sich Demokratie, wie wir sie kennen, nicht aus den genannten Bedingungen entwickelt hat, die das Volk als echte Lebensgemeinschaft auszeichnet, sondern, dass unsere sogenannte Demokratie auf einem Irrtum beruht: dem Zwang zu dienen, dem erreichten Profit stets mehr hinzufügen zu wollen. Alle sogenannten Werte unserer Welt, wie Freiheit, Teilhabe, Demokratie sind damit aufgehoben. Sie unterliegen einem künstlich geschaffenen Diktat, das die vermeintlich mächtige Mehrheit dazu missbraucht, einer im Gegensatz dazu vermeintlich ohnmächtigen Minderheit zu dienen. Beide Mächte sind aber nur so stark, wie der Zwang, dem sie entsprechen wollen. Hebt sich die Profitgier auf, weicht sie zugunsten wirklich freiheitlichen Zusammenlebens der Solidarität und Nächstenliebe, ohne den Zwang, die Macht der Gegenseite auf welche Art brechen zu wollen, dann haben Menschen eine Chance, wirklich freiheitlich, mitmenschlich und vielleicht sogar demokratisch zusammenzuleben. Ein solcher Umsturz kommt einer Polverschiebung gleich. Bei allem ist fraglich, ob die Menschheit nach den vielen tausend Jahren der Macht des Kapitals überhaupt in der Lage sein kann, tatsächliche mitmenschliche Werte zu entwickeln. Es stellt sich die Frage, wie mitmenschlich Menschen überhaupt noch sind.

Wie sehr die Attribute des Kapitalismus', wie Wettbewerb, Leistungslüge, juristische Willkür, heroisierende Berichterstatter, am Humanismus genagt haben; ihn verdorben haben, zeigt unsere heutige Gesellschaft, die Menschen für Demo-kratie in der Publikation »Das deutsche Desaster« dargelegt haben. Die Zeit wird zeigen, inwiefern es sich die Menschheit (wieder) zur Aufgabe machen kann, ein wirkliches Gebilde des Zusammenlebens zu gestalten, das auf freiheitlich demokratischen Grundzügen basiert, inwiefern Deutschland in der Lage sein kann, ein solches Zusammenleben zu organisieren.

Das Zerrbild einer parteipolitischen Diktatur, die es verstand, Freiheit gegen Scheinfreiheit auszutauschen und dieser ein Recht andiente, das der Unterdrückung des Volkes diente, das bietet Deutschland heute. Das Pochen politischer Vertreter auf demokratische Grundzüge, die auf einem undemokratischen Grundgesetz basieren, ist ein Hohn, der dem deutschen Volk nicht gerecht wird. Dieses Vorgehen untergräbt politisches Bewusstsein, demokratisches Handeln. Die Deutschen existieren heute zum Zweck ausgebeutet zu werden; sie haben keinen politischen Einfluss auf eine Handvoll Kapitalisten und eine Handvoll Politiker, die Kapitalisten dienen, obwohl sie dem Volk schwören.

Auf diese Weise kann niemand Orientierung in wirklichen Werten finden, allein Geld und Macht gilt es zu erstreben. Wer diesem System am besten dient, wähnt sich auf dem besten Wege, wird aber um seine Mit-Menschlichkeit betrogen. Der Erlös ist an die Kapitalisten gebunden, die weder staatlich vorgeschriebene, noch rechtliche oder moralische Prinzipien zu erfüllen brauchen – und mittlerweile sogar unabhängig von Staaten bestehen und regieren.

Die auf diese Weise passierte Entrechtung des Volkes, hier der Deutschen, ist sinnbildlich für alle Staaten Europas, wenn nicht der westlichen Welt. Sich also als fortschrittlicher Staat zu bezeichnen, darf Deutschland nicht. Vielmehr ist die Entwicklung des Landes nach dem 2. Weltkrieg ein Rückschritt in die Zeit des Feudalismus'.

Privates Eigentum, also der Besitz von Kapital zur Mehrung des Profits eingesetzt, muss der Gemeinheit dienen, muss sinnvoll und allen nützlich gesteigert werden oder aber so dirigiert, dass allen, alles zu Gute kommt. Hier Aufgaben zu bieten, muss Anliegen deutscher Unternehmer der Zukunft sein. Diese sinnvoll gesetzlich zu unterstützen, muss Aufgabe der Politiker und der Juristen sein. Das Volk jedoch muss endlich im Sinne einer echten, direkten Demokratie leben und arbeiten dürfen. Erst dann wäre Deutschland der demokratische und fortschrittliche Staat, der er sein könnte.

Es ist an der Zeit, mitmenschliche Bedürfnisse und Strukturen des Zusammenlebens vom Profit und seinen Neurosen zu trennen. Jede Regierung, die nicht unmittelbar diese Ziele verfolgt, muss entmachtet werden. Dafür müssen neue rechtliche Grundsätze geschaffen werden, wie eine neue Verfassung, die Menschen für Demo-kratie in ihrem Buch »Das deutsche Desaster« vorgestellt haben.

Der Preis der Euro-Rettung und ihr Wert

Wir leben heute mit der Tatsache: der Euro müsse gerettet werden. Davon spricht die Politik, davon spricht die Presse, davon sprechen Banken und Versicherungen. Die Währung Euro, die obgleich vieler Vorbehalte aus dem politischen Boden spross, erzielte nicht die angestrebten Werte. Die Währung verlor an Wert, und verliert weiterhin. Als Konkurrenz zum Dollar oder Yen versagte sie. Allerdings machten sich alle Regierungen der Länder abhängig von dieser Währung, wenngleich sie bei Einführung bedeutete, dass die Staatsschulden aller Länder, die den Euro als Währung einführten, sanken. Dies war ein gewünschter Effekt; dass die Währung nicht zu Wert kam, ein nicht bedachter, aber seitens der Politik und Wirtschaft nicht zu kontrollierender oder gar zu steuernder. Nach Einführung des Euro stiegen die Schulden der Euroländer. So gesehen, klingt es fast logisch, dass der Euro gerettet werden müsse, aber er kann nicht gerettet werden.

Kaum eine der Maßnahmen, die sich die Regierungen der Euroländer, die Notenbanken (allen voran die EZB) und Wirtschaftsfachleute ausdachten, griff über längere Zeit. Dem Stabilisierungsmechanismus (EFSM bzw. EFSF) folgten der Europäische Stabilitätsmechanismus (ESM), danach der Fiskalpakt (SKS-Vertrag) und schließlich der Ankauf von Staatsanleihen (gefährdeter Staaten) durch die EZB (zunächst SMP-Programm, ab September 2012 vom OMT-Programm abgelöst). Staaten erhielten zusätzliche Kredite zur Unterstützung, so Griechenland, mit einem Volumen von 80 Milliarden Euro; dazu gehören Kredite, die der IWF verschiedenen Euroländern gewährte. Zusammengenommen haben die Rettungspakete ein Volumen von 1849 Milliarden Euro. Politiker hielten sich mit Gesprächen und Diskussionen, Rechts- und Gesetzesbrüchen, Werteverfall und Demokratieversagen auf, verhandelten über Zusammenfassung der Anleihen, Zusammenfassung der Banken. Unter dem Strich blieben allein die Schulden. Denen wurden Milliarden entgegengesetzt.

Diese Milliarden sind Garantien für Kredite und Kredite zu niedrigen Zinsen (der Zinssatz wurde von der EZB zu diesem Zweck auf einen Minimalwert gesenkt). Im Prinzip Geld, das aus dem Nichts geschaffen wurde, das keinen Gegenwert hat. Dieses, sagen wir mal, theoretische Geld arbeitet aber. Zu diesem Zweck wurde es erfunden, denn: wenngleich es kaum einen Wert hat, so kostet es und bringt Einnahmen. Diese sind seitens der Hochfinanz erwünscht; der Finanzmarkt (vor 2008 die Finanzmärkte in aller Welt, heute im Euroraum die Staatshaushalte der Länder, die die Verantwortung zur Steuerung ihrer Budgets an die EZB abgaben; diese wurde zur Bad-Bank, zur einzigen in Euroeuropa).

Das Prinzip, das hinter der vermeintlichen Eurorettung steckt, ist einfach: Keine Bank vergibt einen Kredit ohne Sicherheit, also einen Gegenwert, der der Höhe des Kreditwertes entspricht, damit im Falle, dass der Kreditnehmer seine Raten nicht mehr bezahlen kann, die Bank nicht auf Schulden sitzenbleibt. Während der Kredit läuft, erhält die Bank Gewinne auf Zinsen; der Kreditnehmer zahlt sie. Da die Summe in Höhe des Kredits zusätzlich als Anlage am Finanzmarkt gehandelt werden kann, da der Kredit eigentlich nichts weiter ist als eine zu erwartende Summe, die zur Bank zurückkehrt (oder deren Gegenwert), fahren die Banken über diesen Weg Gewinne ein. Der Kreditnehmer hat davon nichts. Er partizipiert nicht an den Gewinnen der Bank, die mittels seiner Einzahlungen erzielt werden. Unter Umständen kann er Kosten bei der Steuer absetzen.

Auf Ebene der Euroländer werden Kredite ohne Sicherheiten vergeben. Es gibt keinen reellen Gegenwert, mit dem ein Staat die geborgte Summe ablösen könnte, sofern er seine Raten (plus Zinsen) nicht mehr zahlen könnte. Könnte der Staat seine Verbindlichkeiten nicht mehr ablösen, machte die Bank Schulden, würde vielleicht Konkurs anmelden müssen. Dennoch erhalten Staaten Garantien auf Kredite (Haftungen) oder Kredite. Während der Kredit läuft, erhält der Kreditgeber Gewinne auf Zinsen, selbst wenn diese verschwindend gering sind. Der Staat, also der Kreditnehmer, hat davon nichts. Allein die Bank gewinnt. Anders als bei Krediten für Personen oder Firmen werden Staaten Kredite gewährt, da sie einen einzigen Wert haben: Die Einkommen aller arbeitenden Menschen dieses Landes. Diese Einkommen bedeuten in jedem Jahr so hohe Summen, dass die Hochfinanz gern mit ihnen Gewinne erzielt, zudem die Verluste auf dem Weg von Abschreibungen wieder von allen Menschen getragen werden, die arbeiten.

Diese Gruppe ist jedoch ein Teil des Geschäfts – es gehören alle Arten von Staatsanleihen dazu, wie Aktien (EFSF oder ESM sind Aktien, die Gewinn versprechen, diesen aber allein der Hochfinanz) oder Renten. Der Staat verliert in jedem Fall: Käufer (Banken, wie z. B. EZB) dieser Papiere verleihen dem Staat durch den Kauf dieser

Papiere Geld, auf dieses erhalten sie Zinsen und erzielen Profit. Aufgrund der immensen Summen, die Staaten garantieren, generieren Banken Unsummen an vermeintlichem und tatsächlichem Gewinn. Auf beide dieser Werte wird wiederum spekuliert. Beide dieser Werte bringen Profit.

Der Staat ist durch seine von vornherein schlechtere Position gar nicht in der Lage, die Bank oder die Profite der Bank zu kontrollieren. Er hat allenfalls die Möglichkeit festzustellen, wie hoch genommene Kredite bei den Banken sind bzw. welchen, wenn auch monetär unreellen Wert, ihnen entsprechen und welchen Wert die arbeitenden Menschen, alle Anleger und Sparer und Rentner aufbringen müssen, damit die Bank unterstützt werden könnte, wenn der Staat seine Verpflichtungen nicht mehr erfüllen könnte. Was Bankenstresstest oder Stabilitätsbericht heißt, ist in Wirklichkeit nichts anderes, als das der Staat schaut, wie viele seiner Felle bereits zum Ufer der Hochfinanz geschwommen sind.

In diesem schon ungesunden System steckte mit Einführung des Euro der Genickbruch der Staaten: Die Gewinne, die allein die Bank einstrich, entsprachen nicht mehr dem staatlichen Gegenwert. Durch die Einführung des Euro wurde der Warenwert herabgesetzt. Die versteckte Währungsreform von der D-Mark hin zum Euro brachte einen Quotenschnitt für das Geld mit sich, die dem Staat (kurzzeitig) zwar die Schulden minderte, den Menschen aber höhere Lebenshaltungskosten bescherte. Außerdem wurden alle Einkommen entwertet, alle Anlagen, wie Lebensversicherungen oder Renten, denn der Zinsfuß, auf dem die Berechnungen für diese langfristigen Anlagen beruhen, wurde durch die Senkung des Leitzinses ebenfalls gesenkt. Der Staat war plötzlich im Kampf gegen die Banken. Sie haben das Kapital, um den Staat auszulösen – der Staat kann die Verbindlichkeiten nur dann noch auslösen, wenn er Systeme schafft, die der Bank weiterhin Gewinne verschaffen; auf Kosten der Menschen, die arbeiten und auf Kosten der Rentner, Anleger und Sparer.

Das Geld verliert an Wert bzw. der Geldwert wird nicht gesteigert, auch, weil mehr Geld in Umlauf gebracht wird (Gelddrucken) bzw. mittlerweile Geldflutung. Der Kreditnehmer, also der Staat, kann zwar bei geringeren Zinsen handeln, gewinnt aber nichts und trägt seine Schulden nicht ab, weil der Wert des Geldes sinkt.

Allein die, die jene Kredite ausgaben, gewinnen in diesem Spiel. Sie gewinnen an den Verlusten. Das kann sich kein anderes Mitglied in der Gruppe derer leisten, die mit Geld umgehen müssen. Auf diese Weise hat die Hochfinanz es fertiggebracht, ganze Staaten am Gängelband zu halten mit der Option, Staaten jederzeit in den Ruin treiben zu können.

Staaten haben jedoch Verantwortliche, die nicht dafür einstehen wollen, diesen Geschäften nicht Einhalt geboten zu haben. Versuche, der Finanzmacht Macht abzugewinnen, wie der Stabilitäts- und Wirtschaftspakt blieben erfolglos, wenn sie nicht sogar dazu beitrugen, das Dilemma der Staaten in der Schuldenspirale zu verschlechtern. Jede Bewegung der Euroländer treibt sie tiefer in die Höhle der Hochfinanz, wo Etwas mit unbändigem Appetit wartet. Anders als der berühmte Frosch, der sich aus dem Glas Milch durch Bewegung befreite, weil die Milch zu Quark wurde; wird der Quark, in dem die Euroländer sitzen zu Milch, in der sie ertrinken werden, wenn die Hochfinanz keinen Sinn mehr im Spiel sieht, sprich keine Gewinne mehr verzeichnen kann, weil sich ihr System an sich selbst erstickt haben wird.

Die Falle schnappte in den 1970er Jahren zu. Banken hielten sich nicht mehr an Absprachen, arbeiteten unkontrolliert und ohne strafrechtlichen Rahmen allein in ihrem Interesse. Die Finanzwelt erhob sich zur Finanzmacht. Ihre Mauern festigte sie mit den Schwächen ihrer Schuldner und bescheren einer Handvoll Banken heute Gewinne in Fantastilliardenhöhe. Die Politik hat längst jede Macht verloren – sie war einzig in der Lage, ihre Arbeitnehmer als Pfand herzugeben und Werte zu verraten, wie Demokratie, Staatsordnung, Recht, Gesetz oder Politik.

Kein Land will Bankrott gehen, kann sich der Macht der Hochfinanz entziehen. Recht, Gesetz, Staatsordnung wird seitens der sogenannten Politik dem angepasst, was die Hochfinanz wünscht: mehr Geld. Diesem Wunsch beugen sich vor allem die Eurostaaten, denn sie sind allesamt so hoch verschuldet, dass ihr Bankrott wieder und wieder verhindert werden muss. Durch neue Kredite beispielsweise, durch Garantien auf Kredite, durch Zinssenkungen, durch Inflation, durch Deflation, kurz durch Tricks aller Art, die zweifelhaft gesetzestreu sind oder kaum verfassungsgegeben akzeptiert. Alle sogenannten Rettungsmaßnahmen, dienen daher der Geldumverteilung. Sie dienen der Hochfinanz dazu, zu verdienen. Sie alle sind damit verbunden, dass die Politik ihr Gesicht verlieren würde, wollte sie sich von denen abreißen, die sie gängeln. Auf diese Weise hat die Hochfinanz zu fantastischen Gewinnen gefunden, und sich ein dauerhaftes Schweigen der Politik als Bonus zugeschustert. Dass Menschen auf diese Weise wieder zu Sklaven geworden sind, nützt der Hochfinanz – die Politik aber verschweigt es.

Was die Eurorettung angeht, so beschert sie der Hochfinanz einen weiteren Bonus: Fielen die Kredite aus, die sich die Staaten von der EZB (derzeit durch Anleihenverkauf) borgten, so müssten alle beteiligten Staaten ihre Anteile zurückzahlen, um der Bank, die den Kredit vergab (bis 2005 Notenbanken der Euroländer, danach EZB), den Bankrott zu ersparen. Deutschlands Anteil an Krediten zur Eurorettung beträgt im schlimmsten Fall 732 Milliarden Euro – wir werden alle noch so viele Jahre an diesem Konstrukt abarbeiten müssen. Dafür verzichten wir auf angemessene Gehälter, Renten, Anlagen mit nennenswerten Renditen, bezahlbaren Wohnraum und angemessene Lebenshaltungskosten.

Alle Schritte zur Rettung des Euro, die die Regierungen der Euroländer als Fortschritte kommentierten, mögen Entwicklungen gewesen sein, aber dass diese tatsächlich der Rettung des Euro dienten, ist gelogen. Die Währung »Euro« wurde nicht stabil. Einzig die Regierungen der Länder ermöglichte diese Steuerung der monetären Vorgänge den Machterhalt bzw. verhinderte die Blamage, sich mit dem

Experiment »Euro« der Hochfinanz ausgeliefert zu haben. Dafür steht mittlerweile zu viel auf dem Spiel. Der Crash des Euro, Wirtschaftskrise, bürgerkriegsähnliche Zustände. Alles mögliche Folgen eines Experiments; keine davon machte sich gut in der Verantwortung derer, denen wir vertrauen: unseren Volksvertretern. Also wird jeder Schritt zur Rettung als besonderer Schritt, als wichtiger, als notwendiger, als erfolgreicher Schritt ausgegeben, jedoch keiner wird helfen.

Bisher sind wir davon ausgegangen, dass die Einführung des Euro, wie seine Rettung, an die wir uns mittlerweile gewöhnt haben, die bis zur Abschaffung des Euro, unseren Diskurs bestimmte, eine natürliche Folge politischer Hybris war, an der Wirtschaft und Staat gleichermaßen partizipierten. Nunmehr kommen wir zu der Meinung, dass diese Entwicklung von vornherein geplant war. Nicht die negative Entwicklung, war eine Folge des Euro; sondern: Die Hochfinanz plante eine Entwicklung, die für sie gewinnträchtig war. Die Einführung des Euro war auf diesem Wege ein Baustein, der zur Versklavung ganzer Staaten und deren Bevölkerung führte. Es bleibt abzuwarten, andernfalls spekulativ, was die Hochfinanz für die Zeit vorgesehen hat, in der der Euro vergessen sein wird.

Die Hochfinanz wird gewinnen; die Völker Europas, vielleicht sogar der Welt, werden in Armut leben. Der Preis der Eurorettung ist insofern ein Verrat der Scheindemokratie und Gesellschaftsordnung, wie wir sie bisher kannten. Es ist klar, dass dieser lediglich eine Diktatur folgen kann.

Tricks der Haushaltsführung

Politik beschloss anstelle des Souveräns (über gesetzliche Sozialsysteme) eine Kranken- und Altersversorgung. Mittels des gefundenen Umlageverfahrens ist die Rente eine gewollte Scheinversorgung, die nicht durch Rücklagen abgesichert ist oder durch Rücklagenbildung erbracht wird, sondern über Mini-Rücklagen im Monatsmodus.

Was fehlt, leistet der Staat in Form von Zuschüssen, die wiederum alle Steuerzahler aufzubringen haben. Freilich wird darüber selten gesprochen. Rentenversicherung nach Umlage ist nicht finanzierbar. Sie garantiert Schrumpfrenten. Dies verschweigen Politiker noch lieber. Sie postulieren, was laut Sozialgesetzbuch über die Rentenformel als Eigentumsgarantie garantiert ist, die durch das Bundesverfassungsgericht abgesichert wurde – dass jeder eine Rente bekommt – wie hoch diese sein kann, steht in den Sternen.

Die Finanzierungserfordernisse für eine solche Rechnung wären aber so wesentlich, dass sie von den Bürgern nicht aufgebracht werden können und die erhobenen Beiträge für die deutsche Rentenversicherung (inklusive Bundeszuschüsse aller Steuerzahler) zu ganz anderen Beiträgen führten als erhoben werden. Diese reichen jedoch nicht aus.

Um die Belastung des Staatshaushalts einzugrenzen, wurde die Eigentumsgarantie durch das Bundesverfassungsgericht (10.12.2012) aufgehoben, zumindest soweit es sich um überwiegend steuerfinanzierte Leistungen handelt oder die Versorgung von Beamten. Die enormen, nicht finanzierbaren Fehlbeträge in den gesetzlichen Sozialsystemen können nun jederzeit bis auf das Existenzminimum (bei Beamten der Alimentation entsprechend) heruntergesetzt werden. Der Staat entschied sich zu Ungunsten seiner Arbeiter und Rentner, um die Schulden des Haushalts, für die das Volk nicht verantwortlich ist, zu steuern. Dies benutzte Politik dazu, überhaupt noch Haushalte aufstellen zu können. Die Fehlbeträge in den Sozialsystemen heißen implizite Schulden.

Durch Einführung der Scheinwährung »Euro« wurde die Lebenshaltung teurer (Euro=Teuro). Dies galt vor allem für Produkte des täglichen Bedarfs. Die Gesamtinflation, die vom Bundesamt für Statistik ausgewiesen wird, war allerdings geringer, weil Luxusgüter mit aufgeführt waren, deren Preise sanken. Durch diesen Kniff schnellten die Preisindizes des Statistischen Bundesamtes nicht in die Höhe. Zinsmanipulation durch Leitzinsabsenkung trug dazu bei, dass die

Staatsverschuldung aufgrund der niedrigeren Zinsen im Rahmen der Berechnungsmodalitäten für die Schuldenermittlung drastisch anwuchs, andererseits gewann der Staat durch Minizinsen für Sparanlagen (Sparbuch, Lebens- oder Rentenversicherung). Die Bürger, also Anleger, Sparer, Rentner, erbrachten auf diese Weise einen Ausgleich durch eine Art indirekte Steuer. Obgleich sich derart, entgegen den Grundsätzen der EZB, keine Geldwertstabilität erreichen ließ, konnten Deutschland wie alle übrigen Euroländer den Staatsbankrott verhindern bzw. hinausschieben. Es wurden Sanierungsmaßnahmen verkündet, die allesamt politischem Kalkül dienten, aber wirkungslos waren, die Länder wurden aufgeteilt in sogenannte stützende Länder und solche, die gestützt werden.

Von seinerzeit 17, heute 18 Euroländern, galten fünf stützende Länder, Deutschland, Finnland, Spanien, Italien und Frankreich. Da keine der Maßnahmen der Eurokraten griff, gehören die stützenden Länder mittlerweile zu denen, die gestützt werden müssen. Wie alle Euroländer verschleppen sie die Insolvenz und leisten Beihilfe zur Insolvenzverschleppung der übrigen Euroländer. Immense Summen müssen dafür aufgebracht werden. Diese zur Verfügung zu haben, erreichen diese Staaten durch Auslagerung der Kosten aus den Haushalten. Um diese sogenannte Rettung aufrechterhalten zu können, wurden allerhand Unionen geschlossen, wie der Fiskalpakt (mit Schuldenbremse) oder die Bankenunion. Der Euro aber verlor an Wert und verliert bis heute. Dem Staatshaushalt entstehen auf diese Weise weiterhin enorme Fehlbeträge.

Das klassische, sogenannte kameralistische Haushaltsrecht ist eine Gegenüberstellung von Einnahmen und Ausgaben. Es ist eine öffentlich/rechtliche Sondermaterie, die nichts mit dem Privat-/handelsrechtlichen Bilanzrecht gemein hat. Auf kommunaler Ebene hat ein Reformprozess weg von der Kameralistik zur sogenannten Doppik eingesetzt. Dies bezeichnet »*doppelte Buchführung in Konten*«. Die Haushaltsführung der öffentlichen Hand – zumindest dem Grundgedanken nach – wird an das handelsrechtliche Bilanzrecht angenähert. In einer Bilanz werden Aktiva und Passiva erfasst. Dort tauchen implizite Schulden als Rückstellungen für künftige Verbindlichkeiten auf (sie sollten es zumindest). Bisher haben vier Bundesländer ihr Haushaltsrecht auf Doppik umgestellt: Bremen, Hamburg, Hessen, Nordrhein-Westfalen.

Obwohl die Innenministerkonferenz schon 1999 einen Beschluss zur Reform des kommunalen Haushaltsrechts (http://www.haushaltssteuerung.de/) fasste, folgten andere Bundesländer nicht; für den Bund gilt weiterhin Kameralistik. Der Umgang mit Staats- oder Landesfinanzen muss zwar durch die Parlamente gerechtfertigt werden, eine wirkliche Mitbestimmung des Volkes ist aber ausgeschlossen. So reizt der Freiraum zum Schuldenmachen, die Politik des Euro macht sich dies zunutze, nach dem Vorbild USA. (»Amerika: Die Angst vor dem nächsten Crash«, in: Der Spiegel, 49/1988, S. 108–110). Das Land Hessen schaffte es zu traurigem Rum. Dort passierte, was in keiner Bilanz passieren sollte: das Eigenkapital wanderte auf die Verlust-Seite.

Während in einer solch' verfahrenen Situation jeder Unternehmer den Gang zum Insolvenzrichter anstreben müsste, bleibt Überschuldung öffentlich-haushaltsrechtlich ohne Folgen. Betreffend Bundeshaushaltsrecht ist im Grundgesetzt Art. 110 im Sinne althergebrachter Kameralistik geregelt:

»(1) Alle Einnahmen und Ausgaben des Bundes sind in Haushalten einzustellen; bei Bundesbetrieben und bei Sondervermögen brauchen nur die Zuführungen oder die Ablieferungen eingestellt zu werden. Der Haushaltsplan ist in Einnahmen und Ausgaben auszugleichen.«

In den Haushaltsplan sind Einnahmen und Ausgaben einzustellen, damit ist der Haushaltsplan das Gegenmodell zur Bilanz, in der Vermögenswerte und Verbindlichkeiten (einschl. Rückstellung für zukünftige Verbindlichkeiten) gegenüber eingestellt werden. Das bedeutet: Nach geltendem Grundgesetz werden implizite Schulden nicht im Haushalt erfasst. Das hat zur Folge, dass die tatsächliche Verschuldung nicht offenbar wird bzw. nicht publik gemacht werden muss.

In keinem Staatshaushalt, der dem Bundestag je zur Abstimmung vorgelegt wurde (nebst Nachträgen usw.), waren implizite Schulden aufgeführt. Dies ist heuchlerisch, denn auf einer solchen Basis können Parlamentarier kaum einen Bedarf an Geldern festlegen. Besonders in Zusammenhang mit den Bestimmungen zur Einführung des Euro gemäß des Maastricht-Vertrags von 1992 (gültig ab 1.1.1993, inkl. Stabilitätspakt) führen derartige Beschlüsse zu Gewirre, denn die festgelegten, nicht überschreitbaren Defizitgrenzen für die Neu- und Gesamtverschuldung der Euroländer basieren gar nicht auf tatsächlichen Angaben.

Laut des Maastricht-Vertrags sollen drei Prozent zwischen dem geplanten oder tatsächlichen öffentlichen Defizit einerseits und 60 Prozent für das Verhältnis zwischen dem öffentlichen Schuldenstand und dem Brutto-Inlandsprodukt gelten. Es ist die Rede vom tatsächlichen öffentlichen Defizit und dem tatsächlichen öffentlichen Schuldenstand – definiert als Gesamtschuldenstand. Unverständlich bleibt, warum von diesen öffentlichen Defiziten allein die expliziten Neu- und Gesamtschulden angesetzt werden, implizite Schulden aber unberücksichtigt bleiben. Es kann nicht sein, dass es Unkenntnis in Brüssel über jene Bestimmungen im deutschen Grundgesetz gibt; es kann nicht sein, dass Brüssel die tatsächlichen Schuldenstände inklusive impliziter Schulden nicht von Deutschland fordert und darüber hinaus eine Änderung des Grundgesetzes, die dieser Praxis des Verschweigens tatsächlicher Werte ein Ende bereitet, gerade weil Deutschland die sogenannte Schuldenbremse, also eine freiwillige Begrenzung der Schulden, im Grundgesetz verankerte. Drei Prozent sollen demnach das Defizit betreffend Neuverschuldung begrenzen. Ein von Menschen für Demo-kratie geschätzter Prozentsatz wird 20 Prozent nicht unterschreiten.

Der Internationale Währungsfonds (IWF) vermeldete im Jahresbericht 2005 für Deutschland acht Billionen Euro implizite Schulden. Dies für heutige Verhältnisse angesetzt, wird das Brutto-Inlandsprodukt um das 5,3-Fache überboten. Werden 8,5 Billionen Euro der Gesamtverschuldung wie folgt aufgeteilt, 1,5 Billionen Euro Fremdverschuldung (explizite) und 7 Billionen Euro implizite Schulden, sagt der daraus gewonnene Faktor 5,333, dass das Verhältnis zwischen dem öffentlichen Schuldenstand und dem Brutto-Inlandsprodukt (zu Marktpreisen) 533 Prozent anstelle des zulässigen Satzes von 60 Prozent beträgt. Werden die impliziten Schulden berücksichtigt, so gilt für Deutschland anstelle drei Prozent ein Satz von über 20 Prozent und anstelle von 60 Prozent ein Satz von über 500 Prozent.

Seitens der Verantwortlichen der Eurogemeinde muss es also gewollt sein, dass sich der Stabilitätspakt mit Protokollnotiz zum Paragraph 104c des Maastricht-Vertrages allein auf die Neuverschuldung des angewachsenen Fremd(expliziten)-Schuldenstands beziehen soll. Daraus ist zu schließen, dass der wahre Schuldenberg der Euroländer vertuscht wird und das er so groß ist, dass nach geltenden Regeln kein Haushalt mehr zustande kommen dürfte. Dennoch verabschiedete das EU-Parlament Mitte Dezember 2014 den Haushalt für 2015.

Seit 2005 sind bald zehn Jahre vergangen, in denen sich mehr und mehr Schulden anhäuften. Die Werte liegen also höher. Bezüglich Fremd- und Gesamtverschuldung hat sich vor allem eine Maßnahme der sogenannten Euroretter ausgewirkt: die Absenkung des Leitzinses. Die wirkte auf den Garantiezins aller langfristigen Anlagen, wie z. B. Lebens- oder Rentenversicherungen und bewirkte, dass diese Anlagen wertlos wurden. Obschon diese Anlagen allein Anlegern nützen sollten, bereicherte sich der Staat durch die Regelung des Zinsfußes an den Renditen, weil keine Vollfinanzierung auf versicherungsmathematischer Basis erfolgte, sondern Defizite bei der Pensionsrückstellung.

Der deutsche Staat ist heute mit 15 Billionen Euro (implizite und explizite) verschuldet – offizielle Angaben sagen anderes, daher wird wie folgt betrachtet (allein explizite):

1. Das europäische Amt für Statistik »Eurostat« gab laut Bericht für das Jahr 2013 an, wie hoch die Euroländer verschuldet sind. Für Deutschlands galten 2.147.028.000.000 Euro, also

etwa zwei Billionen Euro Schulden. D. h. 78,4 Prozent des BIP – 60 sind erlaubt!

2. Im Haftungspegel des IFO-Institutes sind die Anteile verzeichnet, die Länder, wie Frankreich, Österreich, Finnland und die Niederlande zu zahlen hätten, fiele der Euro aus. Auch die Belastungen Deutschlands durch Rettungsmaßnahmen sind aufgelistet. Bei Zahlungsunfähigkeit der Krisenländer (Griechenland, Irland, Portugal, Spanien, Italien und Zypern) bzw. deren Austritt aus dem Euro müsste Deutschland auf Grundlage der bereits geflossenen Gelder 322 Milliarden Euro bezahlen; würde der Kreditrahmen des ESM und des IWF ausgeschöpft, müsste Deutschland 518 Milliarden Euro bezahlen und bei Zahlungsunfähigkeit der Krisenländer und komplettem Zusammenbruch der Eurozone auf Grundlage der bereits geflossenen Gelder stünde Deutschland mit 391 Milliarden Euro gerade.

Würde das Maximum zugrunde gelegt, ergäbe sich für den deutschen Staatshaushalt mit einem Haftungspegel von 19 Prozent:

Staatsschuld	2.147.028.000.000 Euro
Plus Haftungspegel max.	518.000.000.000 Euro
Summe	2.665.028.000.000 Euro

Wenn sich das im Haftungspegel abgebildete Risiko in voller Höhe verwirklichen würde, wären 19 Prozent der gesamten Staatsschuld auf eben dieses Risiko zurückzuführen; würde als Grundlage die bereits geflossenen Gelder angesetzt, so betrüge das Risiko noch immer 13 Prozent. Diese Zahlen sind Näherungswerte. Die Angaben über die Staatsschuld beziehen sich auf 2013, der Haftungspegel hingegen ist aktuell. Aktuelle Zahlen können nicht geliefert werden, weil die Daten über die Staatsschuld mit zeitlicher Verzögerung erstellt werden.

Bei allen Rechnungen fällt auf, dass implizite Schulden nicht berücksichtigt wurden. Gegenüber dem nicht tilgbaren Berg an impliziten Schulden erscheinen alle sonstigen Positionen geringfügig. In der Gegenüberstellung expliziter Schulden mit dem Haftungsrisiko aus der europäischen Krisensituation und ihrem Risiko zeigt sich die Dimension der Eurokrise sehr deutlich.

Der Haftungspegel des IFO-Instituts betrachtet die Länder Frankreich, Österreich, Niederlande, Finnland – für 2013 ergeben sich für diese Länder folgende Zahlen:

Deutschland	**Frankreich**	**Österreich**	**Niederlande**	**Finnland**
2,147 Bio. €	1,925 Bio. €	233,30 Mrd.	€ 443,00 Mrd.	10110,19 Mrd.€

Haftungspegel max. 03/15

518 Mrd. €	397 Mrd. €	55 Mrd. €	114 Mrd. €	36 Mrd. €
2,665 Bio.	2,322 Bio.	288.30 Mrd.	557.00 Mrd.	146.19 Mrd.

Haftungspegel

19%	17%	19%	20%	25%

Das IFO-Institut weist im Haftungspegel desgleichen Target2-Forderungen aus. Danach haben folgende Länder positiven Saldo: Deutschland (532 Mrd. Euro), Finnland, Luxemburg, Slowenien und die Slowakei. Der Saldo Luxemburgs erscheint im Hinblick auf die Größe des Landes beachtlich.

Ganz allgemein – ohne auf nähere Zahlen eingehen zu wollen – ist diese Darstellung der Fremdverschuldung um die entsprechenden Warenverrechnungsforderungen über die europäische Zentralbank und der Deutschen Bundesbank, die eine Forderung gegenüber der

EZB hat, zu ergänzen. Es ist davon auszugehen, dass die implizite Verschuldung (je nach Ausstattung der Sozialsysteme, der Beamtenversorgung, der Notfallunterstützungsleistung und dgl.) in den einzelnen Euroländern und der EU mindestens zwischen dem Vier- bis Sechsfachen der expliziten Schulden liegt.

Für Deutschland gilt: Gegenüber den ausgewiesenen expliziten Staatschulden von 2.147 Billionen Euro, mit den anzusetzenden Haftungen (bei unterstelltem Ausfall), unter Berücksichtigung des deutschen Anteils an Target2-Forderungen und betreffend der Verschuldung der Banken untereinander und unter den Privaten, ergibt sich eine Fremdverschuldung von rund vier Billionen Euro. Fehlbeträge in den Sozialsystemen usw. ergeben zudem einen Betrag von 11 Billionen Euro. Im Sinne des Internationalen Währungsfonds und dessen Definition von Staatsschulden hat allein Deutschland 15 Billionen Euro Miese brutto; ohne Target und Haftungskapital ergäbe sich ein Verhältnis von 15 zu 2.147 Billionen Euro. Das ist mehr als das Siebenfache der bereinigten Fremdverschuldung; im günstigsten Falle gingen wir vom Vierfachen der expliziten Verschuldung aus.

Bezogen auf die Verschuldung der westlichen Welt, bei nicht der gleichen Sozialsystemgestaltung und Beamtenversorgung und Krankenversicherung wie in Deutschland, dürfte sich ausgehend vom niedrigsten Schuldenstand – 72 Billionen Euro – eine Gesamtverschuldung von mindestens 300 bis 310 Billionen Euro ergeben. Unter Berücksichtigung der jährlich wachsenden Überschuldung der westlichen Welt zwischen 120 und 130 Billionen Euro (neuerdings 180 Bio. Euro) und dem Ansatz des mindestens Vierfachen bzw. Fünffachen an impliziten Schulden muss die westliche Welt tatsächlich auf einem Defizit von 650 Billionen bis 1 Trillion Euro sitzen.

Gegen die Interessen der Bevölkerung, aber im Sinne der Hochfinanz, arbeitete Politik und verteilte Kredite der Hochfinanz auf die Bevölkerung. Arbeitnehmer (inkl. alle anderen aktiven und passiven Einkommensbezieher) erhielten vielleicht 10 Prozent aus 100 Prozent Unternehmenserträgen. Wird beachtet, dass die Kapitalanlageerträge enorm angehäufter Geldvermögen der Hochfinanz bei jährlich aus Kapitalanlagen resultierenden Renditen bei 22,5 Prozent liegt und dem gegenübergestellt, dass Zinsen auf Sparkonten für Normalbürger in den negativen Bereich laufen, dann ist klar, warum die Bevölkerungen in der gesamten westlichen Welt, ferner auf der gesamten Erde, Sklaven sind.

Politik, die zum Wohle der Menschen arbeiten sollte, versagte. Im Verbund mit Wirtschaft, Banken, Gewerkschaften und einigen anderen Organisationen, die zum Wohle der Menschen antraten, ist Politik für diese unfaire Umverteilung von Gewinnen, die der Hochfinanz etc. zufallen und den Verlusten, die den Menschen zufallen, verantwortlich.

Ökonomen, wie Daniel Stelter, glauben an eine Vermögensabgabe, um die Schulden in der Eurozone abzubauen, sonst würden die Reichen noch mehr verlieren. Stelter sagt: »*Die EZB hätte jedem Bürger 10.000 Euro überweisen können, statt Staatsanleihen aufzukaufen. Sie weiß, dass sie mit Anleihenkäufen die Wirtschaft nicht beleben kann und auch nicht genug Inflation erzielt. Dass sie es trotzdem tut deute darauf hin, dass es um verdeckte Finanzierung von Staaten und Banken gehe. Es wäre fairer das Geld den Bürgern direkt zu geben, das gebe sofort einen Nachfrageeffekt, die Konjunktur belebte sich und Private könnten Schulden bedienen.*« (»Irgendwann knallt's«, in: finanzen.net, 23.2.15) Der Entgegnung, dann wären allein private Schulden beglichen, aber nicht die öffentlichen, begegnete er im »Euro am Sonntag-Interview« mit dem Argument: Es gehe den Banken besser, wenn die privaten Schulden getilgt seien und die Wirtschaft sich stabilisiere – das hülfe auch dem Staat.

Soziologen wie Wolfgang Streeck sagen: »*Das Wachstum stagniert, die Verschuldung wächst, die Ungleichheit nimmt zu.*« Das Mittel dagegen sei die Währungsreform. (»Alles kommt einmal zum Ende«, in: Deutschlandfunk, 12.4.15) Die fordern Menschen für Demo-kratie seit 2006.

Schattenhaushalte

Juristen nennen Schattenhaushalte Nebenhaushalte; Germanisten nennen sie (lt. Duden):

»neben dem öffentlichen Haushalt bestehender, nicht im eigentlichen Haushaltsplan veranschlagter Haushalt, der durch bestimmte finanzpolitische Maßnahmen, die Einrichtung zusätzlicher Fonds o. Ä. entsteht«.

Wie auch immer sie bezeichnet werden sollen: Sie haben eine lange Geschichte. In Deutschland beginnt diese nach dem 2. Weltkrieg mit dem Marshallplan.

Die Hilfsleistungen der USA zum Wiederaufbau des amerikanischen besetzten Teils Deutschlands, wurden in ein Sondervermögen ausgegliedert und von der »Kreditanstalt für Wiederaufbau« verwaltet. So ging es bis zur Wende, als die DDR Teil der BRD wurde. Da wurde das Prinzip abgeklopft und als Fonds »Deutsche Einheit« auf den Weg geschickt. Die finanzielle Grundausstattung der neuen Länder und Investitionen in ihre Infrastruktur wurden mittels des Fonds finanziert. Das Prinzip taugt in Zeiten der Eurokrise und führte zu Nebenhaushalten, in die alles das ausgegliedert wurde, was der Regierung Merkel nicht passen wollte, da es gegen (zum Teil selbst auferlegte) Regelungen zur Begrenzung der ohnedies unrettbar verschuldeten Staatshaushalte diente.

Jeder dieser Nebenhaushalte bekam einen schönen Namen, wie der Sonderfonds Finanzmarktstabilisierung (SoFFin; inzwischen Finanzmarktstabilisierungsfonds = FMS), der Investitions- und Tilgungsfonds (ITF) oder der Restrukturierungsfonds.

Der SoFFin diente dem Zweck der Überwindung von Liquiditätsengpässen und Stärkung des Eigenkapitals von Kreditunternehmen, Versicherungen und Pensionsfonds mit Kreditermächtigung von 100 Milliarden Euro und einer Gewährleistungsermächtigung bis zu

400 Milliarden Euro (befristet bis zum 31.12.2015). Dieser Termin wurde wieder und wieder verlängert; es ist davon auszugehen, dass er Silvester diesen Jahres nicht endet.

Der Investitions- und Tilgungsfonds (ITF) war Teil des Konjunkturpakets II, zu dem z. B. die Abwrackprämie zählte. Er lief zum Ende des Jahres 2011 aus und beschäftigt sich mit Tilgungs- und Zinszahlungen.

Der sogenannte Restrukturierungsfonds ist eine Art SoFFin/FMS; er vergibt Kredite im Rahmen von 20 Milliarden Euro und garantiert für den fünffachen Wert (100 Milliarden Euro). Anders als der SoFFin/FMS ist er unbefristet – es ist davon auszugehen, dass der SoFFin abgeschafft und durch den Restrukturierungsfonds ersetzt wird, ähnlich wie es mit dem sogenannten Rettungsschirm EFSF geschah, der durch den dauerhaften ESM ersetzt wurde.

Diese Schattenhaushaltspolitik trug dazu bei, dass Nebenhaushalte und (sogenannte) Rettungsschirme, eine Art Schattenhandlungsrahmen schufen, dessen sich die Politik bedient, um eben Politik zu machen. Es handelt sich um eine Art Schattenrepublik, die demokratisch sein will, hehre Werte predigt, aber eine Schein- oder besser gesagt Parallelwelt ist, die sich jeglicher strafrechtlicher Verfolgung entzieht, auch, weil sie dazu beigetragen hat, Recht und Gesetz zu umgehen, beziehungsweise der jeweiligen politischen Notwendigkeit anzupassen. So erging es selbst dem verfassungsrechtlichen Rahmen für Nebenhaushalte, der nach Art. 115 I GG alter Fassung, festlegte, dass die Einnahmen aus Krediten die Summe der im Haushaltsplan veranschlagten Ausgaben für Investitionen nicht überschreiten darf. Art. 115 GG II erlaubte Haushaltsflucht in Sondervermögen und die Ausgliederung von Schulden auf Sondervermögen und legalisierten eine Schuldenpolitik, die sehr amerikanisch ist, die dazu führte, dass Deutschland als amerikanische Retorte permanent überschuldet ist – seit der Einführung des Euro untilgbar verschuldet.

Mit Einführung der Schuldenbremse wurde der Artikel zum Schuldenmachen (Art. 115 II GG a. F.) gestrichen; es heißt: Die Schuldenbremse gilt für Nebenhaushalte. Allerdings bleiben alle bis zum 31. Dezember 2010 geltenden Kreditermächtigungen davon unberührt (Art. 143d I 2 GG); also alle die Kredite, die während der Schuldenkrise des Euro entstanden. Das eigentliche Verbot zum Schuldenmachen wurde auf diese Weise aufgehoben; die Sonderhaushalte können fortgeführt werden. Zudem ist heute nicht absehbar, welche Währung dann gelten wird, wenn die heute gewährten Kredite fällig werden. Das Gesamtdarlehensvolumen von 120 Milliarden Euro (über 1/3 des gesamten Kernhaushalts) konnte auf diese Weise einfach ausgelagert werden, ohne dass das die verfassungsrechtliche Schuldenbremse berühren würde. Wie die Schulden, also Kredite je bezahlt werden sollen, bleibt somit schleierhaft. Das Grundgesetz gibt keine Auskunft; Art. 115 II sagt nichts dazu. Auf diese Weise bleibt erlaubtes Staatsschuldenmachen möglich, denn die Schuldenbremse regelt zwar eine Begrenzung der Kreditaufnahme, begrenzt aber nicht künftige Verpflichtungen. Dieser Ansatz entspricht dem Gesamtkonzept des Bundeshaushaltsrechts. Es ist keine Bilanz mit Rückstellungen für künftige Risiken, sondern eine schlichte Abbildung der tatsächlichen Zu- und Abflüsse. Gewährleistungen treten im Bundeshaushalt genauso wenig in Erscheinung wie sonstige implizite Schulden.

Die Regelung (Erstreckung der Schuldenbremse auf Nebenhaushalte) gilt nicht für die Bundesländer. Sie dürfen mit Nebenhaushalten operieren, ohne dass sie behelligt werden würden – aber nicht vom Steuerzahler, denn der weiß ja nichts von diesen Vorgängen. Die Länder könnten entsprechende Regeln je Landesverfassung beschließen; im Moment sieht allein die Verfassung von Rheinland-Pfalz eine Einbeziehung von Nebenhaushalten vor.

Art. 115 I GG legt einen Gesetzesvorbehalt für Gewährleistungen und Bürgschaften des Bundes fest. Demnach müssen sie der Höhe nach bestimmbar in einem Parlamentsgesetz festgelegt werden. D. h. der Finanzminister darf nicht auf eigene Faust handeln, er braucht das Parlament.

Ansonsten enthält das Grundgesetz keine Regelungen über die Gewährleistungen und Bürgschaften. Insbesondere sind sie nicht in den Regelungskomplex der Schuldenbremse einbezogen. In Art. 115 II GG, der die Schuldenbremse regelt, übergeht das Thema Bürgschaften/Gewährleistungen.

Die wohl bekanntesten aller Schattenhaushalte sind EFSF und ESM. Das bekräftigt Hans-Werner Sinn, Chef des ifo-Instituts. Allerdings sehen Verfassungsrechtler dies nicht. Können sie gar nicht, denn sie wurden nicht unbedingt dazu erzogen, andererseits, weil Recht und Wirtschaft zwei Zweige eines Baumes sind, die nicht unbedingt vom gleichen Wind bewegt werden. Das mag jenen gefallen, die unbehelligt von wirtschaftlichen Grundprinzipien Recht schaffen und wirtschaften (haushalten) wollen – wie die Regierung Merkel.

Etliche Klagen gegen die sogenannten Rettungsschirme beschäftigen sich allein mit der Frage, ob sie der Demokratie genügen. Das Bundesverfassungsgericht erkennt dieses Recht als Klagegrund an – im Sinne der erforderlichen sogenannten subjektiven individuellen Betroffenheit. Das Haushaltsrecht ist demgegenüber objektives Recht. Aus ihm lassen sich keine (subjektiven) Rechte der Bürger ableiten. Eine entsprechende Verfassungsklage würde nicht erfolgreich sein. Dem Bürger wird, da es die parlamentarische Vertretung gibt, die Mitbestimmung abgesprochen. Dies spielt den Eurokraten in die Hände, die sich aufgrund der Bestimmungen gar nicht darum zu scheren brauchen, ob sie Recht verletzen. Ein anderer Grund ist, dass EFSF und ESM europäisches Recht betreffen.

Die Eurorettung/Stützung anderer Staaten ist keine Aufgabe nur eines Staates. Dementsprechend wurden die Grundlagen für die Eurorettung im AEUV (Vertrag über die Arbeitsweise der EU) geregelt. Art. 136 III AEUV n. F. besagt: Deutschland beteiligt sich finanziell an einer europäischen Aufgabe. Das entspricht der Finanzierung der EU. Der EU-Haushalt wird nicht durch Einnahmen der EU, sondern durch Beiträge der Mitgliedsstaaten finanziert. So gesehen handelt es sich nicht um einen Schattenhaushalt, sondern einen (deutschen)

Beitrag an Europa, der mit dem tatsächlichen Abfluss (Gewährleistungen, ohne Risikorückstellungen) in den Haushalt einfließt. Allerdings stellen sich zwei Fragen: Müssen EFSF und ESM nicht als Schattenhaushalt im Plan für alle europäische Staaten gelten? Wird dadurch das Budgetrecht des Europäischen Parlaments ausgehebelt?

Diese Fragen sind besonders deswegen interessant, weil der EU-Haushalt ausgeglichen sein muss; anders als die Haushalte der Mitgliedsstaaten kann er nicht Kredit finanziert werden. Dieses vermeintliche Manko kompensieren EFSF und ESM – sie ermöglichen es, auf europäischer Ebene Kredite aufzunehmen. Ein Schattenhaushalt nach bewährtem amerikanischem Prinzip sind sie deshalb nicht. Das wurde dadurch erreicht, dass ihre Rechtsgrundlage nicht in einer europäischen Verordnung oder einem sonstigen Rechtsakt europarechtlicher Institutionen (Europäischer Rat, Europäisches Parlament, EU-Kommission) liegt und diese Institutionen nicht zustimmen, müssen, wenn Kreditzusagen gemacht werden. Die Bestimmungen des Budgetrechts wurden insofern nicht ausgehebelt. Dies geschah auf andere Weise.

EFSF und ESM sind Aktiengesellschaften, die – wie jede private Aktiengesellschaft auch – durch einen Gesellschaftsvertrag begründet wurden. EFSF und ESM haben als Gesellschafter die EU-Mitgliedsstaaten; sie bewegen sich außerhalb des eigentlichen Europarechts und müssen sich nicht an dessen Maßstäben messen lassen.

Dieser Gedanke lässt sich durch einen Vergleich verdeutlichen: Die EZB ist im AEUV (dem Grundlagenvertrag der EU) geregelt. Dort sind Organisation und Kompetenzen definiert; es gibt eine rechtliche Kontrolle. Dass diese wirksam ist und wie, steht auf einem anderen Blatt. EFSF und ESM sind vom AEUV unberührt; sie folgen dem jeweiligen Gesellschaftsvertrag und unterliegen kaum einer Kontrolle, zumindest keiner für europäisches Recht bedeutender. Werden nun Hilfen oder Gelder, die nicht im Haushalt der EU vorgesehen sind, gebraucht, die den EU-Haushalt belasten und ihn sogar überziehen, so müssen sie einerseits via EZB angerechnet werden, aber auch via EFSF, denn Hilfsgelder werden als Gewährleistung anteilig im Rahmen der volkswirtschaftlichen Gesamtrechnung den Mitgliedsstaaten zugerechnet. Dies ermittelt das Europäische System Volkswirtschaftlicher Gesamtrechnung (ESVG) über (u. a.) die Schuldenstände der Mitgliedsstaaten nach einheitlichen Kriterien. Dazu sollten Nebenhaushalte zählen, z. B. im Hinblick auf die Maastricht Kriterien. Für den ESM gilt dies alles jedoch nicht. Er ist ein echter Schattenhaushalt. (Vgl. Hans-Werner Sinn: Das wahre Ausmaß der Schuldenkrise wird vernebelt, in: Wirtschaftswoche, vom 7.7.2014)

Die Mitgliedsstaaten garantieren für die Verbindlichkeiten des EFSF. Bei der volkswirtschaftlichen Gesamtrechnung ist dies wie ein normaler Schuldenstand zu bewerten. Beim ESM ist es (formal) anders: Die Mitgliedsstaaten beteiligen sich mit einer Einlage in unbekannter Höhe an einer Aktiengesellschaft; eine schuldenneutrale Investition. Also ein vollendeter Nebenhaushalt – rechtlich unangreifbar und haushaltstechnisch unerheblich. Eigentlich ein Trick, der den Steuerzahler aber belastet, denn auf den werden die Kosten umgelegt.

Immerhin ist so ist zu erklären, warum der EFSF abgeschafft und durch den ESM ersetzt wurde. Beim EFSF wurden der provisorische Charakter und die Rechtsgrundlage bemängelt; beides wäre zu ändern gewesen. Ein anderes Argument war das Rating. Für den ESM wurde wegen der Kapitaleinlage ein besseres Rating erhofft; die Ratings für ESM und EFSF sind jedoch gleich (AA1). Der ESM ist ein Ziehkind der Hochfinanz, die mittels eines Schattenhaushaltes (Gespenst) den Finanzmarkt beruhigt und einen Fonds zum Schein aufrechterhält, der ohne jedwede Kapitalgrundlage allein als Papiertiger auf die Finanzparkette der EU brüllt.

Vom Sinn der Rettungsschirme

Eurokraten, wie Jean Claude Juncker (heutiger Präsident der EU-Kommission) sagte 2012, der Euro werde »*ewig existieren*«; heute trägt er dazu bei, eine Währung zu beatmen, um nicht gestehen zu müssen, dass ein Experiment der Politiker missglückt ist.

Wenngleich Europa durch die »Schengener Abkommen« wirtschaftlich, wie politisch als Einheit dastand, verfolgten Politiker das Ziel, dieser Verbundenheit eine gemeinsame Währung zu verschaffen. Der Gedanke liegt nahe, ist aber gefährlich, denn: Das Rückgrat Europas waren seine verschiedenen Wechselkurse. Es verbindet Staaten mit weniger oder mehr Wirtschaftskraft, die auf dem europäischen, vor allem aber auf dem Weltmarkt existieren mussten. Dort unterliegen alle Staaten dem Wechselkurs; der Devisenkurs ist nicht künstlich beeinflussbar, er unterliegt allein Angebot und Nachfrage.

In einer Handelszone, in der ein flexibler Wechselkurs besteht, können Länder mit schwächerer Wirtschaftsentwicklung ihr Hinterherhinken im Vergleich zu Ländern mit starker Wirtschaftsleistung ausgleichen. Im Land mit starkem Wechselkurs wachsen Wirtschaftsleistung und Wirtschaftswachstum schneller als im schwächeren Land. Anleger (Spekulanten) investieren mit hoher Gewinnerwartung auf das starke Land, dadurch steigt der Preis für das Geld. Auf dem Weltmarkt müssen Käufer mehr Geld für Waren des starken Landes bezahlen – Exporte werden teurer, wenn nicht die Preise im Land für Waren aller Art ansteigen. Es lohnte sich eher, aus dem Ausland Waren einzuführen, weil diese billiger sind. Die Folge: Exporte sinken, Importe steigen. Dies beeinträchtigt Wirtschaft und Außenhandel eines wirtschaftlich starken Landes so, dass geschickt agiert werden muss.

Im Land mit schwächerer Währung steigen hingegen Exporte und Importe sinken. Hat das Land nicht die Möglichkeit, seine Währung anzupassen, sprich den Wechselkurs zu senken, kann es nicht mit stärkeren Ländern mithalten. Es gibt keinen Ausgleich zwischen den steigenden Importen des starken Landes, das im Ausland einkaufen muss, und der Nachfrage nach der Währung des schwachen Landes, die wiederum dazu führt, dass der Wechselkurs des starken Landes sinkt. Zu-dem bringen die steigenden Exporte dem schwächeren Land Kapital, weil das günstige Geld des schwächeren Landes von ausländischen Händlern vermehrt benötigt wird.

Balance zwischen Import- und Export-Leistung eines Landes ist Grundlage dafür, dass eine Wirtschaft genügend wertbaren Handel betreiben kann. Zudem verhindert der fallende Kurs eines Landes Kapitalflucht. Fehlt der Ausgleich durch flexible Devisenkurse, muss die Wirtschaftsleistung eines Landes, egal ob stark oder schwach, denn beide bedingen einander, in Schieflage geraten.

Dies haben Politiker im Euroraum mit der Einführung der Einheitswährung entgegen allen wirtschaftsmathematischen Gesetzen heraufbeschworen. (Humphrey/Rey: Das deutsche Desaster, Frankfurt am Main 2014, S. 119f.)

Der Ehrgeiz der Politiker lag im Glauben, der Markt werde kontrollierbar, würde eine einheitliche Währung gelten. Damit verpassten die Entscheider, die Banken zu kontrollieren. Die gewinnen immer, sogar an den Verlusten einer Währung. Anstatt also Banken zu kontrollieren und ihren Einfluss zu beschränken, gingen Politiker den Weg, Europa das Kreuz zu brechen und sind nun gezwungen, den Banken, die Renditen erwarten, zuzuspielen.

Eilig wurden rechtliche Grundlagen geschaffen, die nicht beinhalteten, wie vorzugehen ist, wenn das Experiment scheiterte. Dazu hätte es einer Insolvenzordnung für Staaten bedurft, die Menschen für Demo-kratie seit 2006 fordern. Da es diese nicht gibt, verschleppen alle Euroländer die Staatsinsolvenz und leisten Beihilfe dazu. Die auf diesen Weise entstandenen enormen Summen, die den Staatshaushalt belasten, werden der arbeitenden Bevölkerung abgezogen (Rettungsschirme), um Kürzungen für alle, die nicht arbeiten, zu verhindern. Dazu gehören vor allem Rentner und Hartz-IVler (zusammen etwa 30 Mio.). Sie repräsentieren einen Großteil der Wähler, denen dieses Vorgehen aus Angst vor Stimmenverlusten seitens der Politik verschwiegen wird. Die Presse drückt sich um Informationen oder bringt sie Scheibchenweise, damit sich für den Leser kein Gesamtbild ergibt.

Jeder Wissenschaftler muss davon ausgehen, dass sein Experiment scheitern kann. Er muss die Versuchsanordnung festlegen, er muss alle möglichen Ergebnisse in Betracht ziehen; er muss den Ablauf kontrollieren und unterbrechen können, er muss festhalten, wie der Test verlief, um feststellen zu können, warum es glückte, was seine These eventuell beweist, oder aber warum es scheiterte, was seine These nicht unbedingt wiederlegen muss. Wenn Politiker experimentieren, geht es anders zu; da ist Macht im Spiel, die sich aus Ohnmacht speist – der Angst, nicht wiedergewählt zu werden, der Angst, versagt zu haben, der Angst dem politischen Gegner zugespielt zu haben. Unterm Strich alles Werte, die kaum dem Wohl eines Volkes entsprechen. Das Volk will keine Uniform; es will sich zu seinem Land bekennen und gern darin leben; es will friedlich mit anderen Völkern leben; mit Völkern, die sich einer Gemeinschaft zugehörig fühlen, aber nationale und ökonomische Besonderheiten pflegen. Dies unterband der Euro. Er hätte, wenn er als Einheitswährung gelten sollte, auf flexiblen Kursen beruhen müssen.

Die Erwartung der Politik durch die Einführung einer Einheitswährung mehr Stabilität in Europa zu erreichen, ist ebenfalls abwegig. Noch irriger ist die Idee, dass diese Einheitswährung stabil sein kann. Der Euro wurde eingeführt, weil er zunächst hoch verschuldeten Ländern der EU Schulden ersparte. Aus dem Europa zur Zeit der »Schengener Abkommen« musste auf Basis vieler Fehler ein Europa der Schieflage werden, dessen Länder auf nicht mehr zu tilgenden Staatsschulden sitzen, denn nach Einführung des Euro wuchsen die Staatsschulden schnell wieder an; dessen Länder wirtschaftlich kränkeln, weil der Markt kaum mehr funktioniert. Allein die Einrichtung verschiedener Handelszonen, also Freihandelsabkommen, erlaubt noch Handel – dies allerdings zu Bedingungen, die allein die Länder gewinnen lässt, die die Bedingungen stellen. Wenn dies so beabsichtigt war, ist es geglückt, dient aber nicht den freiheitlichen Grundrechten der (europäischen) Völker.

Die Politik der Euro-Länder verhindert den Crash, weil sie die Währungsreform verhindert wollte. Das wäre ein Eingeständnis gewesen, dass der Euro gescheitert ist. Politik war wegen dieses bewussten Versäumnisses gezwungen, die Währung abzuwickeln, wobei Politiker, um das Gesicht zu wahren, unerlaubt Staaten finanzierten, die Bankenunion gründeten und letztlich der Hochfinanz zuspielten. Es wurden Löhne, Gehälter, Renten gesenkt, Spareinlagen, Renteneinlagen und Hilfen für sozial Schwache mittels eines schwachen Zinses geschmälert. Das Europa der Gemeinschaft ist ein Europa gemeinsamer Schulden – eine Bankrottgemeinde, die aufrecht erhalten wird, um den sogenannten Mächtigen im Spiel Regierungszeit zu verschaffen. Ein Versuch der Politik, die Situation zu retten, an der die Hochfinanz verdient, sind sogenannte Rettungsgelder oder sogenannte Rettungsschirme.

Deutschland haftet mit 73 Milliarden Euro für die Schulden anderer Länder. Die Summe entsprach dem, was die Rettung Griechenlands und die Unterstützung Portugals und Irlands bisher kostete. Dabei darf nicht vergessen werden, dass 73 Milliarden Euro etwa einem Viertel des bundesdeutschen Haushalts entsprachen; mittlerweile haftet Deutschland für über 1,5 Billionen Euro (Bankenrettungsfonds Soffin, EFSF, ESM, Target-Kredite). Das entspricht fünf Bundeshaushalten; hinzukommen Insolvenzverschleppungskosten und die Kosten zur Beihilfe zur Insolvenzverschleppung. (Humphrey/Rey: Das deutsche Desaster, Frankfurt am Main 2014, S. 111f.)

Wie diese Schulden, würden sie fällig, ausgeglichen werden sollen, ist unerklärbar. Der deutsche Staat, sprich der Steuerzahler, würde dafür aufkommen müssen (evtl. über Immobilienbesteuerung) oder: Die Staaten schreiben die Schulden ab, verzichten auf jedwede Tilgung, da den Krediten keine finanziellen Werte entgegenstehen, sondern Kredit finanziert sind, und setzen den Wert der Einheitswährung künstlich neu fest.

Diese Variante wäre eine Art Rettung für den Steuerzahler, klappte aber nur, wenn die Währung, nennen wir sie mal »Euro II«, auf flexiblen Kursen beruhen würde, wie zu der Zeit bevor die Einheitswährung galt. Diese Einführung eines flexiblen Euro II hätte zur Folge, dass zwar die Kurse unterschiedlich gehandelt werden müssten, der Wert des Euro müsste aber ebenfalls neu festgelegt werden, andernfalls fiele er und müsste weiterhin über Steuern (also Kredite) gestützt werden. Die neuerliche, verborgene Euro-II-Einführung hätte wie die erste Euroeinführung ebenfalls eine Verteuerung bestimmter Produkte zur Folge, andererseits würden zunächst wieder Staatsschulden abgebaut. Das Problem aber wäre: Da die Schulden der derzeitigen Finanzkrise nicht zu tilgen sind, sondern in Schattenhaushalten verborgen werden, führte ein anderer Euro (II) zu einer neuerlichen dritten Haushaltsführung, denn die Schulden des 1. Euro verleiten zu Schulden des 2. (flexiblen) Euro, wenngleich durch die Währungsunterschiede zwar ein Besserung der Haushalte eintreten würde, aber dennoch nicht die Schulden des 1. Euro abbaute und neue Staatsschulden anfallen, weil keinem Haushalt tatsächliche Werte entgegenstehen. Der Euro II als Einheitswährung führte zu Verwirrungen, so dass letztendlich wieder gut zu unterscheidende Währungen eingeführt werden müssten; es ist davon auszugehen, dass die Euroländer dann zu ihren Währungen und Kursen zurückkehren, die vor Einführung des Euro (I) galten. Die Staatsverschuldung bzw. der verzögerte Staatsbankrott aller Euroländer wäre dann von allen Steuerzahlern abzubauen.

Allein dass dies geschehen konnte, belegt das Versagen jener Verantwortlichen, die als Volksvertreter Dienst tun – dies jedoch nicht im Sinne des Volkes bzw. der europäischen Völker. Egal, welche Währung nach einer Reform gelten müsste, der Umschwung muss bedeuten, dass die politischen Entscheidungen einer rechtlichen bzw. strafrechtlichen Prüfung unterzogen werden, denn die Einführung des Euro, die gesamte Entwicklung und Steuerung der Krise beruht auf politischen Entscheidungen, die umstritten demokratisch legitimiert wurden. Bei Auslegung geltenden Rechts, das uneingeschränkt allein nach rechtlichen Grundlagen angesetzt würde und frei wäre von politischen Heucheleien, müssen die Verwerfungen der letzten Jahre, insbesondere aber seit dem Crash der Lehman-Brothers im Jahre 2008, als größter Volksbetrug aller Zeiten gelten.

Die Euroländer vergriffen sich an einst gut gemeinten Vorgaben und passten diese wieder und wieder den Gegebenheiten des Marktes an, der Geld in Nanosekunden verbrannte und Schulden um Schulden anhäufte. Alle Rettungsversuche waren keine. Sie waren Winkelzüge einer Politik, die von ihrem Versagen weiß, es aber nicht eingestehen kann und nicht die Verantwortung für ihr Handeln auf sich zu nehmen in der Lage war und ist. Die instabile Währung Euro ist mittlerweile Teil eines weltweit verwobenen Netzes aus politischem Versagen, politischen Lügen und wirtschaftlichen Verlusten. Spekulanten, die durch Wechselkurse in Schach gehalten wurden, spekulieren nicht mehr mit Währungen, sondern spielen Staatsanleihen gegeneinander aus. Sie investieren ihr Geld in sicheren Staaten, was führt dazu, dass Zinssätze in den Pleiteländern der Eurozone steigen.

Würde der Zinssatz nicht künstlich auf einem Minimalwert gehalten und ginge auf Minuswerte zu, wären jene Pleitestaaten, weil sie mehr Zins aufbieten müssten, um im Spiel zu bleiben, längst pleite. Spekulanten haben das Bankgeschäft übernommen. Dabei fahren sie Gewinne ein – die Staaten, insbesondere die europäischen, sitzen in der Falle. Sie können allein mehr Schulden anhäufen.

Es wäre wünschenswert, folgte dem Projekt »Euro II« ein Schuldbekenntnis und die Einrichtung rechtlicher Verfahren gegen alle Verantwortlichen, die für den größten Volksbetrug aller Zeiten verantwortlich sind. Dazu gehören Verantwortliche des Rechtssystems und der Medien, die anstatt zu erklären, was Politik tut und zu bewerten, ob dies rechtens oder sinnvoll sei, verschwiegen, was sich all die Jahre seit Einführung der Einheitswährung tat. Noch immer wird behauptet, die Krise sei lösbar; alle Berichte über deutsche Politiker klingen wie Heldensagen. Der Zerfallsprozess der Eurozone findet täglich statt, doch davon wird kaum aufklärerisch berichtet. Stattdessen bleiben die Länder des Euro an die Politik der EZB gebunden, die ähnlich wie die amerikanische Notenbank FED vor allem Anleihen kauft und den Markt mit billigem Geld überschwemmt. Zudem verstreut die EZB sogenannte Finanzspritzen, die ebenfalls Kredit basiert laufen und ohne relevantes Haftungskapital. Sie sind eine Art PR, die sich Brüssel herausnimmt, um den Völkern der Eurozone vorzutäuschen, die Regenten haben die Lage im Griff. Diese Lage aber ist nicht in den Griff zu bekommen; sie wird künstlich am Leben gehalten durch Transfergelder, Rettungsschirme, in einer Transferunion, die laut der Verträge zur Einführung des Euro im Jahre 1992 ausgeschlossen wurden.

Seltsam ist, dass Rettungsfonds sogenanntes Sondervermögen sind. Sie tauchen in den Bilanzen des Staatshaushalts nicht auf, ihre Verluste werden dem Bundeshaushalt nicht angerechnet. Mit diesem Trick haben sich viele Euroländer bisher über Wasser gehalten, allen voran Deutschland. Auf diese Weise können die Vorgaben der Schuldenbremse eingehalten werden; auf diese Weise entstehen Bad-Budgets, eine Art doppelte Haushaltsführung. Seltsam ist, dass die Rettungsschirme EFSF und vor allem ESM, der dauerhaft gelten wird, als Aktiengesellschaften, als Societé Anonyme (SA) nach luxemburgischem Recht gelten. Aktiengesellschaften sind in allen europäischen Rechtsordnungen bilanzierungspflichtig.

Aktien gibt aus, wer Geld beschaffen muss. Wer Aktien ausgibt, teilt seine Herrschaft. Die EFSF AG leiht sich Geld für Hilfsleistungen am internationalen Kapitalmarkt, indem sie Anleihen ausgibt. Sie kann dabei bis zu 440 Milliarden Euro aufnehmen. Die 17 Euro-Staaten haften für diese EFSF-Schulden mit insgesamt 780 Milliarden Euro. Diese deutlich über den 440 Milliarden Euro Kreditvolumen liegende Garantiesumme ist notwendig, damit der Fonds für seine Anleihen die Bestnote AAA bei den Ratingagenturen bekommt und hält, egal, ob diesen Summen wirkliches Kapital zugrunde liegt, damit er vergleichsweise niedrige Zinsen zahlen muss, wenngleich hohe Zinsen im Augenblick niemandes Problem sein dürften. Deutschlands Garantieanteil an den 780 Milliarden Euro liegt bei rund 211 Milliarden Euro. Die ersten EFSF-Gelder zu günstigen Konditionen flossen an die Schuldenländer Irland und Portal, die ansonsten keine oder nur sehr teure Kredite von internationalen Anlegern bekommen hätten.

Seit Herbst 2011 beschlossen (damals noch) 17 Euro-Staaten, dass der Rettungsfonds über die Kreditgewährung hinaus weitere Kompetenzen erlangt. Um die Wirkungskraft des Rettungsschirms zu erhöhen, wurden zwei Instrumente eingeführt, mit denen das Finanzierungsvolumen der EFSF von 440 Milliarden Euro ausgeweitet kann – es wird gehebelt. Deshalb fungiert die EFSF als Anleiheversicherer bei der Ausgabe von neuen Anleihen aus Problemländern. Die EFSF garantiert einen Teil der Emissionssumme und entschädigt im Falle eines Zahlungsausfalls Anleger in Höhe dieses Anteils. Zum anderen kann die EFSF gemeinsam mit privaten Investoren Zweckgesellschaften gründen. Entstehende Sondertöpfe würden wieder in Anleihen investiert, für die die EFSF AG geradestehen müsste. Die EFSF kann neu aufgelegte Anleihen von Euro-Staaten ganz aufkaufen – Fachleute sprechen hier von Interventionen auf dem »Primärmarkt«, was verbotener Staatsfinanzierung gleichkommt. Er kann darüber hinaus unter bestimmten Voraussetzungen auf dem »Sekundärmarkt« tätig werden, also bereits im Umlauf befindliche Anleihen eines Eurolandes von anderen Anlegern kaufen, was verbotene Staatsfinanzierung bedeutet. Die EFSF kann gegen Auflagen vorsorgliche Maßnahmen treffen, wie zum Beispiel die Bereitstellung einer vorsorglichen Kreditlinie.

So sind offiziell die Regelungen, denen Deutschland zustimmte. Auf den ESM treffen ganz ähnliche Bedingungen zu, abgesehen davon, dass die ESM AG über mehr Einlagen verfügen darf und dass Kredite bewilligt werden, wenn die Länder, die Geld brauchen, sich an einige Bedingungen halten, wie diese: Der ESM leistet Hilfe, wenn die Stabilität der Euro-Zone insgesamt gefährdet ist.

Der Beschluss für Hilfen muss einstimmig von den Finanzministern als Gouverneuren des ESM gefasst werden. Zuvor führen EU-Kommission, Europäische Zentralbank (EZB) und der Internationale Währungsfonds (IWF) für das betreffende Land eine sogenannte Schuldentragfähigkeitsanalyse durch.

Unterstützung wird gewährt, wenn das Problemland einem wirtschaftlichen Reform- und Anpassungsprogramm zustimmt (sogenannte Konditionalität). In allen Fällen der finanziellen Unterstützung ist eine Beteiligung privater Gläubiger vorgesehen. Art und Ausmaß einer solchen Beteiligung hängen vom Ergebnis der Schuldentragfähigkeitsanalyse ab.

Bei allem offiziellen Schöngetue bleibt fraglich, wie zwei Aktiengesellschaften, die lediglich über Kredit finanziertes Kapital verfügen, für das Banken bürgen, überhaupt zugelassen werden konnten. Bei jedem Unternehmen, also einer Aktiengesellschaft, geht es ums Kapital, das möglichst immerfort erhöht werden soll. Dies geschieht durch Produkte oder Dienstleistungen, die ein Unternehmen anbietet, herstellt und verkauft, dies auch, weil das Unternehmen Maschinen, Werkhallen besitzt und Mitarbeiter beschäftigt. Braucht eine Firma finanzielle Mittel, um beispielsweise neue Maschinen oder entsprechend qualifizierte Mitarbeiter zu kaufen bzw. zu beschäftigen, kann sie dies auf verschiedene Arten bekommen. Das eigene Grundkapital kann in viele kleine Stücke, nämlich Aktien, zerlegt werden. Die einzelnen Aktien stehen dann für einen bestimmten Anteil am Unternehmen. Diese Anteile werden als Wertpapiere verkauft und das Unternehmen erhält aus diesem Verkauf frische Finanzmittel – der Preis der Anteile richtet sich nach den Erwartungen auf die Gewinne des Unternehmens.

Aktien werden an der Börse gehandelt, wenn dort ein entsprechender Antrag gestellt wurde. Dies allerdings geschieht allein im sogenannten Freiverkehr, bei dem keine AG Pflichten hat, Auskunft darüber zu geben, was Geschäftsstrukturierung, Gewinne bzw. Verluste oder Einnahmen bzw. Ausgaben angeht. Will eine AG an die Börse, muss ebenfalls ein Antrag gestellt werden, der aber an Bedingungen geknüpft ist. Es muss eine Versammlung aller Aktionäre stattfinden, es muss ein Wertpapierprospekt veröffentlicht werden, wie regelmäßig relevante Nachrichten und Firmendaten aktualisiert werden müssen. Nicht an der Börse können alle Aktien gehandelt werden.

Abgesehen davon, dass Ratingagenturen den 18 Euro-Bankrott-Staaten noch immer gute Noten ausstellen, fällt auf, dass die EFSF bzw. ESM AG keine Produkte schaffen. Ihre Dienstleistung besteht darin, eine Garantie auf Kredite zu geben, ohne über Kapital zu verfügen. Immerhin beschäftigen beide AGs als Kreditvermittlungsgesellschaften Mitarbeiter, die Provisionen (Kommissionen) vereinnahmen und verausgaben. Es ist fraglich, aus welchem Vermögen heraus diese bezahlt werden, da es ja kein Kapital gibt; es ist ebenso fraglich, weshalb Provisionen den Mitarbeitern (Politiker) zugutekommen, und nicht den europäischen Völkern.

Die EFSF AG und die ESM AG verwalten Kreditzusagen von Staaten, die ebenfalls alle über kein geldwertliches Kapital verfügen, also Kredite aufnehmen müssen, um für die Einlagen zu haften. Staaten verfügen über Steuerzahler, Immobilien und andere Werte. Dennoch ist fraglich, wie beide AGs bilanziert werden – sie sind ja Wirtschaftsunternehmen, stützen sich aber auf staatliches Kapital. Dies darf weder ein Unternehmen, noch ein Staat. Dass dieser Wolpertinger mit Geld handelt, macht keine Bilanz. Dennoch wurde der Annual Report, der von der Bilanz ausgeht, von PricewaterhouseCoopers erstellt. Das Honorar betrug laut Jahresbericht 151.000 Euro.

Für alle Teilnehmerstaaten war laut Jahresbericht der *EFSF AG* ein Gewinn von 16 Milliarden Euro ausgewiesen. Es hätte aber nach deutschen, wie internationalen Rechnungslegungsvorschriften (IRS) ein Verlust von 70 Milliarden Euro ausgewiesen sein müssen, da die Anschaffungswerte anstelle der abgesunkenen Marktwerte durch Abschreibungen auf den niedrigeren Kurswert berücksichtigt hätten werden müssen. Demnach ergibt sich ein Verlust von 54 Milliarden Euro, der durch 18 Mitglieder der Eurogemeinde (Rekapitalisierung) hätte aufgefangen werden sollen. Es spricht kaum für einen Stabilitätsfonds, wenn er in sich nicht stabil ist.

Deutschland müsste 18 Milliarden Euro an Verlust ausgleichen. Bei Ausweis des die Defizitgrenzen nach dem Fiskalpakt und der Schuldenbremse übersteigenden Defizitanteiles in Schattenhaushalten, wie z. B. den geklonten EFSF bzw. ESM ergibt sich 5,1 Milliarden an Defizit. Diese zum Rekapitalisierungsbedarf hinzu gerechnet (18 Milliarden Euro) betreffend Deutschland, dann ergibt sich ein Betrag von über 23 Milliarden Defizit, anstelle eines gedeckten Haushalts, wie ihn Finanzminister Schäuble so gern sehen würde. Auch wenn der Fonds offiziell im Budget des Staates nicht auftaucht – die Verluste hätten auftauchen müssen, spätestens im Staatshaushalt des Folgejahres; es ergibt sich keine Möglichkeit einer Neuverschuldung von null (ab 2015). Betrachten wir Griechenland.

Der »Financial Statements, Management Report and Auditor's Report« des EFSF weist zum Stichtag 31. Dezember 2013 nominal 178,8 Milliarden Euro an Darlehen für Mitgliedsstaaten aus. In der Bilanz erscheint dieser Betrag als 179,3 Milliarden Euro (vgl. S. 7 und S. 40 des Annual Report 2013 – englisch: »carrying value = Buchwert). Wodurch zwei Beträge entstehen konnten, ist nicht nachvollziehbar. Auf Griechenland entfallen 134,6 Milliarden Euro; dieser Betrag hat sich nach dem Bilanzstichtag durch mehrere Zahlungen im Jahr 2014 auf 141,8 Milliarden Euro erhöht (vgl. Lending Operations; dort ist von billion die Rede – die US-amerikanische billion entspricht der deutschen Milliarde). Die Laufzeit der griechischen Darlehen beläuft sich auf 32 Jahre; Nominalbetrag und Bewertung der griechischen Darlehen sind im Wesentlichen identisch. Eine solche Aufstellung, wie die Aufstellungen aller Euroländer, ist aber hinfällig. Nach geltenden Rechnungslegungsvorschriften (national, wie international) für Banken und Versicherungen, zu denen die Rettungsfonds gezählt werden müssen, hätten weder EFSF noch der ESM als AGs zugelassen werden dürfen, da sie über keine Kapitaldecke verfügen und nicht mit privatwirtschaftlichem Kapital handeln. Wie also wird aus möglichen Krediten, die an Staaten mittels einer eigentlich privatwirtschaftlichen Unternehmung unter bestimmten Bedingungen vergeben werden, Geld? Das klingt nach Stroh zu Gold, ist aber einfache Auslegung geltender Bestimmungen nach den Bedingungen, wie sie der Markt gerade fordert, denn der Euro soll ja um jeden Preis gehalten werden.

Luxemburg öffnete sein Bilanzrecht im Jahr 2010 für internationale Rechnungslegungsstandards. Unternehmen können wählen, ob sie ihre Schlussrechnung nach luxemburgischem Bilanzrecht oder internationalen Rechnungsstandards stellen wollen. Unternehmen, deren Wertpapiere auf einen regulierenden Markt der EU gehandelt werden (das dürfte auf den EFSF zutreffen) müssen nach internationalen Rechnungsstandards vorgehen. Dementsprechend muss der EFSF nach internationalen Standards bilanzieren. Im EFSF-Annual Report 2013 findet sich mehrfach eine Bezugnahme auf die IAS (International Accounting Standards).

Die maßgebliche IAS 39 (International Accounting Standard) sieht ein mixed Model vor. Die Bewertung kann nach den fortgeführten Anschaffungskosten der dem tatsächlichen Zeitwert (fair value) erfolgen. Offensichtlich geht der EFSF bzw. PricewaterhouseCoopers von den fortgeführten Anschaffungskosten aus. Nach IAS 30.58 ist eine Wertkorrektur vorzunehmen, wenn am Bilanzstichtag objektive Anhaltspunkte für eine Wertminderung (impairment) vorliegen. Nach IAS 39.60 reicht die Her-abstufung eines Kreditratings für sich genommen nicht aus, um eine Wertberichtigung zu ändern, es müssen weitere Umstände hinzukommen.

Die Ratingfrage ist bei Griechenland eindeutig. Auf S. 32 des *Annual Reports 2013* werden Ratings aufgeführt: 134,6 Milliarden Euro der vom EFSF ausgegebenen Darlehen sind mit einem Rating Caa3 (Moody's) / B-(Standard & Poor's) / B-(Fitch) bewertet. Das entspricht den Leistungen für Griechenland. Der *Annual Report* weist auf das schlechte Rating und das Risiko hin. Für die Bilanzierung aber entsteht daraus keinerlei Konsequenz.

Zur Bewertung griechischer Staatsanleihen gibt es öffentliche Verlautbarungen der ESMA und des IDW. ESMA bedeutet European Securities and Markets Authority (Europäische Wertpapier- und Marktaufsichtsbehörde). Das IDW ist das Institut der Wirtschaftsprüfer. Das IDW ist im Zusammen-hang mit Unternehmensbewertungen bekannt – es hat umfangreiche Leitlinien bzw. Standards für die Unternehmensbewertung veröffentlicht, die als Referenz gelten. Beide Einrichtungen sehen keinen Grund zur Wertberichtigung (impairment trigger). Hintergrund ist das Gipfeltreffen der Staats- und Regierungschefs der Euro-Zone am 21. Juli 2011. Dort wurde beschlossen, dass Griechenland aus dem EFSF Geld zu niedrigen Zinsen erhalten soll. Dazu wurden die Zinssätze von 4,5 Prozent auf 3,5 Prozent gesenkt; die Laufzeit wurde von siebeneinhalb Jahre auf mindestens 15 Jahre ausgeweitet. An der Rettung der griechischen Banken sollten andere Banken, Versicherungen und private Gläubiger beteiligt werden – und zwar mit fast 50 Milliarden Euro; 37 Milliarden Euro davon sollten durch den Tausch bestehender Staatsanleihen in neue Anleihen mit längerer Laufzeit zusammenkommen.

Mit Beschluss vom 26. Oktober 2011 wurde bewilligt, die im Juli entschiedene staatliche Unterstützung Griechenlands soll auf Beteiligung des privaten Sektors ausgeweitet (»haircut« in Höhe von 50%) werden. Die Folge dieses Beschlusses war: private Forderungen gegenüber Griechenland verloren an Wert – ein impairment trigger, wie ihn ESMA und IDW bezeichnen. Der EFSF ist jedoch nicht betroffen, denn Forderungen des EFSF beziehen sich nicht auf den privaten Schuldenschnitt. Das Verhältnis ist gerade umgekehrt – der private Schuldenschnitt war Voraussetzung dafür, dass der EFSF ein nächstes, größeres Hilfspaket abschickte.

Es gibt aber Standpunkte, die für ein impairment sprechen. Bei den Forderungen des EFSF gab es zwar keinen haircut, wie bei den privaten Gläubigern, aber der EFSF verlor. Im Annual Report 2013 S. 6 ist dies angerissen; unter den FAQ – »New disbursement of financial assistance to Greece« ist folgendes angegeben:

- Wegfall der sogenannten Garantiegebühr – Ersparnis für Griechenland / Verlust für den EFSF: 2,7 Milliarden Euro;

- Verschiebung der Zinszahlungen um 10 Jahre; Griechenland zahlt also 10 Jahre keine Zinsen;

- Verschiebung der Fälligkeit der Darlehen um 15 Jahre; jetzige, späte Fälligkeiten ab 2042 sind ein Resultat dieser Verschiebung.

Diese Vorgänge sind in einer Kreditbeziehung undenkbar. Wie es dennoch dazu kommen kann, dass die Euroländer es zulassen, dass der EFSF die Kapriolen des griechischen Staatshaushalts auffängt, die die Euroländer durch ihre Niedrigzinspolitik mitbestimmen, kann allein darauf zurückzuführen sein, dass der Staatshaushalt Griechenlands, der ja (als eine Folge des Euro) von der Staatsbank abhängig wurde, unbedingt von den Euroländern gehalten werden muss. Banken und Regierungen arbeiten zusammen, um nicht gemeinsam unterzugehen. Geltende Bestimmungen werden umgangen oder gleichgeschaltet.

Für solch ein impairment spricht (lt. IAS 39.59, 60 und 62):

- Herabstufung durch Rating-Agenturen (was für sich genommen noch nicht reichen würde, aber ein Indiz sein kann – IAS 39.60);

- Zugeständnisse des Kreditgebers an den Kreditnehmer in Zusammenhang mit finanziellen Schwierigkeiten des Kreditnehmers (IAS 39.59c);

- Erhöhte Wahrscheinlichkeit einer Insolvenz (IAS 39.59d);

- Volkswirtschaftliche Rahmenbedingungen – Arbeitslosigkeit etc. (IAS 39.59 f II).

Weitere Voraussetzung für eine Wertberichtigung nach IAS 39.59 ist, dass eine verlässlich schätzbare Auswirkung auf die zukünftigen Crash Flows vorliegt. IAS 39.62 relativiert diesen Anspruch und stellt klar, dass eine vernünftige Schätzung unumgänglich ist. Damit darf die Verlässlichkeit im Sinne von 39.59 nicht in Frage gestellt werden.

Ein Faktor, der gegen ein impairment sprechen könnte, ist die Zeit. Die Kredite, die Griechenland (in diesem Fall) jetzt gewährt werden, werden in der Zeit zwischen 2042 bis 2053 fällig. Die extrem lange Laufzeit der EFSF-Darlehen eröffnet einen weiten Einschätzungsspielraum. So desolat die Lage Griechenlands heute ist – wer kann heute sagen, wie es in 30 Jahren aussieht? Der EFSF muss seiner Idealität folgend davon ausgehen, obwohl alle Entwicklungen dagegen sprechen, dass die Euro-Rettungsmaßnahmen oder nationale Reformen greifen werden, so dass Griechenland bis 2042 ein finanziell und wirtschaftlich gesundes Land sein sollte, dass seine Kredite bedienen kann.

Immerhin haben es die Eurokraten zunächst geschafft, den Ausfall der Kredite zu jetziger Zeit und den Bankrott des Landes zu verhindern. Es darf aber nicht vergessen werden, dass die Verlängerung der Laufzeit der Kredite ja daraus resultierte, dass offenbar niemand in Brüssel daran glaubte, dass Griechenland seine Schulden jemals begleichen kann bzw. seine Kredite zurückzahlen. Es handelt sich also um eine Verschiebung der Verbindlichkeiten. Fraglich ist, wie nachgewiesen werden kann, dass Bilanz und Verlängerung der Kreditlaufzeit einen Bezug haben, der strafrechtlich relevant ist.

Bilanzierungsdelikte setzen Vorsatz voraus. In einem Strafverfahren muss der Vorsatz über jeden Zweifel hinaus zur Überzeugung der Richter nachgewiesen werden. Verstieße die Bilanzierung des EFSF gegen die Hinweise von ESMA und IDW, wäre dies ein Ansatz zur Klage. Da aber der EFSF nicht vom haircut betroffen ist, gibt es keinen nachweisbaren Hinweis auf Vorsatz. Dass Politiker in Zusammenarbeit oder zumindest mit Zustimmung der Banken alle möglichen Schlupflöcher nutzen, um den Euro und in unserem Beispiel den griechischen Staat zu unterstützen, und dies durch Kreditgewährungszeiten erreichen, die allein auf Hoffnung und Wundern beruhen, ist fahrlässig, aber nicht nachweisbar vorsätzlich. Die Politik kommt mit den geschaffenen Regelungen gut dabei weg, sich an der Macht zu halten; da mag eine Bilanz falsch sein, aber es gibt keine strafrechtliche Verfolgungsmöglichkeit. Das Ganze ist eine Art Kampf ums politische und bänkerische Überleben. Der sogenannte Handel mit Rettungsschirmen ist keiner. Kein Land bekommt wirklich Geld aus dem Topf, es bekommt Zusagen auf Kredite (auf Kredite, die nicht kapitalgedeckt sind), die übrige Euroländer mittels Krediten finanzieren, die lange Laufzeiten haben, die dann nach Ausgleich verlangen, wenn sich die jetzige Politikergilde längst in den Ruhestand verabschiedet hat. Wenn nicht mehr nachweisbar sein dürfte, wer für welchen Fehler verantwortlich gemacht werden kann. Dennoch machen alle Länder Schulden und ihre Regierungen sind für zahlreiche Fehler zumindest moralisch verantwortlich. Diese Fehler führen zur Verarmung der Menschen, so in Deutschland.

Abgesehen von den Haftungsschulden gegenüber Griechenland, hat beispielsweise Deutschland mehr Schulden. Die Gesamtschulden belaufen sich auf 15 Billionen Euro (implizite und explizite), was auf einen Satz von 750 Prozent des BIP zuläuft. (Humphrey/Rey: Das deutsche Desaster, Frankfurt am Main 2014, S. 29)

Aus dem tatsächlichen (nicht rechnerischen) Geldvermögen der Normalbevölkerung mit zwischen 500 Milliarden bis rund 1 Billion Euro ist außer belastetem Immobilienvermögen, das sich nicht unproblematisch in Geld umwerten ließe, in der Bevölkerung kein Geld vorhanden. Etwa 10 bis 12 Prozent aller Reichen/Superreichen/Großkapital/Hochfinanz besitzen in Deutschland Geldvermögen.

Werden Schulden (explizit und implizit) mit dem Geldvermögen der Normalbevölkerung verglichen, ergibt sich eine Schuld von rund 14 Billionen Euro. Diese Summe ist durch Einkommens- und Rentenverzicht tilgbar, wenn über die Staatshaushalte die Zinsen aufgebracht werden sollen, nicht aber die Tilgung einkalkuliert wird. Bei der aktuellen Verzinsung ergibt sich daraus eine Tilgungszeit von mindestens 30 Jahren, dies bei völligem Einkommensverzicht aktiver und passiver Bevölkerung. Da dies kaum möglich sein wird, dauert dieser Prozess des Schuldenabbaus also wesentlich länger. Außerhalb des Fiskalpakt tauglichen Staatshaushalts (also des Bad-Haushalts), gibt es keinen Euro an Haftungskapital. Für den offiziellen Haushalt reichen die Haftungsmöglichkeiten der Normalbürger nicht aus, da die zu behaftenden Verbindlichkeiten wesentlich höher sind.

Dass das Haftungskapital der Rettungsschirmhaftungskonstruktionen für die geklonten Fondshaus-halte nicht vorhanden ist, gibt Aufschluss darüber, dass sich letztendlich die Aktionäre beteiligen, auf null Anteile erwerben und in blindem Vertrauen in Staaten, Banken und Ratingagenturen Teil des geplanten Kursverfalls mit großen Verlusten werden.

Wie Griechenland darf Deutschland nicht bankrottgehen, denn Deutschland gehört zu den sogenannten stützenden Staaten, die also Ländern Geld borgen, deren Staatshaushalt maroder ist als der Deutsche. Nunmehr ist der deutsche Haushalt null und nichtig und unzählige Länder schulden Deutschland Geld – Geld, auf das deutsche Banken (sogar Notenbank) zwar hoffen dürfen, das sich aber in langen Laufzeiten verliert oder im doch noch eintreffenden Bankrott einiger oder mehrerer Euroländer. Die Politik schweigt darüber, Presse berichtet nicht, Ratingagenturen geben falsche Werte an, es werden neue Rettungskonzepte in die Welt hinaus posaunt.

Die Staaten der Euro-Schuldengemeinde sind alle Pleite. Sie geben vor, Geld in Fonds einzulegen. Tatsächlich schreiben sie Aktien aus, die von Jedermann gekauft werden können und machen den hochverschuldeten Euroländern Hoffnung auf Rettung. Die kann aber nicht kommen, da die Politik den Crash hinauszögert, weil sie Verluste aus abenteuerlichen Kreditgeschäften fürchtet und der Markt auf die Einführung des EFSF und des ESM und deren Hebelung nicht mit den erwarteten Investitionen seitens Banken, Versicherungen, private Investoren reagierte. Allerdings fährt die Aktie am Markt Gewinne ein. Was mit diesen passiert, bleibt unklar.

Die geschaffenen Institutionen EFSF AG und ESM AG sind vielleicht Scheingesellschaften. Ihre eigentliche Aufgabe ist nicht nachvollziehbar. Es kann angenommen werden, dass sie ein Instrument sind, den Markt zu beruhigen und Anleger zu prellen, die sich in Sicherheit bei allen ohnedies höchst risikobehafteten Geschäften rund um den Euro wiegen sollen. Das gilt für Staaten und Banken ebenso wie für private Anleger. Es ist vielleicht so, dass aus dem Topf »ESM« Politiker bezahlt wurden, mutmaßlich ein wenig mehr erhielten, damit sie die Regierungen ihres Landes im Euro halten bzw. verhindern, dass jenes Land aus dem Euro aussteigt. Auch möglich ist es, dass der ESM dazu geschaffen wurde, Anleger in Sicherheit zu wiegen, dass es den Euro mit dem ESM im Hintergrund noch sehr lange geben werde, im Grunde aber eine riesige Geldwaschanlage für Euro-Verantwortliche darstellt, die von diesen Geschäften wissen und Schweigegeld dafür erhalten. Die aus dem ESM zunächst zu Papier stehenden Gewinne werden irgendwo in der Welt per Mausklick angelegt. Die Konten haben Nummern – woher das Geld kommt, fragt niemand. Auf dem Weg durch Glasfaserkabel erhält nicht reelles Geld, reellen Wert. Letzte Möglichkeit wäre eine Geldwaschanlage für die Staaten der Eurozone, die sich über EFSF und ESM Geld zuschieben, was laut der Gründungsrichtlinien des Euro verboten ist. In großem Stil wird also verbotene Staatsfinanzierung betrieben, die offenbar unter dem Deckmantel der Fonds so gut funktioniert, das niemand nachfragt, wozu es diese Gelder eigentlich gibt und wem sie wirklich dienen – der Hochfinanz. Stimmte eine dieser Thesen, stünde dies der Politik rund um den Euro angemessen im betrügerischen Gesicht.

Der dauerhafte Rettungsschirm ESM hilft nicht mehr lange, die eigentlichen Staatspleiten der Euro-länder zu verstuschen bzw. zu verzögern. Jedes dieser Länder, besonders aber Griechenland, Portugal, Italien oder Zypern, steht vor der Entscheidung: Währungsreform mit Tilgungsverzicht oder ohne. Jedes des Euroländer, die bisher alle versuchten, Vorteile aus dem Verbund zu ziehen, müsste sich in dieser Debatte der Tatsache stellen, im Bankrott gezwungen zu sein, erstmals wirklich gemeinsam zu handeln. Der Austritt einzelner Länder aus dem Verbund hätte eine unkontrollierbare Welle an ebenfalls austrittswilligen Ländern zufolge, die einen Schuldenschnitt auf diese Weise erreichen wollten. Das Problem ist, dass kein Land mehr ohne das andere agieren kann – die Schulden schweißen Europa zusammen mehr als es alle guten Absichten je vermocht hätten. Insofern können sich die Euroländer und die EU-Länder einzig als Gemeinschaft bewähren, indem sie ihre Schuldensituation lösen. Das müsste die Anerkennung der tatsächlichen Schulden jeden Landes einschließen, ebenso das Eingeständnis, dass die bisher eingeleiteten Reformen eher schmerzhaft waren und zu mehr Schulden als zum Schuldenabbau geführt haben. (Humphrey/Rey: Das deutsche Desaster, Frankfurt am Main 2014, S. 119 ff.) Diese Verfahrensweise würde bedeuten, dass jedes Land am anderen verlöre, dem es Kredite gewährte. Dabei wäre es egal, ob es sich um ein Euroland oder um ein Land der EU handelte. Es wäre eine Mutprobe und ein in der Geschichte einmaliger Beweis einer gemeinschaftlichen Abwicklung.

Eine andere Spielart wäre der Austritt einiger Länder, wie Griechenland oder Italien. Ihnen würden die Schulden erlassen werden müssen, vor allem Target2-Forderungen. Da dies alle Euroländer gleich betrifft, ist damit zu rechnen, dass Schritt für Schritt Austrittswillige den Euro umschulden – ihnen müssten Schulden erlassen werden. Letztlich würden Deutschland und Frankreich, die in Sachen Euro-Reformen bisher jede Chance verpassten, übrigbleiben. Beide Länder haben höchst risikobehaftete Politik betrieben, zu Lasten ihrer Völker, und wären außerdem in der Situation, Schulden erlassen zu müssen und Schulden erlassen zu bekommen, da die Pleite droht. Woher neues Geld komme sollte, selbst wenn es Euro II hieße, wäre fraglich. Ein solcher Deutschland-Frankreich-Euro-II-Verbund würde scheitern müssen, bevor er überhaupt durchdacht werden könnte. Immerhin wäre der Finanzmarkt durch diese Lösungen nicht sofort im Schock. Anleger, Banken und Versicherungen, ferner private, könnten den Markt beleben oder ihn zumindest unterstützen. Die letzte Ausfahrt Euro wäre der Totalcrash.

Ausgelöst durch eine Staatspleite, wie beispielsweise der Griechenlands, müssten die Euroländer, allen voran Deutschland, via ESM sofort unglaubliche Mengen an Geld zur Verfügung stellen. Da diese Töpfe leer sind und kein Euroland noch Geld hat, wären IWF oder EZB gefordert, den hilflosen Helfern zu helfen. Beide Institutionen kämen damit aber recht schnell ans Limit. Zudem zu betrachten ist: Die Euroländer, die stützen sollen, es aber nicht mehr können, müssten die vom IWF oder von der EZB gewährten Kredite einst zurückzahlen. Das aber erscheint bei der Staatsverschuldung vor allem Deutschlands unmöglich. Deutschlands Staatsverschuldung ist viel bedeutender als der mögliche Bankrott Griechenlands, denn Griechenlands Bankrott wäre durch die Euroländer vielleicht noch zu stützen; ginge Deutschland bankrott, sind alle Euroländer bankrott.

Der Schock, den eine solche Staatspleite auslösen würde, wäre verheerend. Der Euro wäre von heute auf morgen ungültig. Kein Anleger spekulierte noch auf diese Währung. Die dann folgenden Entwicklungen sind kaum vorherzusagen, abgesehen davon, dass staatliche Sicherheit vielleicht nicht mehr garantiert wäre.

Die Lüge von der Errettung des Euro und andere

Das *Wort des Jahres* und sein Counterpart, das *Unwort des Jahres*, sind Seismometer politischer und gesellschaftlicher Befindlichkeiten. 2008 wurde *Finanzkrise* zum Wort des Jahres gekürt; der Begriff *notleidende Bank* wurde als Unwort gewählt. Das ist recht so, denn der Begriff stellt die Verhältnisse auf den Kopf: Die Täter der Finanzkrise (Banken) werden zu Opfern stilisiert. Menschen für Demokratie schlagen als Wort des Jahres 2015 *Rettungsschirmlüge* vor, wenngleich die Wortwahl nicht korrekt ist: Es gibt nicht eine Lüge, sondern eine Lügenkette.

Die Lüge vom sicheren Euro

Der Euro wurde am 1. Januar 1999 als Buchgeld, drei Jahre später, am 1. Januar 2002, als Bargeld eingeführt. Als europäische Einheitswährung löste der Euro die früheren nationalstaatlichen Währungen mit flexiblen Wechselkursen ab und schuf einen einheitlichen, europäischen Währungsraum.

Die Teilnehmerstaaten mussten also auf den autonomen Einsatz von Geld- und Wechselkurspolitik und damit auf ein wesentliches wirtschaftspolitisches Steuerungsmittel verzichten. Asymmetrische makroökonomische Schocks (z. B. des Zusammenbruchs von Immobilienmärkten oder Teilen des Bankensystems), die nur einige Mitgliedstaaten betreffen, und unterschiedliche Wettbewerbsfähigkeit können nicht mehr durch eine individuelle, nationalstaatliche Geldpolitik ausgeglichen werden. Deswegen müssten andere Anpassungsmechanismen aktiviert bzw. verstärkt werden, nämlich Transferleistungen zugunsten der ärmeren Länder. Das verschwieg und verschweigt die Politik.

Die Lüge von der Rettung des Euro

Als Reaktion auf die (dauer-)aktuelle Finanz- und Eurokrise – sie sind Folgen der Wohlstands- und der Eurolüge – setzte die europäische Politik eine neue Lüge in die Welt: Die Rettungslüge. Die fortgesetzte Aneinanderreihung von Lügen liegt in der Logik der Lüge – die neue soll helfen, die alte zu kaschieren.

Erkenntnis entsteht im Spannungsfeld von Gegenteilen: Das Böse zeigt sich als Kontrast zum Guten; die Lüge im Kontrast zum Ehrbaren. Deswegen fragen Menschen für Demo-kratie: Was wäre in der Finanz-/Eurokrise ehrlich?

Gegen (zu) hohe Schulden hilft allein Schuldenabbau. Entweder durch Rückzahlung der Schulden durch den Schuldner oder durch

Erlass seitens der Gläubiger. Die Rückzahlung der Schulden ist – gerade in einer krisenhaften Situation – ausgeschlossen. Es bleibt der Erlass. Der in einem rechtsförmigen Verfahren strukturierte Erlass heißt Insolvenz- oder Konkursverfahren. Die ehrliche Antwort auf die Finanz-/Eurokrise wäre also das Insolvenzverfahren (Anne O. Krueger, A New Approach to Sovereign Debt Restruturing, IMF, 2002, 41 S.).

Demgegenüber heißt die Antwort der Europäischen Politik: Rettungsschirm. Unter dem Rettungsschirm sammelt sich eine Vielzahl von Instrumenten und Akteuren, die allesamt ein gemeinsames Ziel haben: notleidenden Staaten und Banken (noch) mehr Kredite zukommen zu lassen. Da ist zum einen die direkte Kreditvergabe durch die internationale Weltbank, EFSF und ESM. Da sind zum anderen die Kreditstimulanzen: der Ankauf von Staatsanleihen durch die EZB, EFSF und ESM, die historische Niedrigzinspolitik der EZB, der Verzicht auf Sicherheiten durch die EZB und der Nichtausgleich der Target2-Forderungen. Ziel ist es Schulden mit immer neuen Schulden zu bekämpfen. Das ist so Erfolg versprechend, wie die Abgabe immer höherer Drogendosen an einen Abhängigen.

Eine stabile Rettungspolitik sähe so aus: Die stützenden Staaten würden Ausgaben kürzen bzw. Steuern erhöhen und mit den so erwirtschafteten Geldern mittellos gewordenen Staaten helfen. Dies aber geschah zur Beendigung der Eurokrise nicht. Stattdessen halfen Staaten, indem sie Kredite aufnahmen, um den eigenen Schuldenstand im Zaum zu halten. Damit blieben die helfenden Staaten im Rahmen der Maastrichter Vereinbarungen und der Schuldenbremse. Es mussten Einrichtungen her, die es erlaubten, dass bei Bedarf, dann, weil die Krise durch diese vermeintlichen Hilfen gar nicht enden konnte, dauerhaft, Hilfsgelder zur Verfügung stehen konnten.

Mit Rettungsschirmen sind der EFSF (Europäische Finanzierungsfazilität) und sein Nachfolger, der ESM (Europäischer Stabilitätsmechanismus), gemeint. Beide sollen notleidenden Staaten Hilfskredite zur Verfügung stellen. Sie finanzieren sich durch die Ausgabe von Wertpapieren am internationalen Finanzmarkt, sprich durch Kredite. Die sogenannte Stabilität, die auf diese Weise erreicht werden soll, ist politisches Wunschdenken, denn Kredite gegen Kredite zu setzen, mindert niemandes Schulden, schon gar nicht auf Dauer. Im Gegenteil, EFSF und ESM wurden als Kredite angelegt, weil diese nicht in den Bilanzen der Staatshaushalte aufzutauchen brauchen. Durch diesen Trick kam neben der Lüge von einer Stabilität noch eine zweite Lüge auf: die Haushaltslüge.

Damit EFSF und ESM am internationalen Finanzmarkt kreditfähig sind, geben die Mitgliedsstaaten laut Übereinkommen Gewährleistungsgarantien ab. So beim EFSF – oder sie legen ein Grundkapital ein – so beim ESM (Art. 8, ESMV). D. h. für den EFSF haben die Mitgliedsstaaten keinerlei Zahlungen geleistet, sie müssen erst im Garantiefall einspringen, also wenn es zu einem Zahlungsausfall eines gestützten Staates kommt. Der ESM hat zwar ein relativ hohes Stammkapital von 700 Milliarden Euro. Hiervon wurden/werden aber nur 80 Milliarden Euro eingezahlt. Die übrigen 620 Milliarden Euro sind abrufbar, d. h. müssen auf Abruf des ESM von den Mitgliedsstaaten eingezahlt werden.

Aufgrund dieser staatlichen Rückdeckung können EFSF und ESM am Finanzmarkt Geld aufnehmen und als Hilfskredite weiterleiten. Der ESM darf maximal 500 Milliarden Euro als Darlehen ausgeben (Art. 39 ESM). In Relation zum eingelegten Stammkapital ist das das 6,25fache. Die übrigen Maßnahmen (Ankauf von Staatsanleihen) sind unbeschränkt. Tatsächlich kann der ESM also sogar ein Aktivitätsvolumen entfalten, das weit über die 500 Milliarden-Euro-Grenze hinausgeht. Aus wenig wird viel. Diese Taktik heißt Hebel. Mit wenig (ESM-) oder gar keinem (EFSF-)Kapital wird Kapital beschafft. Diese Hebeltaktik ist aus spekulativen Equity-Geschäften bekannt – mit Stabilität hat das nichts zu tun.

Es drängt sich die Frage auf, welche reale Haftungsmasse hinter diesem Rettungsschirm steckt. Ein Blick in die Bilanzen zeigt: wenig.

Besonders heikel ist die Lage beim EFSF, wie die Bilanz bestätigt, die im Internet abrufbar ist: http://www.efsf.europa.eu. Auf der Aktivseite der Bilanz stehen knapp 190 Milliarden Euro. Rund 180.000 Euro entfallen auf Darlehensforderungen gegenüber Mitgliedsstaaten der EU, davon allein 144,6 Milliarden Euro auf Griechenland, der Rest verteilt sich auf Irland und Portugal. In der Bilanz sind diese Forderungen ohne jeden Sicherheitsabschlag bilanziert. Vor dem Hintergrund der akuten Griechenlandkrise und dem realen Risiko des Totalausfalls ist das mehr als aufgehübscht: die Bilanzlüge.

Die Lüge vom ausgeglichenen Haushalt

Beim ESM sieht die Lage etwas anders aus. Der ESM hat bisher 50,3 Milliarden Euro verliehen (Annual Report des EMS 2013, S. 7). Dem stehen – so scheint es auf dem ersten Blick – ganz solide 80 Milliarden eingelegtes Stammkapital gegenüber. Bei Licht besehen, bricht der solide Eindruck weg. Auf der Aktivseite finden sich ca. 28 Milliarden Euro, die auf Bankkonten angelegt sind. Der Rest des Stammkapitals, also 45 Milliarden Euro, ist weg – er ist darlehensweise abgeflossen, bzw. wurde in Staatsanleihen umgeschichtet (Annual Report des EMS 2013, Balance Sheet, S. 63). In der Bilanz ist nicht aufgeschlüsselt, aus welchen Staaten diese Staatsanleihen kommen. Es ist zu vermuten, dass gezielt Staatsanleihen der zu stützenden Staaten gekauft wurden. Der tatsächliche Wert ist fraglich.

Trotz alledem werden EFSF und ESM immer noch mit guten Noten (AA) bewertet: die Ratinglüge. Das erinnert an Lehman Brothers, die bis kurz vor dem Zusammenbuch Bestnoten hatten. Diese guten Ratings sind Teil des Systems, sie schmieren die Kreditmaschinerie.

ESFS und ESM werden als Aktiengesellschaften nach luxemburgischem Recht geführt. Anders als Unternehmen im herkömmlichen Sinn haben sie keine originäre Substanz – kein klassisches Anlagevermögen, keine unternehmerische Idee. Ihre Substanz ist rein derivativ. Sie begründet sich ausschließlich durch die Gewährleistung bzw. Kapitaleinlage der Mitgliedsstaaten.

Damit drängt sich die Frage auf: Wie steht es um die Stabilität der Mitgliedsstaaten? Bei den gestützten Staaten liegt die Antwort auf der Hand: schlecht. Sie sind hilfsbedürftig und dürften kaum in der Lage sein, Gewährleistungen und abgerufenes Kapital zu stellen. Dieses Problem wurde von Anfang an gesehen, aber nicht gelöst. ESM Kritiker befürchteten, dass es so zu einer Nachschusspflicht Deutschlands kommen könne. Diese Problematik hat das Bundesverfassungsgericht in seinem ESM Urteil behandelt (Urteil des BverfG, 18. März 2014, 2 BvE 6/12, Rn. 67, 76, 188).

Aber wie sieht es mit Deutschland aus, das sich selbst gerne als Musterschüler (bzw. Lehrer) der Stabilität begreift?

Die Haftungsrisiken Deutschlands im Zusammenhang mit der Eurorettung sind signifikant. Der Haftungspegel des ifo-Instituts weist auf Basis der bereits tatsächlich an die gestützten Länder ausgezahlten Gelder ein maximales Haftungsrisiko in Höhe von 337 Milliarden Euro aus. Das ist etwas mehr als der gesamte deutsche Bundeshaushalt, der bei ca. 300 Milliarden Euro liegt. Dieses Haftungsszenario wirkt irreal: Deutschland müsste seinen gesamten Haushalt auf die eurokrisenbedingte Haftung umleiten oder Deutschland müsste seine Staatseinnahmen auf einen Schlag verdoppeln. Dagegen scheint eine 3. Möglichkeit realer: Deutschland kommt an seine Leistungsgrenze und fällt mit seinen Zahlungspflichten aus.

Wir haben die Bilanzen von EFSF und ESM betrachtet. Wie sieht es mit einer Bilanz der Bundesrepublik Deutschland aus? Eine offizielle Bilanz gibt es nicht. Denn das Haushaltsrecht sieht eine einfache, naive Einnahmen-Ausgaben-Rechnung vor. Wesentliche Informationen, die in einer Bilanz enthalten sind, finden sich im deutschen Bundeshaushalt nicht. Das gilt insbesondere für die sogenannten impliziten Schulden, also künftige staatliche Verpflichtungen, wie

z. B. die Altersrente. In privatwirtschaftlichen Bilanzen werden solche Verpflichtungen durch Rückstellungen abgebildet, im staatlichen Haushalt nicht.

Wissenschaftliche Studien, wie die des IWF hat für 2004 eine Bilanz für Deutschland erstellt und kommt zu einem Fehlbetrag von 7 Billionen Euro (IMF Country Report No. 06/17, S. 40). Nach Maßstäben der freien Wirtschaft wäre die Bundesrepublik Deutschland rechtlich verpflichtet, Insolvenz anzumelden (vgl. §§ 15a, 19 InsO), andernfalls beginge sie strafbare Insolvenzverschleppung (vgl. § 15a IV InsO – Freiheitsstrafe bis zu 3 Jahren).

Nach letzten Schätzungen beträgt das gesamte Vermögen der Deutschen ca. 10 Billionen Euro (Manager Magazin, 15.2.2012). Um die bilanzielle Unterdeckung aufzuheben, müsste eine massive Kapitalverteilung von der privaten in die öffentliche Hand erfolgen – die Deutschen müssten 70 Prozent ihres Vermögens an den Staat abführen. Eine solche massive Enteignung wäre mit dem Ende des kapitalistischen Systems gleichzusetzen.

Der deutsche Bundeshalt hat ein Gesamtvolumen von rund 300 Milliarden Euro. Ein theoretisches Gedankenspiel zeigt die Unmöglichkeit, die bilanzielle Unterdeckung rückzuführen. Deutschland müsste hierfür mindestens 23 Jahre lang den gesamten Bundeshaushalt einsetzen.

Selbst wer die impliziten Schulden außen vor lässt, erhält kein gutes Bild. Nach offiziellen Angaben hatte Deutschland Ende 2014 rund 2,17 Billionen Euro explizite Schulden (vgl. Deutsche Bundesbank/Eurosystem, Pressemitteilung vom 1.4.2015). Es würde 9 Jahre dauern, müsste Deutschland den gesamten Bundeshaushalt ausschließlich für die Schuldenrückführung aufbringen. Es dauerte 90 Jahre würden 10 Prozent des Bundeshaushalts aufgewandt. Auch diese Möglichkeit ist Theorie; ein dafür erforderlicher Haushaltsüberschuss wäre ein Novum in der Geschichte der Bundesrepublik. Ein Haushaltsüberschuss wird nicht als Ziel ausgegeben, die Politik strebt einen ausgeglichenen Haushalt an, also keinen Schuldenabbau, sondern die Verhinderung neuer Schulden.

Der angebliche Musterschüler Deutschland ist alles andere als solide oder stabil. Die durch den Namen suggerierte Stabilität des Stabilitätsmechanismus' (ESM) könnte sich, da er keine eigene Substanz hat, von seinen Mitgliedsstaaten ableiten, aber dort gibt es nichts, aus dem sich Stabilität ableiten ließe.

Die Lüge vom Allgemeinwohl

Der Rettungsschirm soll die Eurozone, also die Staaten, den Finanzsektor und unsere Wirtschaft stabilisieren und vor dem Absturz/Crash bewahren. Der Rettungsschirm soll dem Allgemeinwohl dienen. Das Allgemeinwohl ist ein Ideal. Nüchtern betrachtet geht es in der Politik selten um das Allgemeinwohl.

Welche Interessen stehen also hinter dem Rettungsschirm? Wer wäre in erster Linie geschädigt, wenn Griechenland oder andere überschuldete Mitgliedsstaaten der EU den Schuldendienst einstellten? Die Gläubiger – die Hochfinanz. Daneben gibt es Kleingläubiger, die, laut politischer Parolen, über eine Einlagensicherung geschützt sind.

Der Zusammenbruch von Banken wird gesamtwirtschaftliche Auswirkungen haben. Diese Überlegung führt zu einer argumentativen Kette: »*Wir müssen die Hochfinanz retten, um uns alle zu retten.*« Kredite werden aus- und wieder zurückgezahlt. Bei der öffentlichen Hand gibt es eine Anomalie: Die Kredite werden (in der Gesamtbetrachtung) nicht zurückgezahlt, im Gegenteil es werden neue Kredite aufgenommen. Das führt zur Frage: Warum gewährt die Hochfinanz immer noch (ungesicherte) Kredite an Staaten?

Schulden verheißen Macht. Der Gläubiger bestimmt, der Schuldner muss folgen. Die umfassende Kreditierung der Staaten ist Machtpolitik einer strategisch operierenden Hochfinanz. Über die Jahre amortisieren die Zinsen die Investition – auch wenn es nicht zur Rückzahlung kommen sollte – das Risiko dieser Strategie ist überschaubar. Rettungsschirme halten diese Maschinerie am Laufen.

Die Lüge vom Wohlstand

Das 20./21. Jahrhundert ist in der westlichen Welt – trotz aller Krisen – eine Erfolgsgeschichte bisher unbekannten Wohlstands. Doch diese Erfolgsgeschichte hat einen dunklen Schatten: Schulden. Mit dem Wohlstand wuchsen Schulden zu einem bedrohlichen Berg. Seit der Finanzkrise 2007 sind die Schulden regelrecht explodiert. (Vgl. »Debt and (not much) deleveraging«, McKinsey-Report, S. 4, 2015, 136 S.) Damit stellen sich lebensnotwendige Fragen, wie: Wann müssen wir die Schulden zurückzahlen? Können wir die Schulden überhaupt zurückzahlen? Und wenn ja, was passiert dann mit unserem Wohlstand?

Die Fragen deuten an: Der Wohlstand ist brüchig. Die Wohlstandslüge suggeriert Sicherheit bei dauerndem Wachstum. Die Wohlstandslüge ist wie ein Rausch, die Schulden sind die Droge. Doch irgendwann ist der Rausch vorbei. Irgendwann müssen wir die Schulden zurückzahlen.

Demokratie und Recht

Ohne Recht gilt das Recht des Stärkeren. Das Recht des Stärkeren ist jedoch Willkür. Sie kennt keine Regeln. Der Schwächere ist wehrlos. Sozialdarwinistische Theorien erheben das Recht des Starken zum Leitprinzip. Der Nationalsozialismus dekliniert den Sozialdarwinismus in rassische Kategorien. Die moderne Spielart des Sozialdarwinismus ist der Raubtierkapitalismus.

Seiner Idee nach bedeutet Recht aber Solidarität mit den Schwachen. Es setzt dem Starken Regeln und seiner Herrschaft Grenzen. Der Schwache kann sich wehren. Er kann Gerichte anrufen. Er kann den Starken in seine Schranken weisen. An die Stelle von Willkür treten Regeln, die alle befolgen müssen. Vor dem Gesetz sind alle gleich. (Art. 3GG)

Menschen für Demo-kratie glauben an die Idee des Rechts. Deswegen haben wir in vielen Verfahren den Rechtsweg beschritten. Aber Einfälle gibt es selten in Reinform. Jede Idee – sei sie noch so gut – wird von der Realität korrumpiert. Das Recht des Schwachen verkehrt sich in sein Gegenteil, wenn es zum Herrschaftsinstrument des Starken wird – Sozialdarwinismus.

Rechtsphilosoph Thomas Hobbes fordert den übermächtigen Staat, den Leviathan, der den anarchischen Krieg aller gegen alle beenden soll. Der Grundgedanke Thomas Hobbes ist auch für die heutige Staatsrealität maßgeblich. Die Friedensfunktion des Staates erfordert ein staatliches Gewaltmonopol (Vgl. Wolfgang Reinhard, »Geschichte der Staatsgewalt: Eine vergleichende Verfassungsgeschichte Europas von den Anfängen bis zur Gegenwart«, C. H. Beck, 2003), die Bürger verzichten auf den Einsatz von Gewalt. (Vgl. Art. 20 IV GG) Damit steht der Staat seinen Bürgern übermächtig gegenüber. Militär und Polizei sind die physische und ein Verwaltungsapparat die politische Wurzel dieser Macht. Die digitale Revolution mit der unbegrenzten Möglichkeit staatlicher Informationsbeschaffung und -sammlung vergrößert diese Macht weiter zu Lasten des Bürgers.

Es bedürfte eines kritischen Verfassungsrechts und eines engagierten Verfassungsgerichts, um diese Herrschaft zu begrenzen. Der Konjunktiv ist mit Bedacht gewählt – denn die Realität ist eine andere. Ein unkritisches Verfassungsrecht fügt sich den (parteipolitischen) Machtstrukturen und schirmt diese gegenüber einer rechtlichen Kontrolle (weitgehend) ab.

Demokratie

Das Grundgesetz ist die Grundlage unserer Demokratie. Es wurde nie vom Volk in einer Abstimmung angenommen, sondern von einer politischen Elite durch eine Art Gewohnheitsrecht installiert. (Otmar Jung, Grundgesetz und Volksentscheid). Da stellt sich die Frage: Inwiefern sind die Gesetze demokratisch?

Demokratie begrenzt und kontrolliert Macht. Demokratie bedeutet das individuelle Recht zur Teilhabe an gesellschaftlichen Entscheidungsprozessen. Nicht ein einzelner (Diktatur) oder mehrere (Oligarchie), sondern alle entscheiden. Alle Beteiligten äußern ihre Meinung. Die Entscheidung ist dann nicht Machtausübung, sondern Ergebnis eines demokratischen Prozesses als ein Versuch, einen möglichst breiten gesellschaftlichen Konsens oder zumindest Akzeptanz zu finden. Verliert eine Entscheidung an Akzeptanz, wird sie geändert; verliert eine Regierung an Akzeptanz, dann muss sie abgewählt werden.

Das Grundgesetz gewährt das freie Wahlrecht. (Vgl. Art. 38 GG) Die Wahlen sind das demokratische Scharnier zwischen Volk und Parlament. Das Parlament als Forum für eine breite gesellschaftliche Diskussion ist unverzichtbar. In dem Parlament kann sich wertvolle Sachkompetenz bündeln. Darüber hinaus gewährt das Grundgesetz keine weiteren demokratischen Rechte. Aber Demokratie auf das Recht der freien Wahl und Parlamentarismus zu reduzieren, ist defizitär:

- Der Bürger bleibt bei politischen Entscheidungsprozessen weitgehend außen vor, er darf nur alle 5 Jahre wählen.

- Bei Wahlen stehen Personen zur Wahl. Sachfragen werden oft durch Personalfragen überlagert und kommen zu kurz. Volksabstimmungen ermöglichen konkrete Sachpolitik.

- Bei Wahlen stehen Parteiprogramme als ein Gesamtpaket politischer Positionen zur Wahl. Der Bürger kann sich nicht differenziert zu einzelnen Sachfragen positionieren, sondern muss zwischen Gesamtpaketen entscheiden. Volksabstimmungen ermöglichen Differenzierung.

- Die im Parlament vertretenen Parteien bilden nur ein limitiertes Meinungsspektrum ab.

- Abweichende Positionen, die es in der Bevölkerung durchaus gibt, werden im politischen Prozess nicht abgebildet oder können sich nur über extreme Parteien artikulieren. Direkte Demokratie ermöglicht eine offene Diskussion über Grundsatzfragen ohne Extremismus.

- Die im Parlament vertretenen Parteien vertreten eigene Interessen. Gegenläufige Interessen des Volks können sich strukturell nicht artikulieren.

Demokratie als Recht auf Teilhabe an gesellschaftlichen Entscheidungsprozessen beinhaltet vor allem direkte Demokratie. Diese bedarf keiner Rechtfertigung. Umgekehrt: der Ausschluss direkter Demokratie in der momentanen Verfassungswirklichkeit bedürfte einer besonderen Rechtfertigung, die es nicht gibt. Vorbehalte und Ängste vor dem Volk (»vox populi, vox bovis«) sind auf der Grundlage eines demokratischen Verständnisses nicht haltbar. Praktisch führt die indirekte Demokratie zur Bildung eines oligarchischen Parteienmachtkartells, das sich des demokratischen, machtbegrenzenden Zugriffs des Volkes weitgehend entzieht. Soziologische Studien zeigen, dass politische Entscheidungsprozesse nicht konsensual, sondern elitedominiert sind. (Martin Gilens; Benjamin I. Page: »Testing Theories of American Politics: Elites, Interest Groups, and Average Citizens«, in: Perspectives on Politics, 9 (2014), S. 564-581) Diese faktische, soziologische Elitedominanz wird durch die Festlegung auf eine indirekte Demokratie rechtlich abgesichert. Politische und wirtschaftliche Eliten bilden in enger Verflechtung eine inoffizielle, undemokratische Macht. (Vgl. Vogl, Joseph: Der Souveränitätseffekt, Berlin, 2015)

Hier wird Recht korrumpiert. Anstatt die Schwachen zu schützen, wird die Macht der Starken abgesichert. Was das deutsche Grundgesetz angeht, so gilt: Zur Sicherung (undemokratischer) Macht, wird der legale Weg in die direkte Demokratie abgeschnitten.

Das Grundgesetz ist eigentlich ein Sperrrigel. Eine Änderung kann mit einer 2/3 Mehrheit im Bundestag und Bundesrat erfolgen. (Vgl. Degenhardt, Christoph: Staatsrecht I – Staatsorganisationsrecht«, Heidelberg, 2012, S. 47, Rn. 106 ff.) Dieser Mechanismus wird als Sicherung gegen einen übergriffigen staatlichen Machtanspruch begründet. Dadurch soll der legale Weg in die Diktatur versperrt werden – wird er aber nicht.

Menschen für Demo-kratie setzen sich deswegen für direkte Demokratie ein. In diesem Sinne haben wir uns mit einer Petition an den Bundestag gewandt, die unter dem Stichwort Kampagnen auf unserer Website zu finden ist. Wie zu erwarten ist unser Anliegen an politischen Machtinteressen abgeprallt.

Rechtsschutz

Rechtsschutz ist das zweite und ebenso wichtige Element zur Begrenzung und Kontrolle staatlicher Macht. Ein effektiver Rechtsschutz setzt eine unabhängige Justiz und den Zugang des Bürgers zur Justiz voraus.

Unabhängigkeit der Justiz

Die Unabhängigkeit der Richter ist Voraussetzung für einen Rechtsschutz gegen staatliche Übergriffe auf die Grundrechte der Bürger. Abhängige Richter dienen nicht dem Recht, sondern der Regierung;

sie sprechen kein Recht, sondern biegen es. Ohne unabhängige Richter ist der Bürger schutzlos. Deswegen ist die Unabhängigkeit der Richter in unserer Verfassung garantiert (Art. 97 GG): »*Die Richter sind unabhängig und nur dem Gesetze unterworfen.*«

Die verfassungsrechtlich verbürgte – theoretische – Unabhängigkeit der Richter ist in der Verfassungswirklichkeit aber unzureichend abgebildet. Zwar kann ein Richter völlig weisungsungebunden richten, aber die Justizverwaltung ist nicht selbständig, sondern in die Exekutive eingegliedert. Das bedeutet: der Justiz- bzw. Innenminister ernennt und befördert die Richter. De facto kann die Exekutive durch Besetzung und Beförderung entscheidenden Einfluss auf die Richterschaft nehmen. Politgenehme Richter fällen so politgenehme Urteile.

Besonders deutlich wird diese strukturelle Problematik bei den höchsten Richtern beim Bundesverfassungsgericht und beim Europäischen Gerichtshof. Die Verfassungsrichter werden zur Hälfte vom Bundesrat und vom Bundestag gewählt (Art. 94 GG). Die Wahl ist ein Politikum und keine Wahl nach objektiven bzw. sachlichen Kriterien. Die Politik bestimmt ihre eigenen Richter und rekrutiert die Richterschaft z. T. oft aus ihren eigenen Reihen (z. B. Richter Peter Müller).

Der EuGH ist mit je einem Richter aus jedem Mitgliedsstaat besetzt. Die Richter werden durch einen einstimmigen Beschluss der Regierungen der Mitgliedstaaten bestimmt. Sie können wiedergewählt werden. (Vgl. Art. 253 ff. AEUV) Anders als die deutschen Verfassungsrichter, die bis zur Rente im Amt bleiben (Art. 97 II 2 GG), müssen sich die Europäischen Richter einer Wiederwahl stellen; wer in seiner Amtszeit mit politunangenehmen Positionen hervortritt, fällt durch.

Diese unvollständige Ausgestaltung der richterlichen Unabhängigkeit genügt nicht dem Anspruch unserer Verfassung. (Vgl. Prantl, Heribert: »Die Entfesselung der dritten Gewalt«, in: Süddeutsche

Zeitung, 81 (2006), S. 28) Darüber hinaus besteht sie nicht vor internationalen Standards. Die Selbstverwaltung der Justiz ist etwa in Frankreich, Spanien, Italien, Norwegen, Dänemark und in den Niederlanden eine rechtsstaatliche Selbstverständlichkeit. In Deutschland gibt es die Selbstverwaltung der Justiz nicht. Deswegen hat der Europäische Rat der Bundesrepublik bereits im Jahr 2009 dringend empfohlen, die Selbstverwaltung der Justiz einzuführen (Resolution 1685/2009). Die Politik blieb untätig – denn es geht um Macht und Machterhalt.

Weisungsgebundenheit der Staatsanwaltschaft

Während die Richter zumindest eine noch formale Unabhängigkeit genießen, sind die Staatsanwaltschaften der Weisungsbefugnis der Politik unterworfen. (Vgl. §§ 146, 147 GVG) Die Innenminister der Länder und des Bundes können Staatsanwälte jederzeit anweisen, Ermittlungen aufzunehmen, einzustellen oder in eine bestimmte Richtung zu lenken. Auf den ersten Blick ein Verstoß gegen die richterliche Unabhängigkeit, aber Staatsanwälte sind laut der deutschen Verfassungstradition keine Richter. Angeblich gehören sie nicht zur Judikative, sondern zur Exekutive. Art. 92 GG definiert die Organe der Rechtsprechung. Die Staatsanwaltschaft ist nicht genannt.

Das Grundgesetz rechnet die Staatsanwaltschaft eben nicht der Judikative zu, sondern der Exekutive. Auf diese Weise wird – formal gesehen – richterliche Unabhängigkeit ertrickst.

Doch die totale Inkorporation der Staatsanwaltschaft in die Exekutive widerspricht dem für jede Rechtsstaatlichkeit fundamentalen Gedanken der Gewaltenteilung, Machtkonzentration und -exzesse gegen die Freiheitsrechte der Bürger sollen durch eine gegenseitige Kontrolle der Gewalten verhindert werden. Die Staatsanwaltschaft in der Hand der Regierung bedingt eine gefährliche Machtfülle: Die Regierung kann einerseits Ermittlungen gegen sich selbst und Verbündete unterbinden und sie kann anderseits – in Zusammenarbeit mit den Medien – öffentlichkeitswirksam Ermittlungen gegen unliebsame Regierungskritiker aufbringen (»mediale Exekution«).

Die Staatsanwaltschaft ist keine Ermittlungsbehörde, wie die Polizei, sondern als Organ der Rechtspflege im Strafprozess tätig. Der exekutive Übergriff auf die Staatsanwaltschaft stellt somit die gesamte Unabhängigkeit der Justiz im Bereich der Strafrechtspflege in Frage.

»Anders als Richter sind die Staatsanwälte in Deutschland weisungsgebunden. Das führt dazu, dass Fälle politischer Korruption möglicherweise nicht mit der gebotenen Konsequenz verfolgt werden. Letztlich untergräbt dies die Legitimität des politischen Prozesses und führt zu einem Vertrauensverlust gegenüber der Justiz.«
(Vgl.: http://www.transparency.de/Strafverfolgung.57.0.html)

Deutschland steht im Europäischen Vergleich schlecht dar; Deutschland missachtet die Resolution des Europarats (Nr. 1685/2009) mit der Empfehlung, die Weisungsgebundenheit der Staatsanwaltschaft abzuschaffen.

Zugang zur Justiz

Jedem Bürger steht der Rechtsweg offen (lt. Art. 19 IV 1 GG), er hat Anspruch auf rechtliches Gehör (lt. Art. 103 I GG) vor dem gesetzlichen Richter (lt. Art. 101 I GG). Für verfassungsrechtliche Fragen, also insbesondere die Auslegung und Anwendung der Grundrechte, ist das Bundesverfassungsgericht als sogenannte Hüter der Verfassung zuständig (lt. Art. 93 GG). Mit der Verfassungsbeschwerde kann jeder Bürger vor dem Bundesverfassungsgericht geltend machen, in seinen Grundrechten verletzt zu sein (lt. Art. 93 I Nr. 4a GG, §§ 90 ff. BVerfGG). Die Verfassungsbeschwerde soll Grundrechten Geltung verschaffen. Praktisch gestaltet sich der Zugang zum Bundesverfassungsgericht aber schwierig.

Instanzenzug

Da ist zum einen der lange Instanzenzug, bis es zu einer Klärung verfassungsrechtlicher Frage vor dem Bundesverfassungsgericht kommt. Will sich ein Bürger z. B. gegen einen Erbschaftssteuerbescheid wehren, muss er Einspruch beim Finanzamt einlegen. Erst, wenn das Finanzamt negativ befunden hat, kann der Bürger beim Finanzgericht klagen. Bekommt er dort kein Recht, muss er Berufung beim Landesfinanzgericht einlegen, dann Revision beim Bundesfinanzhof – und erst, wenn er dort kein Recht bekommt, ist der Weg zum Bundesverfassungsgericht offen. Juristen sprechen vom Grundsatz der Rechtswegerschöpfung. (Vgl. § 90 II 1 BVerfGG) Der lange Weg durch die Instanzen nimmt viele Jahre in Anspruch und verursacht enorme Kosten.

Unmittelbar und individuell betroffen

Zum anderen werden viele Klagen als unzulässig abgewiesen, also ohne inhaltliche Auseinandersetzung mit dem Anliegen des Beschwerdeführers. Klagen sind nämlich nach dem Verfassungsprozessrecht nur zulässig, wenn der Bürger unmittelbar und individuell betroffen ist. (Vgl. § 90 I BVerfGG bzw. § 42 II VwGO) Das, was uns alle gemeinsam als Bürger betrifft, darf der Bürger gar nicht vor die Gerichte bringen. Wenn der Bundestag z. B. einen verfassungswidrigen Haushalt beschließt und die Neuverschuldung weiter in die Höhe schraubt, kann ein Bürger nach dem geltenden Prozessrecht nicht dagegen klagen. Das Prozessrecht spricht ihm ab, überhaupt betroffen zu sein. Selbst wenn die Haushaltspolitik in totale Verwirtschaftung und Hyperinflation führt – die Bürger sind nach der Diktion des Prozessrechts davon gar nicht betroffen. Das bedeutet, der Rechtsschutz ist gemeinsam mit dem Wahlrecht abzuschaffen.

Professorenbeschwerde

Nach dem Gesetzeswortlaut bedarf die Verfassungsbeschwerde keiner eingehenden Begründung. Es genügt, dem Verfassungsgericht mitzuteilen, worum es geht; also (1) das Recht, das verletzt sein soll, und (2) die Handlung oder Unterlassung des Organs oder der Behörde, durch die der Beschwerdeführer sich verletzt fühlt, bezeichnet. (Vgl. § 92 BVerfGG) Das Bundesverfassungsgericht sieht sich durch diese eindeutige gesetzliche Regelung nicht daran gehindert, weitergehende, strenge Begründungserfordernisse zu stellen. Der Beschwerdeführer soll sich mit der verfassungsrechtlichen Materie und der hierzu ergangenen Rechtsprechung eingehend auseinandersetzen. (Vgl. Vgl. z.b. BVerfG, Beschl. v. 02.07.2013 – 1 BvR 1478/13) Im Klartext: Die Zulässigkeit setzt eine umfassende Rechtsprechungsrecherche voraus. In der Praxis treten vor dem Bundesverfassungsgericht nicht Bürger auf, die für ihr Recht streiten, sondern hoch spezialisierte Anwälte und Professoren, die einen ganzen Mitarbeiterstab hinter sich wissen – mit entsprechenden Kosten. Aus der sogenannten Jedermannsbeschwerde, die den Bürger in seinen Grundrechten schützen soll, wurde so eine sogenannte Professorenbeschwerde.

Nichtannahme

Wenn es ein Bürger doch einmal über alle prozessualen Hürden bis zum Bundesverfassungsgericht geschafft hat, wird er anstelle einer Begründung mit einem Einzeiler abgespeist: »*Die Verfassungsbeschwerde wird nicht zur Entscheidung angenommen.*« (Vgl. § 93d I 3 BVerfGG; Maunz u. a., BVerfGG § 93 Ziffer 5) Ob sich die Richter in der roten Robe überhaupt mit den vorgebrachten Argumenten auseinandergesetzt haben, ist aus einem Nichtannahmebeschluss nicht ersichtlich. Dieses Gebaren ist einer Demokratie nicht würdig. Demokratische Entscheidungen leben davon, dass sie begründet werden und durch die Begründung Akzeptanz finden. Begründungslose Entscheidungen sind in einer Diktatur zu finden; sie sind systemkonform: Der Diktator entscheidet kraft seiner Macht. Die Entscheidung wird nicht diskutiert, nicht hinterfragt und schon gar nicht begründet.

Das deutsche Prozessrecht ist sich dieser Bedeutung der Begründung für eine Demokratie in Abgrenzung zur Diktatur bewusst. Das Prozessrecht sieht vor, dass Urteile zu begründen sind. (Vgl. § 313 III ZPO) Wenn ein Gericht gegen dieses Begründungsgebot verstößt, verletzt es das Recht auf rechtliches Gehör. Der (betroffene) Bürger kann das Bundesverfassungsgericht anrufen. Ausgerechnet das Gericht, das über unsere Verfassung wachen soll und insbesondere darüber, dass Bürger rechtliches Gehör erhalten, bricht die Verfassung und speist die Bürger ohne rechtliches Gehör durch einzeilige Nichtannahmebeschlüsse ab.

Es zeigt sich: Das Recht ist korrumpiert. Es dient dazu, eine aus Wirtschaft und Politik eng verflochtene Machtelite von einem demokratischen und rechtlichen Zugriff zu schützen. Dazu einige Beispiele.

Die Staatsanwaltschaft als politische Waffe

Christian Wulff trat nach etwa anderthalb Jahren am 17. Februar 2012 von seinem Amt als Bundespräsident zurück. Am Vortag hatte die Staatsanwaltschaft zur Vorbereitung einer Anklage wegen Bestechlichkeit (Vgl. § 332 StGB) die Aufhebung seiner Immunität beantragt. Die Anklage der Staatsanwaltschaft wurde vom Landgericht Hannover zwar zugelassen; schlussendlich wurde Wulff freigesprochen.

Nach dem Grundgesetz gilt die Unschuldsvermutung, solange der Beschuldigte nicht verurteilt ist. Diese verfassungsrechtliche Garantie bot Christian Wulff aber wenig Schutz. Die staatsanwaltliche Anklage wurde (medial) inszeniert, der Beschuldigte in der öffentlichen Wahrnehmung vorverurteilt, er verlor Amt und Reputation. Der spätere Freispruch ist keine Rehabilitation.

Die Staatsanwaltschaft ist eine politische Waffe. Sie kann und wird per Weisung gezielt gegen missliebige Personen eingesetzt. Die Effektivität dieser Waffe wird, sofern möglich, durch Berichterstattung gesteigert.

Der Fall Christian Wulff ist ein Lehrstück. Am 2. Februar 2012 legte die Bundesregierung einen Gesetzesentwurf für den Europäischen Stabilisierungsmechanismus vor. Mitten im Gesetzgebungsverfahren positionierte sich Christian Wulff am 14. Februar 2012 in seiner Rede vor der Universität Bocconi in Mailand/Italien eindeutig gegen weitere Stabilisierungsmaßnahmen. Nur zwei Tage später leitete die Staatsanwaltschaft den Rücktritt Wulffs ein. Die politische Motivation liegt nahe, denn die Anklage ist juristisch nicht erklärbar:

Quantitativ ging es um ca. 700 Euro. In Relation zur finanziellen Ausstattung eines Bundespräsidenten handelt es sich um eine Lappalie. Dass sich ein Bundespräsident durch Leistungen in dieser Größenordnung zur Vornahme bestimmter Amtshandlungen bewegen lässt, ist nicht plausibel. Qualitativ ist die Anklage der Staatsanwaltschaft noch weniger nachvollziehbar: Christian Wulff wird vorgeworfen, sich für eine Förderung des Films John Rabe bei Peter Löscher (Vorstandsvorsitzender der Siemens AG) eingesetzt zu haben. Bei dem Film handelt es sich um ein Projekt von David Groenewold. Im Film geht es um die historische Person John Rabe. Rabe leitete die Zweigniederlassung von Siemens in Nanjing, China. Während des 2. Weltkriegs und der japanischen Angriffe auf China setzte er sich für eine Sicherheitszone für Zivilisten und für die Rettung von Menschenleben ein. Rabe bot Zivilisten Schutz auf dem Firmengelände von Siemens. Dass ein Politiker (eben Christian Wulff) sich für die Förderung dieses Films einsetzt, ist nicht ehrenrührig und schon gar nicht strafwürdig. Der Film ist von politischem Interesse, weil er ein Detail der deutschen Zeitgeschichte beleuchtet. Somit ist er förderungswürdig. Eine Kontaktaufnahme mit Siemens ist naheliegend – es handelt sich um die Firmengeschichte von Siemens.

Die Staatsanwaltschaft unterstellt, Christian Wulff habe sich für die Förderung des Films im Sinne einer Vetternwirtschaft eingesetzt, weil es um seinen Freund David Groenewold gehe, und weil er von diesem Geld bekommen habe. Das ist eine durch nichts zu belegende Unterstellung. Sie ist nicht einmal plausibel. Vielmehr liegt nahe, dass Christian Wulff die Filmförderung als eine politische Aufgabe ansah, gerade, da es in um einen Film mit politischer Aussage ging. Das Interesse von Wulff ist dadurch belegt, dass er in seiner noch zu Ministerpräsidentenzeit geplanten (dann aber wegen der Wahl zum Bundespräsidenten nicht mehr durchgeführten) Chinareise einen Besuch in der Gedenkstätte »John Rabe« vorsah.

Menschen für Demo-kratie haben die Verantwortliche dieses Schauprozesses in einer Strafanzeige benannt: Angela Merkel. Inzwischen hat die Wulff-Affäre ein juristisches Nachspiel. Im Ermittlungsverfahren waren immer wieder kompromittierende Details an die Öffentlichkeit gelangt. Das ist strafbarer Geheimnisverrat, laut Paragraph 353b StGB. Generalstaatsanwalts Frank Lüttig geriet in Verdacht. Inzwischen wurde das Ermittlungsverfahren gegen Lüttig eingestellt. Damit bleibt die Frage: Wer gab Informationen weiter? Eins steht fest: Die politischen Drahtzieher werden nicht belangt. Die von Menschen für Demo-kratie angeregten Ermittlungen gegen Angela Merkel wurden nicht aufgenommen.

Strafrecht gilt nicht für Politiker

Der Geschäftsführer, der die Insolvenz seiner GmbH nicht binnen drei Wochen beim Insolvenzgericht anmeldet, macht sich nach Paragraph 15a der Insolvenzordnung (InsO) der Insolvenzverschleppung schuldig – strafbar mit bis zu drei Jahren Freiheitsstrafe. Altgläubiger sollen vor weiterer Verringerung der Haftungsmasse und Neugläubiger vor einem Vertragsabschluss mit einer bereits notleidenden Gesellschaft geschützt werden. (Vgl. BT-Drucks. 16/6140 S. 55) Politiker, die marode Unternehmen stützen, werden als Retter von Arbeitsplätzen gefeiert. Die so verschleppte, zwangsläufige Insolvenz des Unternehmens ist jedoch nicht mehr als eine Meldung wert. Juristische Konsequenzen hat diese politische Spielart der Insolvenzverschleppung nicht. Eine weitere, weitaus folgenschwerere Spielart politischer Insolvenzverschleppung ist die unter dem Euphemismus Eurorettung firmierende Vergabe weiterer Kredite an ohnehin total überschuldete Staaten. Hier sprechen sich die politischen Verantwortlichen von jeder Verantwortlichkeit frei: Das Insolvenzrecht soll auf Staaten schlicht nicht anwendbar sein, so § 12 InsO. Die Politik darf also ganz offiziell die Insolvenz verschleppen, Alt- und Neugläubiger schädigen, strafbar ist das nicht. Die schneeballsystemartige Finanzierung immer neuer Kredite mit immer neuen Krediten ist für Private als Betrug strafbar (Vgl. § 263 StGB) – für Politiker scheint das zum guten Ton zu gehören. In der Eurokrise läuft die Politik zur Höchstform auf – es werden immer neue Kreditmechanismen kreiert. Neben der klassischen Haushaltsverschuldung treten Target2-Verbindlichkeiten, Staatsanleihenkäufe durch die EZB oder/und EFSF/ESM.

Der strafrechtliche Freifahrschein gilt ebenso für den Missbrauch öffentlicher Gelder – für Parteizwecke oder einfache Verschwendung. Während sich die Verantwortlichen einer GmbH oder AG strafrechtlichen Konsequenzen stellen müssen, wenn sie deren Gelder veruntreuen, fehlt es an jeder strafrechtlichen Verantwortung der Regierenden. (Vgl. § 266 StGB) Während der Bürger immer schärfer bestraft wird, wenn er Steuern hinterzieht, ist der Politiker, der eben diese Steuergelder verschwendet, straffrei. Der Bund der Steuerzahler und der prominente Strafrechtler Schünemann fordern diese asymmetrische Entwicklung durch die Einführung der sogenannten Haushaltsuntreue zu korrigieren. (Schünemann, Bernd: Unverzichtbare Gesetzgebungsmaßnahmen zur Bekämpfung der Haushaltsuntreue und der Verschwendung öffentlicher Mittel, Hamburg, 2011)

Der »Spiegel« berichtet in seiner Ausgabe 17/1966 über den Philosophen Karl Jaspers, der die parteipolitische Selbstbedienung wie folgt kritisierte:

»Einen Schritt weiter gehen Regierungsparteien, die für ihre Minister und den Bundeskanzler aus Staatsgeldern Propaganda finanzieren. Sie benutzen dazu Fonds, die etwa für Aufklärung und Unterrichtung global bewilligt wurden. Sie identifizieren Aufklärung mit Werbung.«

Jaspers Kritik ist aktuell. Einen Tag nach Ende des CDU-Parteitags 2010 wendete sich die Kanzlerin Angela Merkel in einem Brief an ihre Mitbürger. Dieser wurde in der Zeit vom 17. bis 22. November 2010 in regionalen und überregionalen Tageszeitungen (z. B. F.A.Z.), Kaufzeitungen (z. B. Bild), Publikumszeitungen (z. B. Spiegel) und Online (z. B. Webportal von GMX) geschaltet. Für die Annoncen gaben Merkel & Co. (nach Angaben des Bundespresseamtes) 2,763 Millionen Euro aus. Diese Mittel wurden dem allgemeinen Bundeshaushalt entnommen. In diesem Brief bedankt sich die Bundeskanzlerin bei den Bürgern: »*Danke, liebe Mitbürgerinnen und Mitbürger, Sie haben Deutschland zu dem Land gemacht, das die weltweite Wirtschaftskrise am besten gemeistert hat.*« Sodann werden die Leistungen der CDU-FDP-Regierung angepriesen. Menschen für Demokratie halten das für einen klaren Fall von Verschwendung und strafwürdiger Untreue – Parteiwerbung mit staatlichen Geldern. Menschen für Demo-kratie haben deswegen Strafanzeige gestellt. Die Staatsanwaltschaft blieb – wie nicht anders zu erwarten – untätig.

Kein Schutz für Schwache

Art. 20 I GG postuliert den Sozialstaat. Das Bundesverfassungsgericht leitet daraus im Zusammenspiel mit der Menschenwürde (Art. 1 GG) einen verfassungsrechtlich verbürgten Anspruch auf ein menschenwürdiges Existenzminimum ab – also auf staatliche Unterstützung (Hartz IV/Sozialhilfe). Neben der Existenz geht es dabei auch um ein soziales Element, nämlich um die materiellen Voraussetzungen für ein Mindestmaß an Teilhabe am gesellschaftlichen, kulturellen und politischen Leben. (Vgl. BVerfG, Urteil vom 9. 2. 2010 – 1 BvL 1/09)

Die praktische Schwierigkeit besteht darin, den konkreten Leistungssatz festzulegen. Wie viel Geld braucht ein Mensch, um menschenwürdig leben zu können? Als diese Frage 2010 vor das Bundesverfassungsgericht gebracht wurde, stellten die Richter fest: Hartz IV ist verfassungswidrig. Sie gaben dem Gesetzgeber auf, Hartz IV neu zu regeln. Zwar entzogen sich die Richter einer konkreten Festlegung der Leistungshöhe, das sei Sache des Gesetzgebers (also des Bundestags, der Politik), aber sie gaben dem Gesetzgeber eine Marschroute vor:

»Zur Ermittlung des Anspruchsumfangs hat der Gesetzgeber alle existenznotwendigen Aufwendungen in einem transparenten und sachgerechten Verfahren realitätsgerecht sowie nachvollziehbar auf der Grundlage verlässlicher Zahlen und schlüssiger Berechnungsverfahren zu bemessen.« (ebd.)

Nach einem langwierigen Gesetzgebungsverfahren unter Einschaltung des Vermittlungsausschusses wurde die jetzt gültige Gesetzesfassung zur Ermittlung von Regelbedarfen und zur Änderung des 2. und 12. Sozialgesetzbuches, nach BGBl. 2011, Teil 1 Nr. 12, S. 453, am 25. Februar 2011 mit großer Mehrheit (433 zu 132 Stimmen) vom Bundestag verabschiedet.

Menschen für Demo-kratie halten die Neuregelung für verfassungsrechtlich unzureichend und ungerecht. (Vgl. Irene Becker, Bewertung der Neuregelungen des SGB II – Methodische Gesichtspunkte der Bedarfsmessung, S. 9-50 und Johannes Münder, Verfassungsrechtliche Bewertung des Gesetzes zur Ermittlung von Regelbedarfen und zur Änderung des Zweiten und Zwölften Buches Sozialgesetzbuch vom 24.03.2011 – BGBl. I S. 45, S. 65–93, beide In: Soziale Sicherheit, Zeitschrift für Arbeit und Soziales, Sonderheft 9/2011) Deswegen reichten wir für einen Betroffenen vor dem Sozialgericht Hamburg Klage ein – mit dem Ziel, eine erneute verfassungsgerichtliche Klärung zu erreichen.

Bereits die Art und Weise des Gesetzgebungsverfahrens begründet ernsthafte Zweifel an der Verfassungsmäßigkeit der Neuregelung. Anstatt sich auf ein klares Verfahren zur Ermittlung der existenznotwendigen Aufwendungen zu verständigen und das aus diesem Verfahren resultierende Ergebnis zu akzeptieren, wurde der umgekehrte Weg gewählt. Die Regelbedarfssätze wurden im Wege der politischen Kompromissfindung zwischen den Regierungsparteien und der SPD festgelegt und die Zahlen dann irgendwie schönegeredet.

Die Berechnung der Hartz-IV-Sätze beruht auf der sogenannten Statistikmethode. D. h. das Existenzminimum wird statistisch definiert. Das Existenzminimum ist also das, was die untere Bevölkerungsschicht (konkret die unteren 20%) hat bzw. ausgibt. Diese Methode ist ein denkbarer Ansatz zur Ermittlung des Existenzminimums und wurde von den Verfassungsrichtern nicht beanstandet. Von diesem statistischen Ergebnis hat der Gesetzgeber aber Abschläge vorgenommen, und zwar in Höhe von 28 Prozent. Er hat einzelne Ausgabenpositionen gestrichen oder gekürzt, frei nach dem Motto: so viel braucht ein Hartz-IV-Empfänger nicht. An dieser Stelle hakte das Bundesverfassungsgericht ein: Diese Abschläge seien nicht nachvollziehbar und verfassungswidrig.

Das Problem an den Abschlägen ist Folgendes: Statistik ist ein Durchschnitt. Wenn der Betroffene für eine Position mehr ausgibt, kann er das durch Einsparungen bei anderen Positionen ausgleichen (»interner Ausgleich«). So ergibt sich das statistische Mittel. Der interne Ausgleich ist aber gefährdet, wenn einfach Ausgabenpositionen entgegen der Statistik gekürzt oder gestrichen werden – es fehlt dann die Ausgleichsmasse. Die Statistikmethode ist also geeignet, um das Existenzminimum zu ermitteln. Wird sie jedoch ihrer Erhebungsparameter durch Streichungen beraubt, so lassen sich politisch genehme Zahlen erreichen.

Bemerkenswert ist: Die Neuregelung arbeitet mit eben diesen Abschlägen und Streichungen. Die Streichquote liegt nach wie vor in einem Bereich von 22 bis 28 Prozent. Nach Einschätzung des im Gesetzgebungsverfahren angehörten Sachverständigen Rüdiger Böker führt die Anwendung der Statistikmethode zu einem Regelbedarf von monatlich 540 Euro. (Vgl. Ausschuss für Arbeit und Soziales, Ausschussdrucksache 17(11)314 vom 18.11.2010) Dem steht ein tatsächlicher Satz von 399 Euro/Monat gegenüber.

Dabei haben es die Streichungen in sich; z. B. Tabak, Alkohol, Handys. Als ob Hartz-IV-Empfänger keinen Alkohol tränken, nicht rauchten oder per Handy telefonierten. Diese Streichungen wurden entweder hinter dem Mond erdacht oder sie haben den bitteren Beigeschmack staatlicher Bevormundung. Mit einem realitätsnahen Verfahren zur Ermittlung des Existenzminimums – wie es das Bundesverfassungsgericht 2010 einforderte – haben solche Streichungen jedenfalls nichts zu tun.

Noch ein weiteres Problem beschäftigte die Bundesverfassungsrichter 2010. Die sogenannte Fortschreibung. Es wäre vielleicht zu aufwändig, jedes Jahr entsprechende statistische Erhebungen durchzuführen. In den Zwischenjahren (zwischen der einen und der nächsten statistischen Erhebung) wurde der Hartz-IV-Satz unter Anwendung des Rentenwerts fortgeschrieben. Der Rentenwert gibt den aktuellen Wert der Entgeltpunkte in der Deutschen Rentenversicherung an – er ist eine komplizierte Angelegenheit. Er wird anhand der Bruttogehälter und des sogenannten Nachhaltigkeitsfaktors berechnet. In dieser Art der Fortschreibung sah das Bundesverfassungsgericht einen Systembruch: Der Rentenwert hat keinen Bezug zum Existenzminimum. Die Fortschreibung müsse sich konkret an der Preisentwicklung und an Nettogehältern orientieren.

Erschreckend ist, dass der reformierte Regelsatz 2011 numerisch genau auf der Fortschreibung des 2010 als verfassungswidrig monierten Satzes mit dem jetzt aktuellen Rentenwert basiert. Geändert hat sich nichts, aber die Begründung. Das Produkt wurde nicht besser, aber die Öffentlichkeitsarbeit.

Vor diesem Hintergrund ist der erneute Beschluss des ersten Senats des Bundesverfassungsgerichts vom 23. Juli 2014 kaum verständlich: die neuen Hartz-IV-Regelungen seien verfassungsgemäß. (Vgl. 1 BvL 10/12, 1 BvL 12/12, 1 BvR 1691/13) Das kann -rechtsstaatliche Standards und richterliche Unabhängigkeit unterstellt – aber nicht sein; dies ist dann möglich, wenn politisch Einfluss genommen wird – zu Lasten der Schwachen.

Eurorettung – systemische Befangenheit

Unter dem Begriff der vermeintlichen Eurorettung versammelt sich eine Vielzahl von Instrumenten und Akteuren, die allesamt ein gemeinsames Ziel haben: überschuldeten Staaten und Banken (noch) mehr Kredite zukommen zu lassen. Da ist zum einen die direkte Kreditvergabe durch die internationale Weltbank, EFSF und ESM. Da sind zum anderen die Kreditstimulanzen: der Ankauf von Staatsanleihen durch EZB, EFSF und ESM, die historische Niedrigzinspolitik der EZB, der Verzicht auf Sicherheiten durch die EZB und der Nichtausgleich von Target2-Forderungen.

Politische Entscheidungen haben immer auch eine rechtliche Komponente und werden vor dem Bundesverfassungsgericht erörtert. So ist es mit der Eurorettung, obwohl: Es gab kein Gesamtverfahren, in dem die Eurorettung mit ihrem ganzen Instrumentarium rechtlich geprüft worden wäre. Es gab Einzelverfahren.

Der erste Schritt auf einem langen Weg erfolgte 2010. Griechenland stand vor der Staatspleite. Die Eurostaaten und der IWF beschlossen, Griechenland Hilfskredite zu gewährleisten. Das Gesamtvolumen belief sich auf 110 Milliarden Euro, der IWF sollte davon 30 Milliarden tragen, Deutschland 22,4 Milliarden. (Vgl. BVerfG Urteil v. 07.09.2012 – 2 BvR 987/10 u.a. dort Rn. 5) Die Kredite wurden nicht direkt von der Bundesrepublik Deutschland, sondern von der Kreditanstalt für Wiederaufbau (KfW) geleistet, die zu 80 Prozent dem Bund und zu 20 Prozent den Ländern gehört. Die Bundesrepublik bürgt – sie haftet, wenn die Kredite ausfallen.

Zeitgleich wurde die Europäische Finanzstabilisierungsfazilität (EFSF) durch eine zwischenstaatliche Vereinbarung installiert. Es handelt sich um eine Aktiengesellschaft, Anteilseigner sind die Mitgliedsstaaten. Ihr Zweck ist die Gewährung von Darlehen und Kreditlinien zur Deckung des Finanzierungsbedarfs von in Schwierigkeiten befindlichen Mitgliedstaaten der Euro-Gruppe. Sie finanziert sich durch die Emission von Anleihen. Die Mitgliedsstaaten sind Bürgen, haften im Forderungsausfall. Das gesamte Garantievolumen beläuft sich auf 440 Milliarden Euro, der deutsche Anteil beträgt 123 Milliarden Euro. (Vgl. BVerfG Urteil v. 07.09.2012 – 2 BvR 987/10 u.a. dort Rn. 5) Das Diktum des Bundesverfassungsgerichts dazu war einstimmig: verfassungsrechtlich unbedenklich.

Der EFSF war als Provisorium gedacht. Es war schnell klar, dass ein Provisorium für die europäische Dauerkrise nicht genügt. Aus Sicht der Politiker bedurfte es eines dauerhaften Krisenmechanismus'. Deswegen wurde der Europäische Stabilitätsmechanismus (ESM) neben und zusätzlich zum bereits bestehenden EFSF eingerichtet. (Vgl. BVerfG, Urteil v. 18. 03.2014 – 2 BvR 1390/12 u.a. –, dort Rn. 1 ff.) Auch der ESM ist eine Aktiengesellschaft, die durch zwischenstaatlichen Vertrag begründet wurde, Kredite an notleidende Staaten vergeben soll und sich über die Anleihenmärkte refinanziert – er ist also ein Zwilling des EFSF. Der einzige wesentliche Unterschied ist, dass die Mitgliedstaaten eine Kapitaleinlage leisten, einen kleineren, geringeren Teil als Bareinlage, der weitere, größere Teil soll bei Bedarf abrufbar sein. Das Stammkapital beläuft sich auf rund 705 Milliarden Euro (80,5 Milliarden eingezahlt, der Rest abrufbar). Der deutsche Anteil beläuft sich auf 27 Prozent, also 21,7 Milliarden Euro an eingezahltem und rund 168,3 Milliarden Euro an abrufbarem Kapital. Auch hier ist das Diktum des Bundesverfassungsgerichts einstimmig: verfassungsrechtlich unbedenklich.

Der letzte Schritt auf dieser Reise war das sogenannte OMT-Programm (Outright Monetary Transaction Programm) der EZB, das am 6. September 2012 beschlossen wurde, um unlimitiert Anleihen notleidender Staaten ankaufen zu können.

Hintergrund war eine uneinheitliche Entwicklung des Zinsniveaus innerhalb der Eurozone, eine Zins-Schere bei den Staatsanleihen. Bei den deutschen Staatsanleihen blieben die Zinsen stabil. Demgegenüber zweifelten die Märkte an der Solvenz anderer Mitgliedsstaaten, so dass deren Staatsanleihen mit erheblichen Risikoaufschlägen versehen wurden. Betroffen war insbesondere Italien – nach Deutschland und Frankreich die größte Wirtschaftsnation der Eurozone. Die Zinsen für italienische Staatsanleihen waren derart in die Höhe geschnellt, dass die Staatsinsolvenz drohte – Italien hätte sich nicht mehr länger an den internationalen Finanzmärkten refinanzieren können.

Die demonstrative Entschlossenheit des EZB Direktors Mario Draghi, die Zinsen zu drücken, sein Heimatland Italien und den Euro zu retten – »whatever it takes«, so Mario Draghi auf der Pressekonferenz, also »alles Notwendige tun«, beruhigte die Märkte. Allein die Ankündigung reichte. Bis heute hat die EZB unter dem OMT-Programm keine einzige Staatsanleihe gekauft, doch nicht, weil sich das Bundesverfassungsgericht kritisch äußerte.

Die Verfassungsrichter meinten, dass die EZB mit diesem Programm das Verbot monetärer Staatsfinanzierung umgehe. Ferner bewege sich die EZB offensichtlich außerhalb ihres Mandats, indem sie nicht mehr Währungspolitik (ihre Domäne), sondern Wirtschaftspolitik (Zuständigkeit der Mitgliedsstaaten) betreibe, so der Beschluss des 2. Senats vom 14.01.2014 – 2 BvR 2728/13. Das Bundesverfassungsgericht hat die Sache dem Europäischen Gerichtshof (EuGH) vorgelegt, der hält das Programm für (europarechtlich) zulässig. Jetzt liegt die Sache erneut zur Entscheidung bei den Verfassungsrichtern.

Das Bundesverfassungsgericht hat sich nicht mit den Target2-Verbindlichkeiten (Vgl. BVerfG a.a.O., dort Rn. 136 ff) befasst, nicht mit dem Verzicht auf Sicherheiten durch die EZB, nicht mit der Niedrigzinspolitik der EZB. Und es fehlt vor allen Dingen die systemkritische Gesamtschau auf den Komplex der Eurorettung. Das Bundesverfassungsgericht behandelt Einzelprobleme in separaten Verfahren. Nirgends setzt sich das Bundesverfassungsgericht mit dem Volumen sämtlicher Rettungsaktivitäten auseinander. Das Bundesverfassungsgericht versäumt es, die Gretchenfrage zu stellen: Kann ich überschuldeten Staaten durch immer neue Kredite helfen?

Menschen für Demo-kratie haben in Petitionen beim Bundestag und Europäischen Parlament und Anträgen beim Bundesverfassungsgericht immer wieder auf die vermeintliche Rettung und vor allem ihrer Folgen hingewiesen, leider ohne Erfolg. Die Verfassungsrichter sind im aktuellen juristischen System sozialisiert. In ihrer Ausbildung stand die positivistische Rechtsanwendung im Vordergrund; kritische Fragen haben kaum Platz. Juristen im Staatsdienst werden von Politikern, die nicht selten Juristen sind, gewählt und stammen (oft) aus dem Dunstkreis der Politik. Der kritische Blick auf ein System will nicht gelingen – sie sind systemisch befangen.

Deutsche Soldaten in Syrien

Seit September 2014 fliegt die französische Luftwaffe als Teil einer US-geführten Koalition Angriffe gegen IS-Stellungen im Irak. Seit September diesen Jahres bombardierte Frankreich Orte in Syrien. Nach den Anschlägen von Paris, am 13. November 2015, zu denen sich der IS bekannte, beschossen zehn französische Jagdbomber die IS-Stellung Rakka in Syrien und zerstörten eine IS-Kommandostelle samt Waffen- und Munitionslager sowie ein Ausbildungslager für Terroristen (»Vergeltung nach Terroranschlägen: Frankreich bombardiert IS-Stellungen in Syrien«, Spiegel online, 16.11.15).

Am 17. November 2015 fordert Frankreichs Verteidigungsminister Jean-Yves Le Drian beim Treffen der EU-Verteidigungsminister in Brüssel militärische Hilfe der EU-Staaten gegen den Terror des IS. Le Drian beruft sich auf den EU-Vertrag (Art. 42 Absatz 7) und wünscht sich Hilfe auf bilateraler Ebene und »*im Rahmen ihrer Möglichkeiten.*« (SZ.de, »Frankreich ruft »EU-Bündnisfall« aus – von der Leyen sichert deutsche Hilfe zu«, 17.11.15).

Am 4. Dezember 2015 stimmt der Bundestag für den bewaffneten Bundeswehreinsatz in Syrien mit der Mehrheit von 445 zu 145 Stimmen (bei 7 Enthaltungen). Die Bundeswehr soll wie folgt Einsatz finden:

- Einsatzunterstützung durch Luftbetankung
- Begleitschutz und Beitrag zur Sicherung des Marineverbandes
- See- und Luftraumüberwachung
- Aufklärung. (Vgl. BT-Drs. 18/6866, S. 3f.)

Grundlage für die Abstimmung war der Antrag der Bundesregierung (BT-Drs. 18/6866) unter der Überschrift »Einsatz bewaffneter deutscher Streitkräfte zur Verhütung und Unterbindung terroristischer Handlungen durch die Terrororganisation IS«. Darin stützt die Bundesregierung den Einsatz auf folgende Rechtsgrundlagen:

Art. 24 II GG

Nach Art. 24 II GG darf sich die Bundesrepublik zur Wahrung des Friedens in ein System gegenseitiger kollektiver Sicherheit einordnen. Gemeint sind damit (z. B.) die UN und die NATO, deren friedenssichernder Charakter hinterfragenswert ist. Damit ermächtigt Art. 24 Abs. 2 GG den Bund dazu, die deutschen Streitkräfte im Rahmen dieses Systems einzusetzen. (Vgl. Schmidt-Bleibtreu/Hofmann/Henneke: Kommentar zum Grundgesetz, 13. Auflage 2014,

Autor: Hillgruber, Art. 24 GG Rn. 46 unter Hinweis auf BVerfGE 90, 286 [345, 351, 353]; 121, 135 [156 f.].)

Art. 51 der UN-Charta

Hiernach hat jeder Staat das Recht zur Selbstverteidigung gegen bewaffnete Angriffe.

UN Resolution 2249 (2015)

Diese Resolution wurde eine Woche nach dem Anschlag in Paris vom Sicherheitsrat am 20.11.2015 verabschiedet. Unter Ziffer 5 fordert der Sicherheitsrat die Mitgliedstaten dazu auf:

»[...] *in dem unter der Kontrolle des ISIL, auch bekannt als Daesh, stehenden Gebiet in Syrien und Irak alle notwendigen Maßnahmen zu ergreifen und ihre Anstrengungen zu verstärken und zu koordinieren, um terroristische Handlungen zu verhüten und zu unterbinden [...]*«

Art. 42 VII EUV

Nach Art. 42 VII sind die Mitgliedsstaaten der Europäischen Union bei einem bewaffneten Angriff einander zum Beistand verpflichtet.

Hilfeersuchen des Iraks

In einem Schreiben vom 25.06.2014 ersuchte der irakische Außenminister Hoshyar Zebari die internationale Weltgemeinschaft um Hilfe gegen den Terror des IS. (Vgl. UN Dokument S/2014/440)

Grundgesetz

Neben dem Grundgesetz bezieht sich die Bundesregierung in ihrer Begründung dem Einsatz zuzustimmen, auch auf internationale Normen, wie die UN-Charta und den Vertrag über die Europäische Union. Für Deutschland ist und bleibt aber das Grundgesetz der maßgebliche Rechtsrahmen; internationale Normen dürfen nicht über dessen Grenzen hinweghelfen.

Das Grundgesetz sieht im Art. 87a vor, dass die Bundeswehr allein zur Verteidigung eingesetzt werden darf:

- Der Bund stellt Streitkräfte zur Verteidigung auf. […]
- Außer zur Verteidigung dürfen die Streitkräfte nur eingesetzt werden, soweit dieses Grundgesetz es ausdrücklich zulässt.

Art. 26 GG verbietet einen Angriffskrieg; laut Art. 24 II GG darf die Bundeswehr jedoch im Rahmen eines kollektiven Sicherheitssystems zur Friedenswahrung, wie der UN oder der NATO, Einsatz finden.

Systeme kollektiver Sicherheit

Als verfassungsrechtliche Grundlage nennt die Bundesregierung Art. 24 II GG; dies suggeriert, dass der Einsatz im Rahmen eines kollektiven Sicherheitssystems stattfindet.

Nach Verlautbarungen des französischen Verteidigungsministers Jean-Yves Le Drian und der Hohen Vertreterin der EU soll der Einsatz aber nicht in ein kollektives System eingebunden sein, sondern durch bilaterale Absprachen organisiert werden. Rechtlich handelt es sich um eine Ad-Hoc-Koalition (als Reaktion auf die Terroranschläge in Paris) und nicht um ein System kollektiver Sicherheit. Die Begründung der Bundesregierung mit Hinweis auf Art. 24 II GG ist eine Täuschung.

Trotzdem lohnt es sich, dieser vermeintlichen Begründung der Bundesregierung nachzugehen. Der Verweis auf Art. 42 VII EUV und die UN Resolution legt nahe, dass die Bundesregierung einen Bezug zur EU bzw. zur UN als Systeme kollektiver Sicherheit suggerieren will.

Die EU ein System kollektiver Sicherheit

Die gemeinsame Sicherheits- und Verteidigungspolitik (kurz: GSVP) wurde im Vertrag über die Europäische Union verankert (Art. 42 EUV) und ist im Amt des »Hohen Vertreters der Europäischen Union für Außen- und Sicherheitspolitik« institutionalisiert. Aktuelle Amtsinhaberin ist die frühere italienische Außenministerin Federica Mogherini. Im Rahmen der GSVP ist, wurden und werden in Afrika, Europa und Afghanistan gemeinsame Einsätze durchgeführt. Im Fall eines bewaffneten Angriffs besteht gegenseitige Beistandspflicht (vgl. Art. 42 VII EUV), auf die sich der französische Verteidigungsminister in seiner Erklärung nach den Terroranschlag in Paris berief. Ob die GSVP inzwischen zu einem System kollektiver Sicherheit herangereift ist, das rechtlich mit beispielsweise der NATO vergleichbar ist, wird unterschiedlich beurteilt.

Das Bundesverfassungsgericht verneinte das in seinem Lissabon-Urteil in einem obiter dictum. (Vgl. Urteil des 2. Senats vom 30.06.2009 – 2 BvE 2/08 Rn. 389f.) In der juristischen Literatur wird die Qualität als System kollektiver Sicherheit z. T. bejaht. (Volker Röben, Außenverfassungsrecht, Tübingen 2007, S. 250 ff.) Die Lissabon-Entscheidung muss insoweit nicht der letzte Schluss der Verfassungsrichter bleiben.

Fraglich ist ebenfalls, ob sich die französische Regierung überhaupt rechtmäßig auf den sogenannten kleinen Bündnisfall berufen konnte. Art. 42 VII EUV spricht von einem bewaffneten Angriff. Darunter werden militärische Angriffe verstanden. Der Beistand bei terroristischen Angriffen ist in Art. 222 AEUV geregelt, der allerdings nicht die gewünschte weitgehende militärische Unterstützung im Ausland legitimieren würde. Der letzte Spiegelstrich spricht von der Unterstützung innerhalb des Hoheitsgebiets des betroffenen Mitgliedsstaates; die Unterschiede der Bündnisfälle nach Art. 42 VII EUV/ Art. 222 AEUV/ Art. 5 NATO Vertrag beschreibt der Jurist Sebastian Zeitzmann im Interview »Die Terrorakte von Paris, Anwendung des Art. 42 Abs. 7 EUV gerechtfertigt?«, wie es unter http://jean-monnetsaar.eu/?p=1043zu finden ist. Zeitzmann interpretiert die gesamte europarechtliche Grundlage als wackelig.

Wie dem auch sei, der Einsatz in Syrien – einen entsprechenden politischen Willen vorausgesetzt – ließe sich durchaus als gesamteuropäische Mission unter dem Dach der GSVP organisieren. Die Politik hat sich bewusst dagegen entschieden – Art. 24 II GG ist damit wirkungslos.

Die UNO als System kollektiver Sicherheit

Die UNO gilt als (verfassungsrechtliches) Urbild kollektiver Sicherheit, welches die Verfassungsväter bei der Formulierung des Art. 24 II GG vor Augen hatten. Der UN-Sicherheitsrat kann die Anwendung von militärischer Gewalt zur Wiederherstellung des Friedens beschließen; dies heißt robustes UN-Mandat. Im Rahmen eines solchen darf die Bundeswehr mitwirken – Art. 24 II GG eröffnet diese Möglichkeit.

Auf Antrag Frankreichs verabschiedete der Sicherheitsrat am 20. November 2015 (eine Woche nach den Anschlägen) die Resolution 2249. Sie verurteilt den Terrorismus des IS und stellt diverse Forderungen auf. Für unsere Zwecke ist Punkt 5 von Interesse, der wesentliche Passus lautet:

»[…] *fordert die Mitgliedsstaaten, die dazu in der Lage sind, auf… in dem unter der Kontrolle des ISIL, auch bekannt als Daesh, stehenden Gebiet in Syrien und Irak alle notwendigen Maßnahmen zu ergreifen und ihre Anstrengungen zu verstärken und zu koordinieren, um terroristische Handlungen zu verhüten und zu unterbinden* […]«

Eine militärische Gewaltanwendung wird hier nicht angesprochen. Es sollen »*alle notwendigen Maßnahmen*« ergriffen werden, also auch militärische. Autorisiert der Sicherheitsrat also die Militäraktionen in Syrien?

Es ist Absicht, dass der Resolutionstext Anklänge an ein robustes Mandat bietet, aber die Unterschiede zur üblichen Formulierung sind nicht zu übersehen: Der UN-Sicherheitsrat fordert auf, er autorisiert nicht. Und er nimmt nicht – wie sonst üblich – Bezug auf das 7. Kapitel der UN-Charta, das in Art. 42 Rechtsgrundlage für ein robustes Mandat bildet. Der Sicherheitsrat wollte eine militärische Intervention in Syrien unterstützen.

Die UN-Resolution kann jedoch keine rechtliche und erst recht keine deutsche verfassungsrechtliche Grundlage herbeiführen. Es ist denkbar, das militärische Eingreifen in Syrien der UN zu unterstellen; dann müsste dies durch eine eindeutige Resolution und durch eine entsprechende Organisation erfolgen. Das aber ist nicht gewollt; offensichtlich wollen die Akteure auf rein bilateraler Basis agieren. Die mutmaßliche »Koalition der Willigen« will sich ihre militärische Handlungsfreiheit nicht durch komplizierte UN-Procedere beschneiden lassen.

Verteidigung

Die Bundesregierung begründet als verfassungsrechtliche Grundlage Art. 24 II GG, also das militärische Handeln im Rahmen kollektiver Sicherheitssysteme. Eine andere – vielleicht denkbare Rechtsgrundlage – nämlich Art. 87a GG: der Einsatz der Bundeswehr zur Verteidigung – zieht die Bundesregierung nicht heran. Der Wortlaut des Art. 87a GG sei in Erinnerung gerufen:

- Der Bund stellt Streitkräfte zur Verteidigung auf. [...]

- Außer zur Verteidigung dürfen die Streitkräfte nur eingesetzt werden, soweit dieses Grundgesetz es ausdrücklich zulässt.

Zur Zeit des Kalten Krieges 1968 wurde Art. 87a GG ins Grundgesetz eingefügt. Dort ist festgelegt, dass die aufgestellte Armee allein der Verteidigung gegen einen militärischen Angriff eingesetzt werden darf. Die Gegner heutiger Zeit sind Terroristen nicht staatlicher, transnationaler Organisationen. Das bringt die Frage auf: Ist die Verteidigung gegen Terrorismus Verteidigung im Sinne des Art. 87a GG und fällt in die Zuständigkeit der Bundeswehr?

Die juristische Lehre spricht, die Verfassung müsse dynamisch sein, um den aktuellen Verhältnissen und dem Funktionswandel der Streitkräfte gerecht zu werden. Die politische Praxis dehnt den Begriff »Verteidigung« und schafft – ohne verfassungsrechtliche Klärung/Neuregelung – Fakten: Die Bundeswehr ist heute eine »*internationale Polizeitruppe.*« (Vgl. Heribert Prantl, Jenseits des Grundgesetzes, In: Süddeutsche Zeitung vom 2.12.15)

Völkerrechtlich gesehen, gilt auf Grundlage der UN-Charta das allgemeine Gewaltverbot. Die UN-Charta (Art. 4 Nr. 2 UN-Charta) schützt damit die territoriale Unversehrtheit und politische Unabhängigkeit jeden Staates. Es gibt zwei Ausnahmen vom Gewaltverbot:

- ein robustes UN-Mandat. Der UN-Sicherheitsrat beschließt den Einsatz von Gewalt, lt. Art. 42 UN Charta

und/oder

- die Selbstverteidigung gegen einen Angriff, lt. Art. 51 UN Charta.

Die Verfasser der UN-Charta hatten die Verteidigung gegen einen militärischen Angriff eines anderen Staates im Blick. Seit den Terroranschlägen am 11. September 2011 in den USA hat sich der Blickwinkel verschoben. Nur einen Tag nach den Anschlägen verabschiedete der Sicherheitsrat die Resolution 1368/2001, in der er den Terror verurteilte und das Recht zur Selbstverteidigung bekräftigte – in diesem Zusammenhang gegen Terrorismus.

Jede Ausdehnung des Begriffes der Selbstverteidigung erweitert nationalstaatliche, militärische Handlungsoptionen. Der oft schwer zu erreichende Konsens des Sicherheitsrats ist nicht mehr Voraussetzung des militärischen Einsatzes; die Berufung auf das Recht zur Selbstverteidigung ermöglicht einseitige militärische Schläge ohne internationale Abstimmung. Diese Tendenz lässt sich nicht wirklich mit dem Phänomen des transnationalen Terrors moderner Ausprägung erklären. Hierauf ließe sich mit entsprechenden, im Sicherheitsrat abgestimmten, robusten UN-Mandaten antworten. Der Terror ist der Anlass; die eigentliche Triebfeder ist die weltweit monopolare Machtstruktur: Die USA als nahezu uneingeschränkte Hegemonialmacht erweitern ihren militärischen Handlungsspielraum.

Diese Entwicklung des Völkerrechts betrifft sogar deutsches Verfassungsrecht. Der verfassungsrechtliche Begriff der Verteidigung solle völkerrechtsfreundlich ausgelegt werden, also im Sinne des erweiterten Selbstverteidigungsrechts der UN-Charta. Danach darf die deutsche Bundeswehr weltweit eingesetzt werden, wo sich ein anderer Staat auf sein Recht zur Selbstverteidigung beruft. (Vgl. Julia Schulze: »Zwischen Anspruch und Wirklichkeit: Die verfassungsrechtliche Rechtfertigung des Irak Einsatzes«, in: DÖV 2015, S. 992 ff.)

Dabei sind die rechtlichen und politischen Probleme, die eine Entgrenzung des Verteidigungsbegriffs mit sich bringen, kaum zu lösen.

Die straf- oder zivilrechtliche Entsprechung zur Verteidigung im Grundgesetz bzw. in der UN-Charta ist das nationale Notwehrrecht nach Paragraph 32 StGB und Paragraph 227 BGB. Notwehr setzt einen Angriff voraus. Notwehr endet, wenn der Angriff endet. Ein Vergeltungsschlag ist vom Notwehrrecht nicht gedeckt.

Notwehr ist keine Abwehr gegen künftige Angriffe. Der terroristische Angriff auf Frankreich wurde am 13. November 2015 begonnen und beendet. Er kann nicht mehr verhindert werden. Ob und wann es wieder terroristische Anschläge (des IS) auf französischem Boden geben wird, ist ungewiss. Von Verteidigung im Sinne von Notwehr ist nicht die Rede. Nur, wer die Bedrohung durch den IS als andauernden Angriff auffassen wollte, eine permanente Verteidigungssituation darin sähe, spräche von Verteidigung. Der Sache nach geht es darum jedoch nicht, sondern darum, künftige Angriffe rechtlich zu untermauern. Im besten Fall handelt es sich um Gefahrenabwehr, allenfalls Prävention oder vielleicht um Vergeltung. Der Verteidigungsbegriff wird so zum Vehikel einer selbsternannten, durch keine UN-Resolution autorisierte, Weltpolizei. (Vgl. Oliver Dörr: Gewalt und Gewaltverbot im modernen Völkerrecht, Bundeszentrale für Politische Bildung, 15.10.2004)

Voraussetzung der Selbstverteidigung ist, dass ein Angriff von außen auf ein Staatsgebiet erfolgt. Die Anschläge in Paris verübten aber hauptsächlich Franzosen. Damit handelt es sich um eine innere Angelegenheit, die der betroffene Staat, z. B. durch Einsatz von Polizei und Geheimdienst, bewältigen muss.

Bewertung

Die Begründung der Regierung suggeriert eine Rechtsgrundlage, aber diese gibt es nicht. Das Verfassungsgericht hat bisher nicht zur Klärung beigetragen, denn es kann verfassungsrechtliche Fragen – auch die so wesentliche Frage nach Krieg oder Frieden – nicht beantworten. Es kann allein dann entscheiden, wenn es mit einer Klage angerufen wird. In Betracht kommt die Verfassungsbeschwerde – die könnte ein persönlich betroffener Soldat einlegen, der gegen seinen Willen zum Auslandseinsatz beordert worden wäre. Alternative ist die Normenkontrolle, die aber an ein Quorum gebunden ist: Mindestens 25 Prozent der Bundestagsabgeordneten müssten sich einem solchen Antrag anschließen.

So entsteht eine bevorzugte Rangstellung der Politik über das Recht. Die Politik kann die wesentliche Entscheidung über Krieg und Frieden in einem weitgehend rechtsfreien Raum treffen. Das wird dem Anspruch des Grundgesetzes, die wesentlichen Grundlagen der Politik zu bestimmen, Grenzen und Rahmen für politische Entscheidungen zu geben, nicht gerecht. Im Sinne des Rechtsstaats sollten grundsätzliche Entscheidungen ihre Grundlage in der Verfassung haben.

Um die Vorrangstellung des Rechts wieder herzustellen, brauchen wir Regeln. Das Bundesverfassungsgericht hat in seiner Lissabon-Entscheidung eine solche aufgestellt.

»Der Auslandseinsatz der Streitkräfte ist außer im Verteidigungsfall nur in Systemen gegenseitiger kollektiver Sicherheit erlaubt (Art. 24 Abs. 2 GG), wobei der konkrete Einsatz von der Zustimmung des Deutschen Bundestages konstitutiv abhängt.«

Der Verteidigungsfall ist in Art. 115a GG definiert: Angriff auf das Bundesgebiet mit Waffengewalt. Leider hat das Bundesverfassungsgericht diese Feststellung ohne Begründung getroffen. Es handelt sich um ein obiter dictum, dem die Rechtskraft fehlt; es kann allenfalls als Leitlinie dienen. Es geht nicht darum, den internationalen Einsatz der deutschen Bundeswehr zu verbieten. Vor dem Hintergrund der deutschen Geschichte sollten internationale Einsätze erfolgen, wenn sie in ein System kollektiver Sicherheit eingebettet sind. Der Beschluss des deutschen Parlaments vom 4. Dezember 2015 geschah nicht nach derartigen Aspekten. Sie geschah ohne rechtliche Grundlagen. Das bringt auf, dass unser Recht schleunigst um Einsatzbestimmungen erweitert werden muss, damit Deutschland im Falle von terroristischen Anschlägen, egal, ob sie von außen oder innen erfolgten, rechtlich abgesichert handeln kann.

Wer bestimmt, was Journalisten berichten dürfen?

Die Internetplattform Netzpolitik.org beschwor zu Beginn letzten Jahres ein Machtspiel herauf, das zur Frühpensionierung des Generalbundesanwalts Harald Range führte. Der Chef des Verfassungsschutzes Hans-Georg Maaßen konnte seinen Rücktritt verhindern, wie auch immer, er das erreichte; Bundesjustizminister Heiko Maas und Bundesinnenminister de Maiziere standen in der Kritik, kamen aber ungeschoren davon.

Alles begann mit Berichten des WDR, der Süddeutschen Zeitung und des NDR, die zeigten, der Verfassungsschutz plane eine Massenauswertung sozialer Netzwerke im Internet und wolle dazu ein 75-köpfiges Expertenteam (EFI) gründen. In der »Tagesschau« (25.6.2014, »Verfassungsschutz will soziale Medien überwachen«) hieß es dazu:

»*Das Bundesamt für Verfassungsschutz (BfV) plant den Aufbau einer neuen Referatsgruppe zur Überwachung einzelner Personen in sozialen Netzwerken wie Twitter, Facebook und YouTube. Die neue Fachabteilung »Erweiterte Fachunterstützung Internet« (EFI) solle künftig helfen, Spuren einzelner Personen im Internet zu verfolgen, ihre Verbindungen offenzulegen und ihre Kommunikation mitzulesen.*«

Fraglich war zu dem Zeitpunkt, woher die Leute kommen sollen, um die geplante Arbeit zu erledigen und wie sie bezahlt werden sollten. Außerdem musste der Bundestag den Plänen noch zustimmen. Die »Tagesschau« vermeldete:

»*Allein für das abgelaufene Haushaltsjahr veranschlagte das BfV 2,75 Millionen Euro für die neue Referatsgruppe. Heute Vormittag tagt das Vertrauensgremium des Bundestages mit Vertretern des Geheimdienstes und des Bundeskanzleramtes. Am Nachmittag soll dann der Haushalt des Innenministeriums beschlossen werden – und damit auch, wie umfangreich der Verfassungsschutz künftig die sozialen Netzwerke überwachen kann. Die Behörde hofft auf die Bewilligung weiterer Mittel. Aus Regierungskreisen verlautete, dass es offenbar Bedenken einzelner Mitglieder des Vertrauensgremiums gibt: Ohne die Genehmigung der G10-Kommission des Bundestags darf das BfV eigentlich keine Massendaten abfangen. Bislang dürfen nur vereinzelt Anschlüsse angezapft und einzelne E-Mail-Postfächer ausgespäht werden.*«

Derweil die übrige Presse das Thema aus den Augen verlor, blieben die Berichterstatter von Netzpolitik.org dran. Sie berichteten ein knappes halbes Jahr nach der ersten Meldung am 25. Februar 2015 unter der Überschrift: »Geheimer Geldregen: Verfassungsschutz arbeitet an »Massendatenauswertung von Internetinhalten« (www.netzpolitik.org) darüber, dass die Ausgaben deutscher Geheimdienste nach Paragraph 10a als Geheimhaltungsbedürftige Angelegenheiten (Bundeshaushaltsordnung, BHO) gelten. Im Bundeshaushalt tauchen sie als sogenannte Zuschüsse auf.

Bemerkenswert war, dass aus den Zahlen hervorging, dass der Verfassungsschutz im Jahr 2013 derartige Daten überwacht haben musste. Die Zahlen, die Netzpolitik.org aus den Haushalten der Jahre 2013 und 2015 auswertete, ergaben, dass der Verfassungsschutz für diese Arbeit einen Mehraufwand von 12 Prozent als Zuschuss erhalten hatte. Die Abteilung wurde demnach ausgebaut. Das belegte das von Netzpolitik.org veröffentlichte »Konzept zur Einrichtung einer Referatsgruppe 3C »Erweiterte Fachunterstützung Internet« im BfV«. Daraus ging hervor, wie und welche Daten vom wem und in welchem Umfang erhoben werden sollten. Dazu gehören Mitarbeiter, die die Arbeit erledigen. Um diese zu rekrutieren, gab es einen Personalplan. Auch diesen stellte Netzpolitik.org ins Internet. Damit war der Geheimdienst seiner Tarnung beraubt – klar, dass dies nicht ohne Folgen bleiben sollte, obgleich Netzpolitik.org als Medium allein seiner Verpflichtung, zu informieren, nachgekommen war.

Der Bundesverfassungsschutz sann auf Rache und reichte Strafanzeige beim Landeskriminalamt Berlin, Abteilung Staatsschutz ein, nicht wie üblich bei der zuständigen Staatsanwaltschaft Berlin. Das LKA wandte sich aus der Verantwortung, es sei für einfache Dienstgeheimnisse (§ 353b StGB) nicht zuständig, obgleich es tätig werden kann, wenn es um den Verrat von Staatsgeheimnissen geht.

In der Strafanzeige wird folglich hervorgehoben, dass die von Netzpolitik.org veröffentlichten Dokumente als geheim eingestuft werden. Die Strafanzeige benennt keinen Straftatbestand; es wird aber klar, dass es aus Sicht des Verfassungsschutzes nicht um die einfache

Verletzung von Dienstgeheimnissen, sondern um Landesverrat (§94 StGB) geht. Die Strafanzeige richtete sich gegen unbekannt, benennt aber den Betreiber der Website Markus Beckedahl und den Autor der Beiträge, die Unwohl hervorgerufen hatten, Andre Meister.

Zur Erläuterung: Der Verrat von Dienstgeheimnissen (§ 353b StGB) ist ein sogenanntes einfaches Vergehen, das mit Geldstrafe strafbar ist; Landesverrat (§ 94 StGB) ist ein Verbrechen, das mit einer Freiheitsstrafe von einem Jahr bestraft wird. Landesverrat setzt voraus, dass der Täter schwere Nachteile für die äußere Sicherheit der Bundesrepublik Deutschland herbeiführt. Der Täter muss mit dem Ziel handeln, die Bundesrepublik zu benachteiligen oder eine fremde Macht zu begünstigen.

Bei Lichte besehen wird klar, dass die Verärgerung darüber, dass es ein Leck in der Behörde geben musste, durch das Informationen an Netzpolitik.org sickerten, zu einer übersteigerten Reaktion führten. Es ist fragwürdig, ob sich der deutsche Verfassungsschutz von den Neurosen und Strategien der amerikanischen Kollegen des NSA anstecken lassen und Datenmengen in der schon erreichten, wie noch geplanten Form überprüfen sollte oder mit Abschreckung spielt, weil niemals genügend Mitarbeiter jene Inhalte des Internets auswerten können. Anders sind die Vorkommnisse in der Silvesternacht 2015 nicht zu erklären, wo es in Köln, Hamburg oder Stuttgart zu Sex Mobs kam.

Dass die Geheimdienste, auch der Verfassungsschutz, das Internet ausspähen, ist bekannt – beispielsweise warnen und berichten der »Chaos Computerclub« seit Jahren darüber; unklar war immer, wie und in welchem Umfang dies geschah, was Netzpolitk.org offenlegte. Dafür eine Gefängnisstrafe wegen Landesverrats angedroht zu bekommen, zeigt wie groß die Wut der Verfassungsschützer über die Peinlichkeit gewesen sein musste. Das Prozedere, das diesem folgte, erinnert an die sogenannte »Spiegel-Affäre«.

In der Ausgabe 41 des »Spiegel«, vom 10. Oktober 1962, berichtete das Blatt unter Berufung auf Recherchen von Conrad Ahlers unter dem Titel »Bedingt abwehrbereit« darüber, wie die Bundesehr beschaffen sei. Ahlers schrieb: »*Die Bundeswehr hat heute – nach fast sieben Jahren deutscher Wiederbewaffnung und nach sechs Jahren Amtsführung ihres Oberbefehlshabers Strauß – noch immer die niedrigste Nato-Note: zur Abwehr bedingt geeignet.*« Und legte noch eins drauf, indem er folgerte: Die Bundeswehr könnte sich im Ernstfall bloß mit Hilfe atomarer Waffen verteidigen.

Der verantwortliche Bundesverteidigungsminister Franz-Josef Strauß (CSU) war perplex über diesen Beitrag, dass er sofort Atomwaffen forderte. Damit handelte er sich Zähneknirschen der Militärs ein, was damit endete, dass der »Spiegel« von den Plänen Strauß' erfuhr und berichtete. Nun wurde die Angelegenheit persönlich. Strauß nutzte seine politische Kraft, gegen den »Spiegel« bzw. gegen dessen Herausgeber, Rudolf Augstein, und weitere Redakteure, wegen Landesverrates ermitteln zu lassen. Die Redaktionsräume des Blattes in Hamburg und Bonn wurden durchsucht; Redakteur Conrad Ahlers, der im Urlaub in Spanien weilte, wurde verhaftet, ebenso wie Rudolf Augstein.

Diese Verhaftungen mögen als Erziehungsprogramm gedacht gewesen sein, sie griffen aber die Pressefreiheit an. Bundesweit beteiligten sich Unzählige an Protesten. Kanzler Konrad Adenauer (CDU) verteidigte in seiner Rede vor dem Bundestag (7.11.1962) das Vorgehen mit den Worten: »*Wir haben einen Abgrund von Landesverrat im Lande.*« Das Plenarprotokoll von jenem 7. November 1962 belegt, wie darauf der Abgeordnete Walter Seuffert (SPD) fragte: »*Wer sagt das?*« Der Kanzler antwortete: »*Ich sage das.*« Der Landesvater sah sich offenbar im Recht, die zur Vernunft zu bringen, die ihrem Auftrag gemäß gehandelt hatten.

Wenngleich die Auseinandersetzung der Leser mit ihrem Blatt und auch die politischen Folgen und Ansichten aus der Zeit im Vergleich zu heute, wo sich Politik durch Schachbrettmanöver und Grabenkämpfe auszeichnet, leidenschaftlich klingen, so zeigt der Fausthieb Kanzler Adenauers vor allem dessen Schwäche im Umgang mit der Wahrheit.

Die Affäre löste sich. Verteidigungsminister Franz-Josef Strauß behauptete, mit der Episode nichts zu tun zu haben. Aus Protest traten alle fünf Minister der FDP von ihren Ämtern zurück, woraufhin Strauß übrigblieb, wollte er sein Gesicht nicht verlieren, sein Amt als Verteidigungsminister zur Verfügung zu stellen. Konrad Adenauer bildete ein neues Kabinett – das letzte, bevor auch er auf eine neue Kandidatur verzichtete.

Die Wahrheit zu sagen, den Fehler aufzuheben und dafür zu sorgen, dass er nicht wiederholt werden kann, entspräche dem Verhalten von Verantwortlichen, die ihrer Position und der Sache nach angemessen reagierten. Im Fall des Verfassungsschutzes im Clinch mit Netzpolitik.org, geschah dies nicht, was darauf schließen lässt, dass der politische Kindergarten das Vorschulalter noch immer nicht erreicht hat; es zeigt auch, wie groß der Druck sein muss, den Politiker empfinden.

Es ist anzuerkennen, dass der Geheimdienst geheim arbeiten können muss. Inakzeptabel ist aber, dass die Möglichkeiten des Parlaments zur Abstimmung von Projekten des Verfassungsschutzes eingeschränkt bleiben müssen, da sie gar nicht erfahren, worüber sie abstimmen bzw. wofür sie Gelder bewilligen. Inakzeptabel ist auch, dass die Bevölkerung sich niemals sicher sein kann, welche Daten zu welchem Zweck gewertet werden. Das führt zu einem großen Graben zwischen Volk und Politik.

Seit der »Spiegel-Affäre« 1962 ist klar, dass die 4. Macht im Lande arbeitet – genauso, wie alle anderen Mächte. Sie raufen – und setzen ihre Mittel ein; oft Journalisten, wenn politische Ambitionen unters Volk gebracht werden sollen, aber auch Juristen, wie auch im Fall Netzpolitk.org, wenn Journalisten den Ambitionen der Politiker widersprechen.

Nun dient eine Strafanzeige allein der Strafverfolgung, was der Leiter des Verfassungsschutzes Hans-Georg Maaßen ignoriert haben muss, denn Maaßen nutzte, dass die Ermittlungen ohne Wissen derer stattfanden, die beobachtet wurden. Damit überschätzte er seine Befugnisse.

Wie in einem handelsüblichen Strategiespiel aber informierte die Bundesanwaltschaft die Journalisten von Netzpolitik.org, dass gegen sie ermittelt wird – und die taten das, was sie als Journalisten zu tun haben: Sie veröffentlichten das Schreiben des Bundesstaatsanwalts.

Ähnlich wie zur Zeit der »Spiegel-Affäre« war nun öffentlich, was am besten nicht öffentlich geworden wäre: der Rache-Rausch der Verantwortlichen und das folgende Ringen darum, wer für diesen Übertritt zur Verantwortung gezogen werden sollte. Obgleich nicht ganz verdient, bekam Generalbundesanwalt Range den »Schwarzen Peter«. Immerhin forderte der vom Bundesverfassungsschutz ein Gutachten darüber an, inwiefern die gewünschten Ermittlungen Staatsgeheimnisse angehen. Er muss unzufrieden über dessen Inhalt gewesen sein, denn er gab ein zweites Gutachten in Auftrag.

Der Generalbundesanwalt untersteht der Weisungsbefugnis des Bundesjustizministers, d. h. dieser kann Ermittlungen anordnen, untersagen oder in eine Richtung lenken. Im Spiel um Netzpolitik.org griff Bundesjustizminister Heiko Maas in den Spielverlauf ein. Er verbot ein zweites Gutachten zur Frage, ob Staatsgeheimnisse verletzt worden sein könnten und zog sich damit den Unmut des Generalbundesanwalts zu. Dieser beklagte, obwohl er seinen Dienstherrn kennt, die politische Einflussnahme und bekam Arrest in Form des Ruhestands.

Die Bundesanwaltschaft stellte das Ermittlungsverfahren ein. Damit ist das Spiel beendet. Gewonnen haben die Journalisten bei Netzpolitik.org. Im Andenken an die »Spiegel-Affäre« und andere Versuche, die Presse zu beeinflussen, haben sie zugesehen, wie Politik daran scheiterte, sich der Wahrheit zu stellen – wieder einmal.

Diesem Beispiel beispielloser Beeinflussung stehen viele gegenüber, die nicht aufgedeckt werden, die in Redaktionen und Verlagsimperien vertuscht werden. Der gute Ausgang lässt leider auch nicht den Schluss zu, es bestimme allein die Tragweite der Verstöße oder Brüche, die recherchiert werden, darüber, ob Journalisten berichten dürfen.

Journalisten müssen über alles berichten, das gebietet ihnen der Beruf; denen stehen die gegenüber, die etwas zu verbergen haben oder in Positionen sind, wo strafrechtlich verfolgbare Maßstäbe gar nicht gelten, wie bei Politikern, die aber ums Image fürchten. Irgendwo zwischen Einschüchterung, Bestechung, Behinderung der Arbeit und dem, was täglich in den Medien erscheint, liegt Pressefreiheit, die grundgesetzlich garantiert ist und einem ganzen Berufsstand Grundlage zur Arbeit bietet.

Pressefreiheit unserer Tage definiert sich jedoch dadurch, dass entweder nicht genügend Verstöße oder Unregelmäßigkeiten aufgedeckt werden bzw. dadurch, dass die, die etwas zu verbergen haben, sich schützen. Das klappt sogar oft mit Hilfe der Presse, denn ebenso wie jedes andere Unternehmen, streben Presseverlage nach Profiten.

Der Zusammenschluss von Zeitungsverlagen, die sich zu Monopolen auswachsen, trägt dazu bei, dass Meinung in Masse gemacht wird. Hinzukommt, in großen Getrieben wird viel zermahlen; das Angebot, eine dauernde Karriere im Journalismus machen zu können, verführt selbst gestandene Journalisten dazu, mal nicht zu fragen und zu berichten und sich nicht ausreichend für die Erkenntnisse einzusetzen, die sie während einer Recherche gesammelt haben.

Reporter, die an der Wahrheit interessiert sind, die gründlich recherchieren, diese im Blatt unterbringen, für das sie arbeiten, gibt es. Sie finden sich in allen Medien – leider in ungünstigem Verhältnis. Kleine Redaktionen, wie die von Netzpolitik.org, handeln häufiger nach den Geboten des Berufs, als Angestellte in großen Presseverlagen – gerade die sind es, die mitbestimmen, was Journalisten berichten dürfen und was nicht; gerade die nützen denen, die gern im Trüben fischen, obwohl gerade die nicht geschont werden dürften.

Der Unterschied zwischen inoffiziell und offiziell

Die Eurokraten haben sich seit Einführung des Euro etlicher Rechtsverletzungen und Rechtsbrüche schuldig gemacht. Ihre Arbeit, für die sie sich den Friedensnobelpreis zuschanzten, besteht darin, die Schulden aller Euroländer zu halten und Werte, wie Demokratie, Freiheit und Teilhabe durch Meineide zu beschmutzen.

Das morbide Finanzkonzept bestimmt alle staatlichen Vorgänge. Lügen werden darüber verbreitet, wie es wirklich um die Länder des Euro steht – eine allzu willige Presse verbreitet sie; eine schauspielbegabte Politikerriege, der strafrechtlich keine Folgen drohen, der es überdies allein darum geht, den Vorsitz der Staatsführung zu halten, präsentiert sie. Gewinner sind die Wirtschaft, vor allem aber die Eliten der Hochfinanz, die an den sinkenden Kursen und der täglichen Geldentwertung verdienen. Benachteiligt werden alle die, die Lebensversicherungen, Renten, sonstige Anlage anschafften, um im Alter abgesichert zu sein, aber auch die, die täglich zur Arbeit gehen. Ihre Bezüge schwinden und werden zudem durch hohe Lebenshaltungskosten, wie übertuerte Mieten oder steigende Verbraucherpreise bei Strom, Gas und Wasser sowie bei Lebensmitteln gemindert.

Während unter dem Deckmantel der Rettung versucht wird, eine Währung zu retten, die eingeführt wurde, weil sonst die Schulden vieler europäischer Länder schon vor 30 Jahren ins Unermessliche geflossen wären, und bewusst in Kauf genommen wird, dass Menschen dieser Entscheidungen wegen ihrer Zukunft beraubt werden, wird ein Image gepflegt, das heldengleich erscheint.

Wie seit der Zeiten hochherrschaftlicher Gebieter – seit Beginn der menschlichen Existenz – unterscheiden sich Taugenichtse von Helden durch die Begriffe *offiziell* und *inoffiziell*.

Unzählige Beispiele lassen sich aus der Geschichte dafür finden, wie Herrscher offiziell handelten, um Wirkung zu erzielen, anerkannt zu sein, Macht haben zu dürfen, das Image zu pflegen, inoffiziell ihre Gegner jedoch wenig fair behandelten. Ein jüngstes solcher Beispiele kommt aus Polen, dessen Regierung um Jarosław Kaczyński, der die nationalkonservative Partei Recht und Gerechtigkeit (PIS) repräsentiert, beschloss, einen radikalen Weg zu beschreiten, indem das Mediengesetz geändert wurdee und etliche Chefredakteure ihrer Ämter enthoben.

Die Eurokratenriege, die genügend Dreck am Stecken hat, um für alle Jahre als Versager zu gelten und dringend einem Konzil vorzustellen ist, um seine Strafe für politische Fehlleistungen zu erhalten, nahm es sich heraus, die Entwicklung in Polen, mit großer Sorge zu betrachten. Dies zumindest brachte Günther Oettinger auf den Plan, der als zuständiger EU-Kommissar für Medienpolitik zuständig ist.

Es sei daran erinnert, dass es ebenjener Günther Oettinger war, damals zuständig für das Ressort »Energie«, außerdem Schwabe, Jurist und von 2005 bis 2010 Ministerpräsident des Landes Baden-Württemberg, Fan des »Spar-Konzepts« der deutschen Kanzlerin, Europa zum »*Sanierungsfall*« (BILD, 29.5.13, S. 2) erklärte. Das dürfte der Kanzlerin nicht gefallen haben; entsprechend wird Oettinger eingenordet worden sein, denn eine nochmalige Entgleisung dieser Art kam nicht vor.

Günther Oettinger muss in Brüssel so viel Wind gemacht haben, dass EU-Kommissionspräsident Jean-Claude Juncker das Thema auf die Tagesordnung der Kommissionssitzung vom 13. Januar 2016 setzte, wo darüber gesprochen worden sein mag, wie Polens Partei ebenso wie einst Herr Oettinger auf den eurokratischen Weg zurückgebracht werden könnte. Die Bändigungsmasche der EU-Vertreter lautete Aufsicht, verbunden mit der Drohung, dem Mitgliedsstaat Polen Stimmrechte zu entziehen.

Hinzukam, dass EU-Parlamentspräsident Martin Schulz (SPD) es nicht unterlassen konnte, der Regierung in Warschau vorzuwerfen, gegen demokratische Grundsätze zu verstoßen. Er sagte der Frankfurter Allgemeinen Sonntagszeitung (FAZ.net, 9.1.16): »*Die polnische Regierung betrachtet ihren Wahlsieg als Mandat, das Wohl des Staates dem Willen der siegreichen Partei unterzuordnen, inhaltlich und personell.*« Er kommt zu dem Schluss, es handele sich um »*gelenkte Demokratie nach Putins Art, eine gefährliche Putinisierung der europäischen Politik.*«

Der Vorsitzende der Unionsfraktion im Bundestag, Volker Kauder (CDU), zeigte sich offen für Sanktionen gegen Warschau. »*Wenn Verstöße gegen die europäischen Werte festzustellen sind, müssen die Mitgliedstaaten den Mut zu Sanktionen haben*«, sagte Kauder dem Spiegel (9.1.16). »*Polens Regierung muss wissen: Bestimmte Grundwerte darf man in Europa nicht verletzen.*« Der Vorsitzende der Unionsgruppe im Europaparlament, Herbert Reul (CDU), sprach sich für finanzielle Strafen gegen Polen aus.

Obgleich inoffiziell europäisches, wie nationales Recht seit Jahren gebrochen wird, indem beispielsweise Beihilfen zur Stützung finanziell angeschlagener Länder auch vom deutschen Parlament beinahe aller Parteien (außer LINKE) bewilligt wurden, sich beispielsweise Frankreich nicht an die Maastrichter Verträge hält und kein anderes Euroland bereit ist, bei der Bewältigung der Flüchtlingskrise zu helfen, ist die EU-Kommission wegen Polen in Sorge. Einem Bericht des »Spiegel« (18.12.15) zufolge, zeigte sich die Bundesregierung »*entsetzt über die Politik der neuen polnischen Regierung.*«

Polen ist das größte östliche Land der EU. Von Regierungschef Donald Tusk (PO, von 2007 bis 2014 Ministerpräsident der Republik Polen), der als EU-Ratspräsident bessere Chancen sah, sein Geld zu verdienen, sitzengelassen, wählten die Polen Ewa Kopacz. Die Ärztin und Politikerin war zwischen dem 22. September 2014 und dem 16. November 2015 Ministerpräsidentin; sie gehört der liberal-konservativen Bürgerplattform (PO) an. Wie Tusk' war auch Ewa Kopacz' Politik ohne Schwung; die Polen ließen sich von der PIS ködern, indem sie daran glaubten, eine Randpartei zu fördern, die ihren Interessen nachkomme. Schließlich hatten beide Vorgängerregierungen dies offenbar versäumt.

Es mag dabei geholfen haben, dass die Wahlstrategen des Lagers um Kaczyński Spitzenkandidatin Beata Szydlo als polnische Angela Merkel verkauften und ausnutzten, dass die Polen auf das mechanisch, also inoffiziell gestaltete, gute Image der deutschen Kanzlerin hereinfielen. Nach den Wahlen offenbarte sich die Fehlentscheidung. Polen muss mit dem Unbill leben, das das Team Kaczyński/Szydlo die kommenden Jahre verschütten mag. Ganz offiziell. Auch, wenn das Volk murrt.

Der Schachzug, die staatlichen Sender dem Schatzmeister (und damit der Regierung) zu unterstellen, und dies ohne Debatte durchs Parlament zu bringen, erinnert uns Deutsche daran, wie auf ebenjene Weise unsere Volksvertreter mit dem Gewinn, ein besserer Teil Europas zu werden, ganz parteiliniengemäß das Budget-Recht an die Europäische Zentralbank abtraten. Dabei kam der Regierung zugute, dass zu dieser Zeit weder die Parlamentarier, noch das Volk überblickten, welche Folgen diese Entscheidung haben würde. Insofern murrten einige leise.

Auch die deutschen Medien böten mit ihren politischen Folgeleistungen genügend Stoff dafür, Strukturen aufzubrechen. Eine dieser Geschichten ist die um die nicht stattgefundene Vertragsverlängerung des Nikolaus Brender, von 2000 bis 2010 Chefredakteur des ZDF. Die Mehrheit der Unionsparteien im (14-köpfigen) ZDF-Verwaltungsrat kündigte im Februar 2009 an, Brenders Vertrag werde nicht verlängert. Roland Koch (CDU), eigentlich derzeit Ministerpräsident des Bundeslandes Hessen, aber auch stellvertretender Vorsitzender des ZDF-Verwaltungsrats, trieb die Nichtverlängerung besonders um. Nach einigem Hick-Hack wurde Brenders gegen Peter Frey getauscht. Der war Leiter des Hauptstadtstudios und ist nun Chefredakteur des ZDF. Damit verstärkten sich die Einflüsse des Mediengiganten Bertelsmann und der Katholischen Kirche.

Nach dem Skandal um Thomas Gottschalk, der damit auffiel, dass er zwei Millionen Euro erhielt, obwohl seine Show »Gottschalk live« nach 70 von 144 geplanten Sendungen (lief von Januar bis Juni 2012 in der ARD) abgesetzt worden war, gibt es auch in Deutschland Pläne für den Wandel. Das sogenannte Prometheus Paper I, ein Gutachten von DICE Consult GmbH, mit dem Titel »Die Rundfunkräte der öffentlich-rechtlichen Sendeanstalten. Daten und Fakten«, der Autoren Justus Haucap, Christiane Kehder, Ina Loebert aus dem Jahr 2015 fordert

- die Abschaffung der Rundfunkbeiträge,

- die Privatisierung der öffentlich-rechtlichen Rundfunkanstalten und

- das Auflegen eines Fonds aus den Privatisierungserträgen, der Sendungen von öffentlichem Interesse finanziert.

Es ist klar, dass dies in Deutschland kaum Realität werden dürfte. Offiziell eine gute Idee; inoffiziell wohl eine Lachnummer bei den zuständigen Politikern, die es sich zur Aufgabe machen werden, die Verhältnisse beizubehalten, die herrschen, denn davon profitieren sie am meisten.

Der Vergleich deutscher EU-geneigter Denkart, die gern inoffiziell handelt und sich offiziell Sorgen macht und dem Handeln der neunen Regierung in Polen, die auch offiziell gegen die EU protestiert und dies vielleicht auf die falsche Weise tut, zeigt zweierlei. Er erklärt, die Differenz zwischen *inoffiziell* und *offiziell*. Und zeigt, dass Deutschland nicht weiter davon entfernt ist eine Diktatur zu sein, wie es Polens neuem Regierungsgespann vorgeworfen wird. Dabei gilt in der EU: Inoffiziell ist gut. Es bedeutet nicht verboten und bereitet niemandem Sorge. So kann er fortgeführt werden, der europäische Traum, den die träumen, die noch nicht mitbekommen haben, dass sie eine Pleite verwalten – die größte aller Pleiten, aller Zeiten.

Die mächtigste Frau der Welt

Die mächtigste Frau der Welt ist eine Diebin. Sie stahl ihrem Volk unschätzbare Werte: Vermögen, Lebensqualität, Lebenszeit. Zudem zerrüttete sie – ohnedies angeschlagene – grundgesetzliche Werte, wie Demokratie, Freiheit und Teilhabe. Dies alles geschah entsprechend eines Eides »zum Wohle des Volkes«, am 22. November 2005 als Angela Merkel im Bundestag als erste Frau in Deutschland zur Bundeskanzlerin gewählt und vereidigt wurde.

Paradox? Nicht genug, denn die Kanzlerin, deren Aufgabe es ist, das Volk zu schützen und in seinem Sinne zu handeln, handelte stets im Auftrag der USA und im Interesse Europas bzw. dessen Schuldenpolitik. Dies bürdet nachfolgenden Generationen eine schwere Hypothek auf; es ist fast verständlich, dass die Kanzlerin jene Vorgänge verschweigt.

Die mächtigste Frau der Welt gab sich diesen Titel nicht selbst. Er wurde ihr geschenkt oder anders gesagt: angehängt. Das US-amerikanische »Forbes Magazine«, 1917 vom schottischen Einwanderer Bertie Charles Forbes (1880–1954) gegründet, ist mit 900.000 Exemplaren eines der auflagenstärksten Wirtschaftsmagazine der Welt. Die Redaktion kürt nach unklaren Parametern verschiedene Spitzenreiter. Regelmäßig veröffentlicht *Forbes* unter dem Titel »The World's Billionaires« Personennamen, deren geschätztes Vermögen eine Milliarde US-Dollar übersteigt. Hinzu kommen Listen, wie die »The World's Most Powerful People« (seit 1987), die Auskunft darüber gibt, wer die einflussreichsten Menschen der Welt sind (derzeit 72) oder die Liste, die Meistverdiener ausweist, die den Gang allen Irdischen gehen mussten, wie Elvis Presley oder Michael Jackson, die noch immer Gelder mit ihrem Namen erzielen, oder die Liste der »Fictional 15«, also Figuren, die in Romanen superreich sind.

Im Jahre 2004 kamen die Redakteure bei *Forbes* darauf, auch die mächtigste Frau der Welt zu küren. Dies geschah unter dem Label »The World's 100 Most Powerful Women«. Aus welchen Gründen auch immer wurde Condoleezza Rice (*14.11.1954) dieser Titel 2004 und 2005 zuerkannt. Rice ist US-amerikanische Politikerin der Republikanischen Partei; von 2005 bis 2009 war sie Außenministerin unter Präsident George W. Bush. Sie war die erste afro-amerikanische Frau in diesem Amt.

Über Angela Merkel als bundesdeutsche Kanzlerin wurde der Titel ab 2006 verhängt. In Folge bescheinigte Forbes Merkels außergewöhnliche Bedeutung für die Jahre 2007, 2008 und 2009, 2011, 2012, 2013, 2014, 2015 – 2010 erhielt im Übrigen Michelle Obama den Titel. Das Blatt schränkt ein: Im kommenden Jahr könnte Merkel ihren Titel verlieren und begründet dies mit den Präsidentschaftswahlen in den USA; Kandidatin Hillary Clinton sei der deutschen Politikerin im Ranking auf den Fersen.

Kriterien für die Bewertung der Macht sind das Auftreten in den Medien, was durch Pressezitate gemessen wird, sowie der politische und wirtschaftliche Einfluss, wie auch immer dieser ermittelt wird, erläutert das Blatt zur »Liste der 100 mächtigsten Frauen der Welt« unter www.forbes.com ausführlich und nicht ausführlich. Es bleibt fraglich, was dieser Titel aussagt.

Interessant ist, dass Merkel zwar die mächtigste Frau der Welt ist, jedoch nicht die einflussreichste Person. Laut Forbes' Liste »The World's Most Powerful People«, die am 4. November 2015 herauskam, überholte Merkel Barack Obama, dessen Einfluss mit dem Ende seiner Präsidentschaft schwindet, musste aber hinter Wladimir Putin Platz nehmen. Merkel machte im Vergleich zu 2014 drei Plätze gut. Forbes schrieb dazu:

»Merkel ist das Rückgrat der Europäischen Union mit ihren 28 Mitgliedern, und ihre entscheidenden Handlungen beim Problem mit den syrischen Flüchtlingen und bei der griechischen Schuldenkrise haben sie auf der Liste nach vorne gebracht.«

Solche Worte wiegen, ob Angela Merkel mit ihrem politischen Einfluss die deutsche und europäische Welt zerstört, scheint den Amerikanern entweder zu imponieren oder sie verstehen gar nicht, worum es geht. Es ist unverständlich, dass ein internationales Journal, das sich nach journalistischen Regeln richten will, derartige Folgerungen zieht. Angela Merkel ist mit ihrer missratenen Euro-Schuldenpolitik maßgeblich dafür verantwortlich, dass

- der Euro täglich an Kaufkraft verliert,

- Ersparnisse aus früheren Arbeitseinkommen durch Leitzinsabsenkungen der EZB und Staatsschuldenzinsen minimiert werden.

Dies geschieht auch durch Absprache mit der EZB und wird allen Nationalstaaten aufoktroyiert. Hinzu kommen Absprachen bezüglich des Wertes darüber, wie Banken und Staatsvermögen via Ratings bewertet werden. Der Kanzlerin muss bewusst sein, dass die guten Ratings der US-Agenturen, z. B. Moody's, Fitch oder Standard & Poor's, Betrug sind, denn der deutsche Staatshaushalt ist unhaltbar verschuldet. So ist mit wirtschaftsmathematischen Begriffen nicht erklärbar, wie es dazu kommen kann, dass die Ratingagentur Moody's Deutschland, einer Meldung der Presseagentur Reuters vom 1. März 2014 zufolge, die Kreditwürdigkeitsnote »AAA« zuteilt, mit der Aussicht auf »Stabil«, was sich bisher nicht änderte, obgleich der deutsche Schuldenberg anwuchs.

Für die Bundesregierung bedeuten die Ratings, sie kann sich weiterhin Unmengen an Geld leihen. Moddy's gab als Grund für dieses Vorgehen an: Das Risiko für die deutschen Staatsfinanzen im Zuge von Hilfsmaßnahmen zur Überwindung der Euro-Schuldenkrise habe sich verringert. Zudem hätten sich die Ansteckungsgefahren innerhalb der Euro-Zone verkleinert.

Dies schreibt einer, der entweder von Geldpolitik nichts versteht oder aber im Sinne derer handelt, die die Absicht haben, Geldpolitik im Sinne eines Nutznießers zu betreiben. Das bedeutet, Konkurrenten zu betrügen und sie im Unklaren darüber zu lassen, wann ihr Ende in Form einer Pleite kommt, aber während dieser Zeit, Unsummen anhäuft.

Im Fall der Ratings ist der Nutznießer klar: die US-amerikanische oder eigentlich ortsungebundene Hochfinanz. Sie lässt Staaten mit guten Ratings ausstatten, damit die Kreditwürdigkeit erhalten bleibt. Auf diese Weise bleiben längst bankrotte Staaten dabei, Schulden zu machen; auf diese Weise bleiben ohnedies überreiche Genies der Hochfinanz dabei, ihren Reichtum an den Verlusten zu mehren. Fraglich ist, wie viel die Ratingagenturen für ihre rätselhaften Gutachten an Geldern oder allgemeinen Vergütungen erhalten. Als Lohn für ehrliche Gutachterarbeit, dürften die Bezüge jedoch nicht gelten können.

Der Betrug derer, die die Möglichkeit dazu haben und sie nutzen, ist mittlerweile so groß geworden, dass fraglich ist, ob die Forbes-Liste der einflussreichsten Menschen nicht die wohl doppelzüngigsten Unmenschen zeigt. Angela Merkel hat, egal, nach welcher Liste bemessen, dazu beigetragen, dass die internationale Geldpolitik ein Rennen um Gelder, Vermögenswerte und Konten der Bürger geworden ist. Dafür übte sie Macht aus; gemäß dieses Spiels war sie mächtig. Darin spiegeln sich aber auch das Versagen der Kanzlerin, das Versagen ihrer Regierung und deren Verbündeter, im Sinne des Volkes gehandelt zu haben. Dies verdiente einen anderen Preis: eine lauschige Zelle in einem deutschen Gefängnis.

Doch diesen Preis sehen die amerikanischen Freunde nicht vor. Sie loben Merkel, wo es geht. Barack Obama bestach Angela Merkel schon am 7. Juni 2011 und gleich mit der höchsten Auszeichnung, die einem Zivilisten in den USA zuteilwerden kann, der »Medal of Freedom«. Auf Kosten des deutschen Steuerzahlers flog Merkel mit der größten Delegation, die sie je zu einer Auslandsreise mitnahm. Wie US-Präsident Obama betonte, erhielt Merkel die Freiheitsmedaille nicht dafür, dass sie in der Kindheit keine Freiheit genießen konnte, und auch nicht dafür, dass sie diese erlangt hat (für wen auch immer), sondern für ihre Leistungen beim Erlangen dieser Freiheit. Obama sagte:

»In ihrem Streben, ihren Standpunkt zu äußern, kam sie in die Politik und wurde zur ersten Frau aus Ostdeutschland im Amt der Regierungschefin des geeinten Deutschlands, zur ersten Bundeskanzlerin in der Geschichte des Landes und zu einer eloquenten Schützerin der Menschenrechte und der Menschenwürde in der ganzen Welt.«

Obama sagte weiter, Merkel habe nach dem Mauerfall »*Schranken beseitigt*« (da könnten all die bis heute auf einer Auszeichnung bestehen, die nach 1945 Deutschland wieder aufbauten und zwar Backstein für Backstein und dafür kaum entschädigt wurden, sogar noch Steuern auf ihre Häuser zur Abtragung des Schuldenbergs zahlten, den die Nationalsozialisten hinterlassen hatten).

In ihrem Dankeswort betonte Merkel, dass sie in der Freiheitsmedaille ein Zeichen der hervorragenden deutsch-amerikanischen Partnerschaft sehe. Beide Länder setzen sich gemeinsam für Frieden und Freiheit ein. Im Wissen um die Spionage, die der NSA in Deutschland betreibt und auch die Kanzlerin abhört, dürften diese Reden wohl als unsinnig gelten.

Das ebenfalls US-amerikanische Time Magazine wählte Merkel zur »Person des Jahres«. Das Blatt begründete die Entscheidung wie folgt:

»Die deutsche Kanzlerin, deren Regierungsarbeit geholfen hat, ein offenes Europa im Angesicht wirtschaftlicher Verwerfungen und der Flüchtlingskrise zu bewahren und voranzutreiben, ist die Person des Jahres 2015.«

Im Kampf gegen die Pleite Griechenlands, in der Flüchtlingskrise und nach den Pariser Terrorattacken habe sich die 61-jährige deutsche Kanzlerin engagiert.

»Bei Merkel schwang ein anderer Wertekanon – Menschlichkeit, Güte, Toleranz – mit, um zu zeigen, wie die große Stärke Deutschlands zum Retten, statt zum Zerstören genutzt werden kann. Es ist selten, einen Anführer bei dem Prozess zuzusehen, eine alte und quälende nationale Identität abzulegen.«

Die Sicht der Amerikaner überrascht, auch angesichts der Postulanten, die sonst zur Wahl standen, wie IS-Anführer Abu Bakr al-Baghdadi, der Platz 2 belegte, US-Präsidentschaftskandidat Donald Trump, der es auf den 3. Platz schaffte, die Aktivisten von BLACK LIVES MATTER, der iranische Präsident Hassan Rouhani, Uber-CEO Travis Kalanick und Caitlyn Jenner.

Noch weniger durchsichtig wird die Bedeutung dieser Auszeichnung, bei einem Blick in die Vergangenheit. Adolf Hitler bekam den Titel 1938, weil er Deutschland gleichgeschaltet und Europa verändert hatte; 1953 wurde Konrad Adenauer mit dem Titel geschmückt, weil er als Kanzler Deutschland in den Kreis der Nationen zurückgeführt hatte; 1970 wurde Willy Brandt geehrt, weil er als deutscher Kanzler die Aussöhnung mit den osteuropäischen Ländern angestoßen hatte. Und nun Angela Merkel. Sie gilt als »Kanzlerin der freien Welt«, wie es der Titel der Doppelausgabe, vom Dezember 2015 verrät – Menschen für Demo-kratie fragen, wo es diese freie Welt gibt. Die hätten wir nämlich gern.

Der Titel »Person des Jahres« wird seit 1927 vergeben. Angela Merkel ist die vierte Frau, die ihn erhält. Regierungssprecher Steffen Seibert sagte auf der zugehörigen Pressekonferenz, er sei sich sicher, dass die Kanzlerin die Wahl *»als Ansporn in ihrer Arbeit«* empfinde.

Wir wissen nicht, was Angela Merkel unabhängig dieser offiziellen Verlautbarungen von Preisen und Titeln hält. Gemäß eines Gutachtens des Psychoanalytikers Hans-Joachim Maaz, Chefarzt der Psychotherapeutischen und Psychoanalytischen Klinik des Evangelischen Diakoniewerks Halle, ist Merkel als »*narzisstisch*« anzusehen. Die Kanzlerin habe, so Maaz: »*keine reale Führungsstärke.*« Er bescheinigt ihr zudem »*ein Selbstwertdefizit, eine Minderwertigkeit und eine Unsicherheit.*« Das »*narzisstische Grundproblem*« Merkels führe zu einem »*künstlich aufgeblasenen Selbstbild.*« Der Experte meint: »*Man muss fürchten, dass Merkel selbst glaubt, sie sei die mächtigste Frau der Welt.*«

Mit offenen Armen – Flüchtlinge in Deutschland

Die syrische Protestbewegung fordert seit 2011 den Sturz der Regierung unter Präsident Baschar Hafiz al-Assad (kurz: Baschar al-Assad), jenem Generalsekretär der syrischen Baath-Partei, der im Jahr 2000 auch Staatschef wurde.

Die »Baath-Partei« in Syrien, auch »Arabische Sozialistische Baath-Partei«, ist der syrische Splitter der gesamtarabischen Baath-Partei. Sie gilt als Verschmelzung nichtsunnitischer mit sozialistischen Anschauungen, die im Jahr 1947 (7.4.) durch Vereinigung der beiden Bruchstücke gegründet wurde, die aus Syrien bzw. dem Irak stammen. Nach etlichen Teilungen, Uneinigkeiten, Korrekturen, wechselten die Ziele der Partei, die im gesamten arabischen Raum Anhänger hatte, von kleinbürgerlichen Vorstellungen hin zu nationalistischen Ideen, um im Parteiprogramm: »Einheit, Freiheit, Sozialismus« zu müden.

Entsprechend ihrem nationalistisch-laizistischen Programm forderte die Baath-Partei die Einheit (des arabischen Vaterlandes), Freiheit (also Unabhängigkeit von Kolonialmächten, wie Frankreich), vor allem aber bürgerliche Rechte und, im Sinne eines islamischen Sozialismus', die Vereinigung Syriens mit Ägypten zur »Vereinigten Arabischen Republik« – das war in den 60er Jahren. Seither erlebte der arabische Raum zahlreiche Auseinandersetzungen, bei denen es um religiöse Ansprüche oder Gebietsansprüche ging. Die Vereinigung der Araber zu einer Republik wurde wieder und wieder vor allem durch Machtansprüche des Militärs oder durch militärisch operierende Regierungen verhindert.

Seitdem in Tunesien im Jahre 2010 Proteste gegen willkürlich handelnde (Militär-) Regierungen begannen, die sich schnell in alle Nachbarländer (Ägypten, Libyen, Jemen, Marokko, Jordanien, Bahrain) ausbreiteten, und es einige der Freiheitskämpfer sogar erreichten, die Regimes zu stürzen, kommt es auch in Syrien zum Bürgerkrieg. Damit dort der Sturz der Regierung verhindert wird, gehen präsidententreue Sicherheitskräfte mit brutalen Mitteln gegen Oppositionelle vor. Unzählige werden verhaftet, gefoltert, getötet. Millionen Menschen verlassen ihre Heimat. Sie werden von verschiedenen Menschenrechtsorganisationen auf mehr als 10 Millionen geschätzt.

Im Durcheinander der Mächte, verfolgt eine Organisation eigene Pläne. Mittlerweile nennt sie sich der »Islamische Staat«, kurz: IS (auch ISIS, ISIL, ISIG); 2003 gegründet als terroristisch agierende sunnitische Miliz mit zehntausenden Mithelfern. Dabei handelt es sich um eine fundamentalistische Organisation, die das Ziel hat, einen Gottesstaat (Kalifat) im Nahen Osten zu errichten, was die Länder Syrien, Irak, Libanon, Israel, Palästina und Jordanien meint. Es gelten die Gesetze der Scharia.

Der IS entstand während der Zeit des 2. Irak-Kriegs, der am 20. März 2003 mit der Bombardierung ausgewählter Ziele in Bagdad begann und zur Eroberung der Hauptstadt und zum Sturz des irakischen Staatspräsidenten Saddam Hussein führte. Nach Husseins Festnahme erklärte US-Präsident George W. Bush den Krieg am 1. Mai 2003 für beendet. Jene Monate gingen als völkerrechtswidrige Militärinvasion der USA, Großbritanniens und der sogenannten Koalition der Willigen in die Geschichtsbücher ein; dagegen formierten sich diverse Gruppierungen, die sich gegen die amerikanische Besatzung und den neuen irakischen Staat richteten. Eine dieser Gruppen nannte sich Al-Kaida; eine andere IS, beide wurden durch Terrorakte und Attentate bekannt.

Die Situation für die syrische Bevölkerung ist inmitten den Kämpfen zwischen IS und der Regierung in Damaskus unerträglich geworden. Was als Kampf gegen Unterdrückung und Not begann, endet nach Einmischung einer Terrororganisation als Flucht. Gemeinsam mit Menschen aus dem Irak oder dem Iran landen sie in Deutschland.

Wieder und wieder gibt es Berichte, die belegen, dass die USA an den Verwirrungen des arabischen Raums und der unerbittlichen Reaktion diverser islamistischer Gruppierungen nicht unschuldig sind, also die Flüchtlingsströme verschuldet haben, die in Nordeuropa landen.

Der amerikanische Journalist Seymour Hersh beschrieb in seinem Artikel »The Redirection« (The New Yorker, Ausgabe vom 5.3.2007), wie die USA marodierende Banden unterschiedlicher Couleur für ihre Zwecke manipulierten. Hersch belegte, wie die USA die Organisation Al-Qaida missbrauchte, während der amerikanischen Besatzungszeit, die irakische Bevölkerung zu spalten und gegeneinander aufzuhetzen, um die Entstehung einer vereinigten schiitisch-sunnitischen Front gegen die USA zu verhindern. Das ging so weit, dass Saudi-Arabien Söldner finanzierte, die aus der gesamten sogenannten MENA-Region stammten (MENA=Middle East & North Africa; bezeichnet die Region von Marokko bis zum Iran). Über die Türkei, obgleich diese in der NATO ist, oder gerade deswegen, wurden jene Terroristen mithilfe der späteren syrischen Opposition über syrisches Territorium bis in den Irak geschleust.

Der Autor F. William Engdahl beschreibt in seinem Buch »Amerikas heiliger Krieg. Was die USA mit dem Krieg gegen den Terror wirklich bezwecken«, dass die sogenannten Unruhen im arabischen Raum »*eine Zusammenarbeit westlicher, vornehmlich US-amerikanischer Geheimdienste mit islamistischen Dschihad-Organisationen*« sind.

Der sogenannte Krieg gegen den Terror, den US-Präsident Bush nach den Anschlägen auf das World Trade Center als »*Kreuzzug*« ankündigte, ist tatsächlich ein Krieg gegen den Islam. Engdahl kommt zu dem Schluss, dieser zum Kreuzzug stilisierte Kampf Mittel zum Zweck sei bei einem viel wichtigeren Vorhaben:

»*Amerika sieht seine Vormachtstellung in der Welt bedroht. Die Nuklearmacht Russland, das aufstrebende China und das zusammenwachsende Europa beginnen den USA den Rang abzulaufen. Amerika hat den »heiligen Krieg« deshalb auch nach Europa getragen. Amerika hat einen »eurasischen« Gegner ausgemacht. Und es nutzt den Islam, um gegen ihn vorzugehen. Das Kalkül: Die USA forcieren den Krieg gegen den Islam. Sie schüren damit den Hass von Muslimen auf die nicht-islamische Welt – und den Hass unter den Muslimen selbst. So wird es zu Kriegen und Terrorakten kommen, die die Länder in Asien und Europa destabilisieren und Amerika einen Vorwand liefern, Stützpunkte in verschiedensten Staaten zu errichten.*«

Wie Seymour Hersh im Jahr 2007 Unruhen und Terrorakte vorhersah, so prophezeit F. William Engdahl, dass es »*bei diesen Aktivitäten nicht bleiben wird. Amerikas Machtelite hat sich auf einen langen Krieg eingestellt.*« Es ist fraglich, wie Kanzlerin Angela Merkel angesichts dieser Entwicklungen Flüchtlinge aus jenen Gebieten in Deutschland aufzunehmen gedenkt und sie »*nach Beendigung des Krieges*« in die Heimat zurücksenden will.

Auf dem Landesparteitag der CDU Mecklenburg-Vorpommern sagte die Kanzlerin am Sonnabend, den 30. Januar 2015:

»*Nahezu keiner der zu uns Kommenden bekommt einen Asylanspruch, sondern alle bekommen einen zeitweiligen Schutz nach der »Genfer Flüchtlingskonvention«, oder einen subsidiären Schutz, der nochmal darunter liegt. Dieser Schutz der »Genfer Flüchtlingskonvention« ist auf drei Jahre befristet. Sie erinnern sich an den Jugoslawienkrieg, damals waren eine halbe Million Menschen zu uns gekommen. 70 Prozent davon sind wieder zurückgegangen. Und wir müssen bei allem, was wir bei der Integration machen müssen, ich bin dafür, wir wissen ja nicht genau, wann ist der Syrienkrieg zum Beispiel zu Ende, wann der IS im Irak besiegt, müssen wir den Menschen aber auch sagen, es ist ein temporärer Aufenthaltssatus. Wir erwarten, dass, wenn wieder Frieden in Syrien ist und wenn der IS im Irak besiegt ist, dass ihr auch wieder, mit dem Wissen, was ihr jetzt bei uns bekommen habt, in eure Heimat zurückgeht.*«

Wenn Merkel im Rahmen der »Genfer Flüchtlingskonvention« handeln und eine übermenschliche Mitmenschlichkeit erkennen lassen will, tauchen, neben der Frage, wo die Menschen untergebracht werden sollen und was sie denn in unserem Land lernen sollen, vor allem rechtliche Fragen auf. Der Schutzstatus für Flüchtlinge endet laut der den im sogenannten Aufenthaltsgesetz implementierten EU-Richtlinien, wenn die Gefahr für Leib und Leben in Form von politischer, rassistischer, ethnischer und religiöser Verfolgung nicht mehr gegeben ist. So z. B. durch Beendigung des Krieges. Anerkannte Asylbewerber stehen nach dem Grundgesetz für drei Jahre unter Schutz, dies gilt auch für Flüchtlinge (gemäß der Genfer Konvention) – im Rahmen der sogenannten subsidiär Schutzbedürftigen gilt dies für ein Jahr.

Obgleich der Status der Flüchtlinge aus Syrien und benachbarten Ländern, jederzeit vom Bundesamt für Migration und Flüchtlinge geprüft werden kann und dies auch bedeutet, dass Auswanderer, die beispielsweise straffällig geworden sind, den Schutzstatus aberkannt bekommen, heißt jedoch nicht, dass diese Flüchtlinge Deutschland auch verlassen müssen, wenn Syrien wieder bewohnbar sein sollte. Darüber entscheiden die Ausländerbehörden (Aufenthaltstitel). Das bedeutet auch, dass unklar bleibt, wer in sein Heimatland zurückmuss, sollte dort der Krieg beendet sein, denn wer in Deutschland heiratet, Kinder bekommt und Arbeit gefunden hat, wird schwieriger zurückzuschicken sein. Es ist allerdings klar, dass die Masse derer, die zu uns kamen, Besseres zu tun haben, als in einem Bankrottland darauf zu warten, bis hier der Krieg ausbricht, den die Eurokrise verursachte. Vielleicht ist es gut, Freunde zu finden, denn wer weiß, wann wir unter Umständen gezwungen sind, nach beispielsweise Syrien zu flüchten.

Jene Fremden, die in heutiger Zeit zu uns kommen, bekommen andere Bedingungen als jene, die aus Jugoslawien flohen. Sie bekamen sogenannte humanitäre Aufnahmekontingente. Diese erleichterten es den Behörden, den Großteil der damals 350.000 Flüchtlinge zurück zu schicken; die über eine Million Flüchtlinge, die der aktuellen Welle angehören, erhielten den Schutzstatus ohne individuelle Prüfung, aber als individuelles Schutzrecht.

Dieser Unterschied wirft die Frage auf, ob die Pläne der US-Eliten, einen langen, zerstörerischen Krieg gegen den Islam zu führen und die Pläne Angela Merkels, mehr Flüchtlinge, zu unbekannten Kosten, aufzunehmen, dazu führen, dass Deutschland sich auch auf diese Weise als Kriegsteilnehmer beteiligt und den USA den Rücken freihält. Das bedeutet vielleicht auch, dass Merkel mit ihrer Rede auf dem jüngsten CDU-Landesparteitag Kritiker beschwichtigen wollte, jedoch keinen Plan hat, wie sie im Banne der USA handeln soll. Es ist klar, dass durch die sogenannte Flüchtlingskrise allein Vorteile entstehen, die der deutschen Parteipolitik und den US-Eliten nützt: Angela Merkel kann mit den (hohen) Versorgungskosten für die Flüchtlinge rechtfertigen, dass die einstmals von Finanzminister Wolfgang Schäuble gepriesene sogenannte »Schwarze null« (also keine Neuverschuldung des Landes, die auch ohne Flüchtlinge unmöglich war) erledigt ist. Den US-Eliten nützt der Krieg auf den Konten Europas, denn das stärkt die Abhängigkeit der Deutschen an die USA (TTIP). Damit bleibt Deutschland der beste Förderer und Stützer der maroden Staatshaushalte der Euroländer, aber auch des ohnedies allein durch Geld drucken gestützten US-amerikanischen Haushalts. Das Deutschland von den USA auferlegte Konjunkturprogramm wird via TTIP dazu führen, dass Deutschland in den Zustand eines Sozialismus' zurückversetzt wird, der es wenigen Bonzen ermöglichen wird, zu agieren, aber vielen anderen kaum eine Möglichkeit zu leben lässt.

Merkels Rede beim Landesparteitag der CDU in Mecklenburg-Vorpommern zeigt: Entweder die Kanzlerin weiß nichts von den Plänen der USA-Eilten oder Merkel akzeptiert die Hintersinnigkeit der (angeblichen) Freunde und handelt in deren Interesse. Dann sind die Flüchtlinge gewollt, um ähnlich wie im arabischen Raum ungefragt und missbraucht, zugunsten der USA Unruhe und Unfrieden zu stiften. Merkel ist dann eine Doppelagentin.

Weg mit dem Euro

Österreich will den Euro verlassen. Die Griechen liefern sich seit Monaten einen Tanz um die Staatspleite, die die Hellenen als Rettung empfinden dürften, die Eurogemeinde (u. den IWF) aber nicht eintreten lassen will. Die Briten sprechen vom Brexit und erörtern, wann sie die EU verlassen. Zumindest haben sie keinen Anlass, länger an eine Rettung des Euro zu glauben und fordern Reformen, für die Premier David Cameron wirbt.

Ausreißer und Eurokraken stehen sich gegenüber. Noch haben die, die am Euro um jeden Preis festhalten, das Sagen. Das beschert uns allen täglich mehr und mehr Schulden, die jetzt schon untilgbar sind. Egal, wie Griechen, Österreicher oder Briten entscheiden – die Politik steht am Scheideweg. Zu keiner Zeit war es so wichtig, zu überlegen, die vermeintliche Rettung des Euro zum Preis von noch mehr Schulden in Schattenhaushalten, die irgendwann ausgeglichen werden müssen, zugunsten anderer Pläne zu beenden.

Der Euro müsste abgewickelt werden. Es müsste eine Insolvenzordnung für Staaten her. Es müsste eine unumstößliche Reichensteuer her, die etwas vom übermäßigen Kapital derer in die Staatskasse brächte, die darüber verfügen. Sie müssten verpflichtet und kontrolliert werden. Der Vorgang wäre zeitlich zu begrenzen. Politik müsste ihre Tricks und Rechtsverstöße offenlegen; dies müsste rechtliche Konsequenzen nach sich ziehen. Der Ausstieg aus dem Euro erfolgte für alle Euroländer über den gegenseitigen Schuldenerlass. Er erfolgte kontrolliert(er); es gäbe eine noch annehmbare Quote. Bestehende Kredite gegenüber Nettozahlern, wie Großbritannien oder Dänemark, müssten neu verhandelt und in Form von Krediten mit einer möglichen neuen Währung, die auf Deckung (bspw. Goldwertstandard) beruhte, abgegolten werden.

China z. B. kauft seit Jahren Unmengen an Gold, so viel, dass dies ein Viertel aller Goldkäufe in der Welt ausmacht. In China gilt Gold noch als eine Form der finanziellen Absicherung und Altersvorsorge. Der geringe Einkaufswert des Edelmetalls am Weltmarkt macht es den Goldkäufern im Augenblick besonders angenehm, das gilt für Private wie für den Staat China. Die goldgedeckte Währung Chinas, der Renmimbi Yuan, gilt als neue Weltwährung und wurde in den Währungskorb des IWF aufgenommen, in dem bisher Euro, US-Dollar, Yen und Pfund vertreten sind. Der Renmimbi ist nun die einzige gedeckte Währung dort. Klar, dass dies nicht ohne Wirkung auf die übrigen Scheinwährungen ohne Deckung bleibt. Anzunehmen ist, dass der Goldpreis in die Höhe schnellt; China neben wirtschaftlichen auch politischen Einfluss bekommt.

Was dies zu bedeuten hat bzw. welche Folgen dies für uns alle haben kann, bleibt im Bereich der Hypothese. Absehbar ist, dass die chinesische Volkswirtschaft aktuell Wachstumsraten aufweist, von denen Deutschland und sogar die USA träumen. Entspräche die chinesische Währung dem Goldstandard, dann verkämen alle Euroländer zu Billiglohnländern, die im Sinne der Wirtschaft Chinas zu handeln hätten. Davor könnten sich die westlichen Großmächte heutiger Zeit nicht einmal durch Freihandelszonen bzw. -abkommen schützen. Abgesehen davon, dass dem Menschen, der arbeitet und leben will, allein die Rolle als Arbeitstier zufällt. Auf diese Weise wäre der Neoliberalismus unserer Zeit mit seinen Verfallserscheinungen, wie der parlamentarischen Demokratie, die keinem Volk wirkliches Mitspracherecht einräumt, in eine Art Postfeudalismus verwandelt, der allein dafür lebt, dass jene, die viel haben, noch mehr bekommen – zu Lasten all derer, die einzig ihre Arbeitskraft anbieten können und darüber hinaus gezwungen sein werden, diese Arbeitskraft anbieten zu müssen. Eigentlich glaubten wir diese Zustände, die in vergangene Jahrhunderte gehören, überwunden zu haben, aber diese Zeiten sind zurückgekommen. Und sie betreffen Deutschland.

Andere Zahlungsmittel außer Gold könnten sein Auslandswährungen oder Tauschwerte aller Art oder Gutscheine. Dies beträfe dann alle Geschäfte, die dem täglichen Leben entsprechen. Festkosten, wie Mieten oder andere Dauerzahlungen, liefen über das Konto, die Zigarette für den Morgenkaffee würde eingetauscht. Ach ja, Kioske gäbe es dann nicht mehr, denn für die wäre der Umstieg auf Bargeldlos zu teuer. Damit verschwänden Kontaktzentren. Vielleicht erwünscht, denn überall, wo Menschen reden und zusammenkommen, könnten sie zur Bedrohung ihrer Herrscher werden.

Die Bargeldabschaffung zöge aber nach sich, dass die Zentralbanken an Einfluss verlören. Notenbanken erwirtschaften ihre Gewinne zu einem großen Teil mit dem Drucken von Banknoten und dem Prägen von Münzen. Dabei sind die Gewinnmargen groß, denn ein Euro-Schein hat zum Beispiel Produktionskosten von durchschnittlich acht Cent. Die Differenz zum aufgedruckten Wert ist der Gewinn der Zentralbank, denn sie liefert die Scheine an Banken aus, die ihr dann den Geldwert schulden. Der Staat verlöre damit ebenfalls, denn er ist an den Gewinnen der Zentralbanken beteiligt. Diese würden bei Abschaffung des Bargelds sinken. Das Spiel liefe dann andersherum: Die Banken müssten Politik um Geld bitten. Und wie Politik so ist, verbände sie Handlungsanweisungen mit solchen Gesprächen. Die Notenbank verlöre also ein Maß an Unabhängigkeit, die sie ihren Statuten nach hat, die aber im Zuge der vermeintlichen Eurorettung längst verloren gegangen ist. Immerhin aber nicht zu Ungunsten der Banken, weshalb diese mitspielen. Gewänne die Politik aber derart bei Bargeldabschaffung an Einfluss, müssten die Banken ihre Statuten ändern. Da nicht anzunehmen sein kann, dass Banken derartige Vorschriften zu ihren Ungunsten annehmen, würden sie die Negativ-Zinsen erhöhen, um die Differenz auszugleichen. Außerdem könnten Banken theoretisch unendlich viel

Geld schaffen, wie es der berühmte Ökonom John Maynard Keynes in seinem Buch »Vom Gelde« schon vor 80 Jahren prognostizierte.

Dahinter steht die sogenannte Geldschöpfung, mit der Banken Geld verdienen. Sie verleihen ihr Geld an Unternehmen und Privatpersonen und nehmen dafür Zinsen. So vermehren sie die Einlagen der Kunden und das von der Zentralbank geliehene Geld. Bargeld verkleinert das Kreditvolumen, denn das Geld, das die Bankkunden als Scheine und Münzen mit sich herumtragen, kann die Bank nicht verleihen. Wenn nur noch bargeldlos gezahlt würde, läge das Geld hingegen immer bei den Banken, die daher mehr Kredite vergeben könnten. So wächst in der Theorie die Geldmenge, und es kommt zu Inflation. In Zusammenhang mit der ohnehin durch den Wertverlust des Euro entstehenden Inflation, führte die Abschaffung des Bargeldes zu einer Hyperinflation unbekannten Ausmaßes. Um dies zu verhindern, müsste die Zentralbank den Betrag erhöhen, den die Banken bei jedem vergebenen Kredit bei der Zentralbank hinterlegen müssen, die sogenannte Mindestreserve. Niemand kann dieses Geld verleihen; die Zentralbank kann die Geldschöpfung bremsen.

Ebenfalls nicht unbeachtet werden darf, dass die Transaktionskosten bei allen Bargeldloszahlungen nicht so gering sind, wie angenommen. Zudem müsste ein elektronisches Zahlungssystem ständig weiterentwickelt und sicher gehalten werden. Das ist kaum preiswert, zudem ein Streit mehrerer Firmen darüber entbrennen dürfte, wer die beste, sicherste, schnellste Technik liefern kann. Der technische Fortschritt senkt kaum Kosten; zudem sind alle Computersysteme jederzeit angreif- und sogar zerstörbar.

Deutschland, das am meisten in die Rettungskasse versenkte, machte im Falle der Auflösung des Euro die meisten Miese – gegenwärtig 406 Milliarden Euro. Das entspricht mehr als einem Bundeshaushalt (Vgl. Haushaltsplan der Bundesregierung 2015). Demgegenüber stehen kaum privates Vermögen oder nennenswertes Staatsvermögen in Gold. Es wäre schwiwrig für die Regierung Merkel, zu erklären, warum der Euro gerettet wurde, obgleich er durch alle ergriffenen Maßnahmen unrettbar und unrettbarer wurde, und zugeben zu müssen, dass im Zuge dieser vermeintlichen Rettung Anlagen und Renten für etliche Generationen verschwunden sind. Dies diente zwar dazu, Ordnung auf die Konten eines Landes zu bringen, dessen Regierung bereit war, das Wohl mehrerer Generationen zu verspielen; ist aber nicht zu erwarten. Denn dies setzte ein Maß an politischer Verantwortung voraus, die sich in über 65 Jahren Bundesrepublik (inkl. Annexion der DDR) nicht zeigte.

Aus dieser Sicht kann Politik, die ihr Versagen und ihre Lügen weiterhin vertuschen will, allein auf dem Weg bleiben, den sie beschritten hat. Ein Weg, der mehr Schulden mit sich bringt, dazu letztlich den Crash. Die Regierung muss dafür weiterhin das Geld von Anlegern, Rentnern und Steuerzahlern durch Mini- oder sogar Minuszinsen missbrauchen, Verdienste und Löhne schmälern und Unterstützungsempfänger missachten. Die schlimmste Schwierigkeit der Regierung dürfte es dabei sein, ans Geld der Steuerzahler zu kommen. Aber der Staat muss mehr Geld einnehmen als all das, was Anleger, Rentner, Steuerzahler aufbieten können, obgleich dies die Schuldenlast nicht abbauen kann. Deshalb wurde diskutiert, einen »neuen Zehnt« einzuführen oder das Bargeld abzuschaffen. Jeder dieser Pläne käme einer Enteignung des Bürgers gleich.

Da sich Angela Merkel, die offenbar die Rettung des Euro zu ihrer Mission erklärte und leider auf einem Holzweg wandelt, nicht anschickt, Pläne gelten zu lassen, die das Experiment Euro beenden, wird sie auf dem Weg der Schuldenmehrung bleiben. Die nächste Station auf diesem Weg wäre die Abschaffung des Bargeldes. Dazu die Einführung von Minuszinsen. Dazu das Vertuschen tatsächlicher Inflation, denn die drückte sich ja in der Zeit der letzten Weltwirtschaftskrise in den 1920er Jahren, besonders durch riesige Geldscheine aus, die mancherorts sogar gewogen wurden, weil das Papier mehr wert war, als die darauf gedruckten Zahlenwerte.

Vielleicht mag eine solche Entscheidung des Zeitalters der Technik angemessen ein; sie vertuschte aber in erster Linie und verhülfe Parteipolitik dazu weiterhin zu lügen und aufgrund dieser Lügen handeln zu können.

Minuszinsen würde die EZB sofort dann erheben (können), wenn die (eigentlich) unerlaubten Ankäufe maroder Staatsanleihen (monatlich Schrottpapiere für 60 Milliarden Euro) im September 2016 beendet sein werden und keine Linderung bringen. Damit verschwände die Diskussion um mögliche Abgaben, um mögliche Höhen der Abgaben gestaffelt nach dem Kontostand, denn die Minuszinsen schwemmten ganz automatisch einen bestimmten Betrag in die Staatskasse. Und dieser wäre dann sogar nach Kontostand gestaffelt – wer mehr auf dem Konto lagert, zahlt mehr.

Dies entspräche der verrückten Logik, der das ungesunde Wachstum der Wirtschaftskraft der westlichen Staaten der letzten 20 Jahre entspräche und der Unlogik der Eurorettung, wäre aber ein gangbarer Weg für die Regierungen aller Euroländer und der USA. Verschwände das Bargeld, würde eine Insolvenzordnung obsolet, Kontobewegungen wären dann allein von denen zu kontrollieren, die unser Leben bestimmen – die Banken, die dann die totale Kontrolle über jeden einzelnen Bürger hätten. Wieder ein Gewinn für 80 Menschen auf der Welt, die die restlichen knapp 7 Milliarden kontrollieren. Wieder ein parteipolitisches Versagen, wieder ein Rechtsbruch und ein Täuschungsmanöver.

Vielleicht würde die Abschaffung des Bargeldes einen Nerv treffen. Wer nutzt heute noch gern Münzen und Scheine? Die Studie »Zahlungsverhalten in Deutschland« der Deutschen Bundesbank zeigt: Bargeld ist noch immer das meistgenutzte Zahlungsmittel. Ältere Menschen, die lieber mit ihrem Bankangestellten sprechen als an Automaten Knöpfe zu drücken, sind zwar zahlenmäßig viele, gelten aber als wenig zeitgemäß. Automaten, die nur Bargeld akzeptieren, wie Parkuhren, Kartenautomaten der Deutschen Bahn oder einiger innerstädtischer Verkehrsbetriebe, nerven. Es ist unverständlich, warum sie nicht mit Abbuchungen von Geldkarten arbeiten können. Die Schweden jedenfalls argumentierten so, als es 2010 darum ging, sich vom Bargeld zu trennen. Drei Jahre später stellten schwedische Banken, wie die »Swedbank«, den Bargelddienst in den Filialen ein. Die Banken warben damit, dass Kreditkarten das Zahlen sicherer machen. Mit der Abschaffung des Papiergeldes könnten Schattenwirtschaft und Kriminalität besser bekämpft werden, argumentieren Wissenschaftler. Obendrein hätten Zentralbanken mehr Spielraum, die Geldmenge zu steuern und die Konjunktur zu beflügeln. Kritiker befürchteten, dass vor allem die Banken profitieren und Kunden völlig berechenbar würden. In Schweden, einem wirtschaftlich noch gesunderem Land und vor allem vom Euro mehr oder weniger unbelastet, mag dies so sein. In der Bankrottgemeinde um den Euro wäre der Bann des Bargelds vor allem ein Gewinn für die Hochfinanz. Sie könnte endlich über unsere Konten bestimmen, wie es ihr beliebte; Kontenbewegungen wären für den Normalbürger kaum mehr beeinflussbar.

Mit Bargeld bezahlen zu können, ist also eine Freiheit, die uns darüber bestimmen lässt, wann wir was bezahlen. Diese an die Hochfinanz abzutreten, ist sträflich. Diese durch Politik verraten zu sehen, ein Vertrauensbruch.

Wären die Konten aller Bürger allein durch die Hochfinanz kontrollierbar, schlösse dies mögliche Sonderabgaben zur weiteren sinnlosen Rettung des Euro ein, die die Regierung Merkel (und deren Nachfolger) jederzeit erheben könnten. Dagegen wehren könnte sich kaum ein Bürger. Außerdem wäre auf diesem Weg die Möglichkeit verbaut, dass Menschen, die noch Geld auf der Bank haben, dieses in wenigen Klicks um die Welt zu anderen Banken schicken könnten. Die Eurorettung beruhte in ihrem Ansinnen darauf, Sparer und Vermögenswerte im Land zu halten und Steuer- und Kapitalflucht für den Normalbürger zu verhindern. Bleibt dem Normalbürger also, sein Geld in Gold zu tauschen.

Befreiung von der Parteiendiktatur

Nach dem II. Weltkrieg waren Nationen und Völker daran interessiert, die Deutschen und deren Verbündete zu entnazifizieren. Es waren nicht alle Deutschen Nazis, aber diejenigen, die sich Verbrechen schuldig gemacht hatten, mussten bestraft werden. Die unbekannte Zahl der Toten, Verletzten und Leidenden musste irgendwie behelfsmäßig, ersatzweise gesühnt werden. Dass Deutschland diese Schuld nicht verlieren wird, ist klar, schlimm genug, das sich die deutsche Regierung schon wieder schuldig macht.

Die Verbrechen heute sind die Entwertung des Euro und die damit verbundene Verarmung der Deutschen und anderer Eurostaaten. Das Verbrechen besteht auch darin, dass Banken und Staatshaushalte zu einer Einheit vermisch wurden, einzig und allein darauf ausgerichtet, die Staatsinsolvenz zu verschleppen und den Bürger für Ausfälle und die Aufnahme neuer Kredite bezahlen zu lassen. Der Betrug, der mit dieser Praxis einhergeht, die Überwachung des Bürgers und die Kontrolle all seiner finanziellen Tätigkeiten, wird mehrere Generationen von Historikern beschäftigen und wie einst nach dem 2. Weltkrieg zu der Frage führen: Wie war das möglich?

Die Diktatur der Parteien, der Krieg auf den Konten, die Angst der Politik vor dem Bankrott und davor, dass der Bürger sein Konto leerräumt – in Deutschland alles gegenwärtig. In unserer Medienwelt läuft dieser Betrug, so wie zu Hitlers Zeiten Antisemitismus, Rassenwahn und Kriegslust tobten, ganz nebenbei. Die Presse berichtet nicht aufklärerisch, die Jurisprudenz urteilt nach parteipolitischen Interessen. Am Ende werden Tote übrigbleiben. Viele Tote. Arme Menschen und Menschen ohne Perspektiven sterben früher und qualvoll. Das alles im Sozialstaat Deutschland, der unter der »Charta der Grundrechte der Europäischen Union« die Wahrung der Menschenrechte an höchste Stelle hebt. Die Schuldigen dieses Krieges sind wieder Politiker, die in Selbstüberschätzung handeln und im Irrglauben daran, das politisch Richtige zu tun.

Wie werden wir sie bestrafen? Und was wird dem folgen – wie werden wir ausschließen, dass es wieder solche Verrückten sind, die die Angelegenheiten des Staates gegen das Volk führen? Wie schuldig sind die, die diese Politik machten; wie schuldig diejenigen, die sie ertrugen?

Diese Fragen können wir nicht beantworten. Wir können aber hoffen, dass durch unsere Arbeit Viele mehr ins Nachdenken kommen und Politik wieder zur Diskussion steht – entgegen dem Dauerschlaf, den Merkel dem Volk verordnete und auf diese Weise ihre Diktatur führt. Die Diktatur des Kleinhaltens, des stumpfen Glaubens und des Schlafes. Angela Merkel hat keine Kinder, aber das, was sie diesem Volk hinterlässt und seinen Kindern und Kindeskindern, wird Trauer, Schuld und Angst sein. So wie es Hitler schaffte, der im Übrigen auch keine Kinder hatte und ein Muttersöhnchen war, der Angst hatte vor dem Vater; ebenso wie Angela Merkel, deren Vater sein Kind nicht liebte.

Die Geschichte hat zweierlei gelehrt – durch Volkes Mitbestimmung und Fehlleitung sind ungeheuerlich viele Menschen gestorben; dadurch, dass das Volk nicht mitbestimmte, sondern Parteipolitik das Heft führte, werden Millionen sterben. Beide Wege reichten nicht zum Wohle des Volkes.

Der geordnete Ausstieg

Seitdem EZB-Chef Mario Draghi die Zinsen auf fast null setzte, wird Europa von billigem Geld überflutet; seit Wochen kauft der Chef der einzigen europäischen Bad-Bank Staatsanleihen, um Europa aus der Krise zu helfen. Dieses Spiel wird bis September 2016 dauern. Es ist eine Art Wettrennen. Zwei Ergebnisse sind möglich: Verlust des finanziellen Wohls Euro-Europas oder Crash. Allein schon mit diesem Wissen, muss Politik endlich Alternativen zur Dauerverlustwährung erarbeiten.

Das Spiel ist gewagt, auch wenn es mit Griechenland eine Einigung gibt, denn das frische Geld kurbelt nicht unbedingt die Konjunktur an, wie es sich Politiker wünschen, um an der Macht zu bleiben und den Traum vom Vereinigten Europa weiterträumen zu können. Wachstum soll entstehen, davon predigen Politiker in allen Euroländern. Banker, insbesondere Notenbanker, sprechen von Geldspritzen, so der Chef der EU-Kommission Jean Claude Juncker, der mit einem Wirtschaftsprogramm Europa auf die Beine helfen will, das aber keinen Effekt haben dürfte, weil die Zinsen längst den Wert unterschreiten, da derartige Projekte eine reine Umverteilung von unten nach oben sind, zudem Nachteile für Arbeitnehmer fördern. Nach Auffassung von Menschen für Demo-kratie ist eine solche Politik nicht länger hinnehmbar, weil sie ein Betrug an den Bürgern ist.

Der scheinbare Rechtsschutz für die Bürger wurde im Zuge der vermeintlichen europäischen Geschlossenheit ausgehebelt, ebenso das Budgetrecht der deutschen Parlamentarier (via ESM), die allein über den Staatshaushalt entscheiden sollten. Der Bundestag verkam auf diese Weise zu einem Gespensterkabinett, das vom Steuerzahler teuer bezahlt wird, aber keine Entscheidungen im Sinne des Steuerzahlers trifft. Alle Staatsgewalten wurden ausgeschaltet oder mit Puppen besetzt, die im Sinne des Puppenspielers tanzen.

Dass derartige Schachzüge überhaupt möglich waren, belegt, dass Deutschland nie eine Demokratie war, aber kein Rechtsstaat. Gleich nach dem 2. Weltkrieg wurde die Mitbestimmung des Volkes an politischen Entscheidungen unrechtmäßig ausgeschaltet und sogar im Grundgesetz verankert. Dadurch wurde alles Grundrecht zur Farce, die es den Alliierten, allen voran den USA, gestattete, sich nach Belieben an dem zu bereichern, was Deutschland produzierte. Die Bürger des Landes, wie die Parteien des Landes konnten keine Identität finden oder erlernen, ihren Staat als einen zu führen, der Krieg für alle Zeiten ausschließt. Es wurde kein Deutschland geschaffen, das ein Deutschland der Deutschen ist. Nach Übernahme der DDR wurde keine Verfassung geschaffen, die beide Staaten verbindet und Deutschland als den demokratischen Staat in der Welt ausweist, der

Deutschland sein müsste, um endlich seinen Bürgern gerecht zu werden. Deutschland blieb an den Puppenspieler USA gebunden. Kein deutsches Staatsoberhaupt vermochte es, sich diesem Einfluss zu entziehen oder wagte es, dagegen aufzubegehren und die Strippen zu durchtrennen.

Die amerikanischen Freunde haben sich nicht als solche erwiesen. Sie haben sich als Lügner gezeigt, die deutsche Politik ummünzten. So wurde ein Volksbetrug möglich, der in über 60 Jahren Deutschland seit dem Ende des 2. Weltkrieges verschleppt wurde, der von keinem deutschen Staatsoberhaupt berichtigt oder gar beseitigt wurde. Menschen für Demo-kratie meinen, gerade dies ist unfassbar und endlich abzuschaffen.

Amerikanischen Verantwortlichen diente Deutschland als Militärbasis zur Zeit des Kalten Krieges und als Drehscheibe, um vor allem geschäftliche Interessen durchzusetzen. In heutiger Zeit, in der die USA nicht nur den deutschen, sondern den europäischen Markt kontrollieren und benutzen, erreichten sie dies über den deutschen Korridor. Angela Merkel verstand es nicht, den Amerikanern deutlich zu machen, dass Europa kein Marktplatz sein kann, auf dem amerikanische Marketender, allen voran Hedgefonds Manager, ihr Unwesen treiben dürfen. Im Gegenteil: Seitdem das EU-Parlament das TTIP durchwinkte, trotz großer Proteste seitens der Völker, ging der Plan der Amerikaner auf. Sie werden Handel und Geldfluss in Europa bestimmen.

Die Hörigkeit deutscher Kanzler gegenüber der amerikanischen Hochfinanz, vertreten durch deren politische Strohmänner, also den Präsidenten, mag eine lange Tradition haben. Sie beruht auf dem Irrtum, dass die Amerikaner den Deutschen helfen wollten, sich von Krieg und Totalitarismus zu befreien. Geschickt ersetzten die vermeintlichen Helfer die Hilfe für Deutschland durch die Droge Geld, an die sie das deutsche Schicksal banden, um meistmögliche Gewinne aus der Abhängigkeit zu schlagen. Sie erreichten es sogar, dieses Prinzip auf Europa auszudehnen – wie gesagt, mit deutscher Hilfe.

Wir wissen nicht, wie einfach es war, deutsche Kanzler für dieses amerikanische Konzept der Täuschung zu gewinnen. Schmeichelei der Eitelkeit mag eine Rolle gespielt haben, sie mag vor allem bei emotional einfach strukturierten Personen, wie Helmut Kohl gewirkt haben; die Amerikaner brachten ihr Konzept durch, weil deutsche Kanzler kein Rückgrat haben bzw. weil sie lernten, es nicht vorzuzeigen oder weil dieses in parteipolitischen Spielchen zerrieben wurde. Zeigen sie es dennoch, so werden sie bedroht oder unter Druck gesetzt. Stets wurde so entschieden, wie es der Hochfinanz beliebte.

Im Falle Angela Merkels besiegelte die deutsch-amerikanische Freundschaft eine Medaille, die schon dem Ego Kanzler Kohls schmeichelte. Der eine Kanzler reichte seine Ehre via Dünkel her; Angela Merkel war leichter zu fangen. Sie bekam etwas, das Kohl auch hatte, insofern stand sie dem in Nichts nach. Schnell war der Amtseid vergessen, waren politische Pläne vergessen, vor allem die Pläne, dem Volk zu nützen. Die USA erreichten es, dass Kanzlerin Merkel, die angeblich so klug ist, schnell bereit war, sich dem amerikanischen Dogma zu beugen, mehr noch, zu glauben, sie habe politischen Einfluss. Ihre Verantwortung für Deutschland blieb dabei auf der Strecke; ihre politische Verantwortung konnte sich gar nicht entwickeln. Sie reichte dazu, jenes Europa mitzugestalten, das sich die USA wünschen – eins, das dem amerikanischen Markt, also vor allem der Hochfinanz dient. Auf diese Weise wurde der Konflikt mit Griechenland beendet. Obwohl die deutsche Kanzlerin längst jeden Einfluss auf die wirklich großen Spiele in der Politik verloren hat, durfte sie dem deutschen Volk auf Geheiß US-amerikanischer Politiker, weitere Schulden bescheren. Die deutsche Presse mag sie als Heldin feiern, die US-amerikanischen Marketender haben, was sie wollen: Die Droge Geld wirkt. Sie wirkt ab jetzt beständig auf ganz Europa. Die Droge Geld – die maroden Staatshaushalte – sorgen für ausgiebige Renditen der US-amerikanischen Geldhändler und anderer.

Die Haushaltslage Europas wurde durch falsche Amtsführung und falsche Lockmittel in den Ruin getrieben. Die Voraussetzung für ein gesund wirtschaftendes Europa zu Gunsten der Europäer wurde zerstört – die USA haben das Pfand der Politik, das Gesicht nicht verlieren zu dürfen; der Finanzmarkt orientiert sich daran und erholt sich nimmermehr.

Juncker müsste das wissen; Draghi müsste das wissen, und er müsste wissen, dass alle am Markt, sich nach einem Zins richten, der in der Zukunft liegt. Anstatt also den Wert der Zinsen zum aktuellen Zeitpunkt anzunehmen, üben sich Aktionäre, Makler, Lieferanten, Abnehmer, Unternehmer und Banker darin, mit Werten zu operieren, die künftig sein könnten. Sie wollen mit mehr Rendite rechnen dürfen. Ob diese eintritt, ist fraglich, um nicht zu sagen unmöglich. Denn das Ganze hat den Effekt, dass kein Geld in den Kreislauf fließt, weil die tatsächlichen Renditen nicht so verheißungsvoll sind, wie die erträumten, künftigen. Anstatt also weitere aus dem Nichts geschaffene und umverteilte Euro in den Markt zu pumpen, müssten die Unternehmen aufgerufen werden, ihr Geld zu investieren, damit wieder Bewegung in den Markt kommt.

Der britische Ökonom, Politiker und Mathematiker John Maynard Keynes (1883–1946) war der Erste, der diesen Effekt beschrieb und ihn »Liquiditätsfalle« nannte; demnach säuft der Markt regelrecht im Geld ab, aber der Aufschwung bleibt aus. Tritt dieser Effekt ein, so ist Europas Wirtschaft bald bankrott. Die Staatshaushalte sind es ohnedies – alle juristischen, zudem umstrittenen, Hilfen sind wirkungslos, weil Kredite, also Schulden, fortwährend mit Krediten, also Schulden, bekämpft werden.

Aufgrund dieser fast aussichtslosen Situation forderten schon etliche Wirtschaftswissenschaftler, ja Wirtschaftsverbände eine Wende. Am Montag, den 20. April 2015, verlangten laut dpa mehrere Spitzenverbände der deutschen Wirtschaft von der Bundesregierung einen Politikwechsel. Ziel müsse es sein, dass Arbeitnehmer auch in Zukunft gut, sicher und sozial gerecht leben könnten, zitiert die »Bild«-Zeitung aus einem Manifest, das unter anderem der Bundesverband der Deutschen Industrie, Arbeitgeberverbände und die Initiative Neue Soziale Marktwirtschaft unterzeichnet haben. Der bisherige Kurs der großen Koalition sei bestimmt von Regulierung, Bürokratie, Anspruchsdenken und Umverteilungsplänen, heißt es darin. In Zukunft müsse es aber wieder darum gehen, wie Wohlstand erwirtschaftet werde – nämlich durch eine Verbesserung der Infrastruktur, qualifizierte Zuwanderung und höhere Investitionen in Bildung, schreiben die Wirtschaftsverbände. Dabei lassen sie außer Acht, dass es die großen Unternehmen sind, die an der Börse gigantische Gewinne erzielen, allerdings, wie gesagt, davon kaum etwas in den Wirtschaftskreislauf fließen lassen. Hapert es an irgendetwas, sind die Unternehmen nicht bereit, dem Staat unter die Arme zu greifen, rufen aber nach Hilfe vom Staat, wenn das Unternehmen bedroht ist. Gerade in diesem Sektor ist das Gleichgewicht unrettbar verloren. Es sei denn, Unternehmen, Staat und Hochfinanz beenden endlich das Experiment Euro und denken über Reformen nach. Dazu sind mehrere Eingeständnisse und einige sofortige Schritte seitens der Politik nötig:

1. Der Euro ist gescheitert. Es ist an der Zeit, das Experiment zu beenden.

2. Schaffung einer Insolvenzordnung und Insolvenzvollstreckung aller Euroländer.

3. Sofortige Währungsreform in allen Euroländern.

4. Verzicht der Anwärterstaaten auf Übernahme des Euro als Währung; speziell für gilt Deutschland: Schaffung eines nicht auf Umlage basierenden Renten-und Vorsorgesystems.

5. Aussetzung der Staats- und Gemeinschaftsverträge den Euro betreffend, die eine derartige Reform behindern.

6. Neuwahlen in den einzelnen Euroländern, jedes Volk wählt eine neue Landesregierung ohne europäischen Bezug.

7. Planung über Verhandlungen, wie die Gemeinschaft künftig demokratisch, rechtlich sicher und wirtschaftlich den Menschen dienend, eingerichtet sein müsste, damit eine gesunde Gemeinschaft entsteht, die aus gleichberechtigten Partnern besteht.

8. Internationale Unterstützung bis sich die Währungen der einzelnen Länder auf ein sinnvolles Wettbewerbsmaß erholt haben, aber Unabhängigkeit von den USA.

9. Offenlegung aller Absichten der Länder, wie sie Europa künftig als Gemeinschaft sehen würden und Einrichtung entsprechender gesetzlicher Grundlagen. Für Deutschland bedeutet dies: Anerkennung des Landes als souveräner Staat in der Welt, das hieße vor allem Abnabelung von den USA, die Deutschland kontrollieren, außerdem endlich eine Verfassung, die vor allem die politische Mitentscheidung des Volkes beinhaltet und ermöglicht. Dazu unsere Vorschläge in »Das deutsche Desaster – Wie die Deutschen um die Demokratie betrogen wurden und warum Europa kaum bessere Aussichten hat« von Michael Humphrey und Volker Hans Rey, Frankfurt am Main 2014, ab S. 195 ff. und ab S. 231 »Eine neue Verfassung für Deutschland«.

10. Errichtung eines Gremiums und Arbeitsaufnahme (Juristen und Ökonomen) zur rechtlichen Aufarbeitung der Europolitik.

11. Neubesetzung aller Führungsposten der mittleren und höheren Leitungsebene beim IWF und anderen den Finanzlauf kontrollierenden Einrichtungen.

12. Aufhebung aller Beschneidungen der Presse und der Justiz durch parteipolitische, politische oder in irgendeiner Form gebundene Einrichtungen (Wirtschaftsinstitute, Ministerien, Ämter, Behörden).

13. Verpflichtung aller dann ehemaligen Euro-Staaten (und Anwärter) für einen Nichtangriffspakt.

Jeder dieser Schritte sollte durch ein Referendum des Volkes jeden Eurolandes erfolgen, stets aber im Bewusstsein, dass Europa nicht gescheitert ist, sondern ein parteipolitisch motiviertes Währungspokerspiel verlor, das durch gierige Hochfinanzler und unfähige Politiker künstlich und zu Lasten aller Arbeitnehmer, Rentner, Unterstützungsempfänger, Kinder und Jugendliche am Leben erhalten wurde. Die dann ehemaligen Euro-Staaten müssen wieder zu sich kommen, müssen festlegen, zu welchem wirtschaftlichen und vor allem staatshaushaltlichen Ziel sie kommen wollen, müssen Handelsabschlüsse und neue Ziel festlegen. Sparprogramme und Kreditaufnahmen gehören weiterhin zur Taktik, allerdings nur in dem Rahmen, in dem sie hilfreich sind, die Landeswährung zu kräftigen.

Der geregelte Ausstieg aus dem Euro erfolgte über eine Insolvenzordnung, die die Länder gemeinsam beschließen müssten. Eine solche Staatsinsolvenzordnung forderte der IWF seit 2002. Federführend war die Professorin Anne O. Krueger, die einst stellvertretende Generaldirektorin des IWF war, mit ihrem Gutachten (Anne O. Krueger, A New Approach to Sovereign Debt Restruturing, IMF, 2002, 41 S.). Die USA verhinderten das Zustandekommen einer Insolvenzordnung – wären dann doch deren Pläne, die europäische Union zu boykottieren, nicht aufgegangen. Die USA wollen kein finanzstarkes Europa, sie wollen ein kränkelndes Europa, das nach Belieben seitens der USA-Unternehmen ausgenommen werden kann. Nichts desto trotz beschloss die UN-Generalversammlung am 9. September 2014 ein multinationales Übereinkommen darüber, wie eine Staatsinsolvenz ausgehandelt und umgesetzt werden sollte. Allerdings folgten diesem Abkommen keine Taten.

Wenn ein Staat insolvent ist, stellt er seine Zahlungen ein. Dazu bedarf es keiner Ordnung. Ist kein Auslandsvermögen vorhanden, können Gläubiger ihre Forderungen nicht mehr durchsetzen. Der rechtliche Bestand der Forderung wird zur Theorie, die Praxis ist der Forderungsausfall.

Das Auseinanderfallen von Recht (Forderung) und sozialer Realität (Forderungsausfall) ist ein rechtsphilosophisches Problem. Ist Recht noch Recht, wenn es nicht mehr gilt?

Rechtsprofessor Jelinek prägt dazu das Schlagwort von der »*normativen Kraft des Faktischen*«. Dies Problem berührt die Rechtspraxis. Recht, das sich nicht realistisch zur sozialen Realität verhält, vergewaltigt die Bürger. Einen bankrotten Staat weiter auszuquetschen und unter Berufung auf das Recht zur Rückzahlung seiner Schulden zu zwingen, führt in die soziale Katastrophe: Armut, Ausfall staatlicher Sozialleistungen, wirtschaftlicher Niedergang.

Natürlich können überschuldete Staaten mit ihren Gläubigern ohne rechtlichen Rahmen Gespräche und Lösungen suchen. Das ist aber schwierig, denn Staatsschulden sind nicht mehr einfach Staatsschulden.

Bis in die 80er Jahre war die Schuldenstruktur eines Landes relativ übersichtlich. Gläubiger waren andere Staaten und Großbanken. Lösungen (Erlass/Teilerlass/Hinausschieben der Fälligkeit) waren verhandelbar. Seit den 80er Jahren hat sich die Schuldenstruktur geändert. An die Stelle weniger großer Gläubiger ist eine Vielzahl Gläubiger getreten, die zudem unterschiedlichen Interessen verfolgen. Lösungen sind daher kaum noch verhandelbar. Selbst wenn eine Einigung mit einer Großzahl von Gläubigern erzielt wird, scheren einzelne aus und beharren auf 100 Prozent. Es bedarf also eines rechtlichen / institutionellen Rahmens für Verhandlungslösungen, in dem eine Mehrheit der Gläubiger für die opponierende Minderheit verbindliche Regelung mit dem Schuldnerstaat treffen kann. Dies wäre für die Europäische Union dringend in einer Staatsinsolvenzordnung festzuhalten.

Diese Gedanken führen unweigerlich zu der Frage: Wie kann eine Staatsinsolvenzordnung aussehen? Die Staatsinsolvenzordnung kann sich an der Insolvenzordnung für Unternehmen orientieren. Folgende Punkte sind unbedingt zu übernehmen:

A) Verbot der Einzelvollstreckung / stay on creditor enforcement

1. Während des Insolvenzverfahrens können die Gläubiger ihre Forderungen nicht durchsetzen / vollstrecken. Im Insolvenzrecht heißt das »*Verbot der Einzelvollstreckung*« (zugunsten der Gesamtvollstreckung mit dem Ziel einer gleichmäßigen Befriedigung aller Gläubiger). Krueger spricht von »*stay on creditor enforcement*«. Das beinhaltet zwei Aspekte:
1) Die Gläubiger sollen gleichbehandelt werden. und

2) Der Schuldner wird vor den Forderungen der Gläubiger geschützt, er wird (vorerst) nicht zerschlagen / abgewickelt etc.

B) Sicherung der Insolvenzmasse / protection of creditor interests

Der Insolvenzverwalter nimmt die Masse in Beschlag. Er verhindert, dass die Masse in dunkle Kanäle verschwindet oder einzelne Gläubiger bevorzugt befriedigt werden.

C) Masse- vor Insolvenzverbindlichkeiten / facilitate new financing

Neue Schulden (sog. Masseverbindlichkeiten) haben Vorrang vor den Altverbindlichkeiten (Insolvenzforderungen). So bleibt ein Unternehmen während des Insolvenzverfahrens lebensfähig. Ansonsten würde niemand mehr irgendwelche Geschäfte mit dem Insolvenzverwalter abschließen.

D) Verbindliche Mehrheitsentscheidungen / binding decisions by a qualified majority

Die (qualifizierte) Gläubigermehrheit kann für alle Gläubiger verbindliche Regelungen mit dem Schuldner treffen. Einzelne Gläubiger können den Prozess nicht stoppen.

Für diese Grundzüge müssen zwei Einschränkungen gelten:

1. Der (überschuldete) Staat bleibt im Insolvenzverfahren souverän. Das bedeutet: Der betroffene Staat selbst entscheidet, ob und wann er ein Insolvenzverfahren einleitet. Dritte können den Staat nicht zum Insolvenzverfahren zwingen. Wenn das Verfahren (auf Antrag des betroffenen Staates) eingeleitet ist, gibt es keinen Insolvenzverwalter, der an die Stelle von Parlament und Regierung träte. Regierung und Parlament behalten die politische Verantwortung. Die Interessen der Gläubiger können aber ggf. durch politische / ökonomische Auflagen berücksichtigt werden (z. B. Reform- und oder Sparvorgaben wie sie bei IWF Programmen üblich sind).

2. Ein Staat kann nicht liquidiert werden. Das Ziel ist also ein anderes: Nicht die maximale Gläubigerbefriedigung, sondern die Reduzierung der Staatsschuld auf ein erträgliches Maß, muss das Maß der Dinge sein.

Euro-Europa steht vor dem Bankrott. Es ist fahrlässig, wie Politik und EZB handeln. Es ist an der Zeit, an eine Zeit ohne den Euro zu denken und allen Eurostaaten mit einer geordneten Staatsinsolvenz auf die Beine zu helfen. Jetzt haben die Länder Euro-Europas die Chance, sich zu reformieren. Wird diese Chance verpasst, so droht Europa der Zusammenbruch mit verheerenden Folgen, wie Hungersnöten, Krieg und einer Art Faschismus.

Es ist in der Verantwortung der Politik und der finanziell Verantwortlichen, endlich verantwortungsbewusst zu handeln – es ist an der Zeit, dass die Völker Europas sich gegen diese Politik wehren und nicht mehr länger akzeptieren, dass der Euro als Währung aufrecht erhalten wird. Der Euro hat sich selbst abgewirtschaftet. Gewonnen haben einige Wenige in der Hochfinanz – im reformierten Europa muss die Hochfinanz wieder kontrolliert werden, ebenso die Politik. Das ist eine Aufgabe für die Zukunft, die Europa zu dem machen könnte, was es immer war: ein friedliches Staatenbündnis, das sich weiterhin entwickelt. Jedes Land im Sinne eines Europas, nicht im Sinne weniger Eurokraten.

Wer glaubt, diese Zukunft liege fern, der irrt. Bekommt Politik die Hochfinanz nicht schnell in den Griff, so dauert es keine zehn Jahre mehr bis die Missstände zu Krieg führen und Europa auseinandertreiben. Lassen wir alle nicht zu, dass Politik diesen Fehler nach vielen, vielen Fehlern auch noch begeht und Europa die friedliche Koexistenz zerstört.

Es gibt eine Regierungschefin, die meinte: »*Scheitert der Euro, so scheitert Europa.*« Kanzlerin Angela Merkel wiederholt dieses Credo seit ihrem Auftritt im Bundestag am 19. Mai 2010. Experten des ZDF-Faktenchecks beschäftigten sich mit dieser Rechtfertigung und fanden heraus, die Aussage stimmt zum Teil. Das Ungewisse dieses Erkennens entbehrt bewusst Kreuz, wie die Rechtfertigung der Kritik gegen die Euro-Politik der Kanzlerin, die ihr den Satz bescherte.

Das alles ist wenig überraschend, denn das Experiment »Euro« ist ein politisches als auch ein historisches und ein gesellschaftliches. Der Aspekt, der gern unterschlagen wird in der Berichterstattung, ist der wirtschaftliche, denn der Euro hat dazu beigetragen, die Schulden aller Euro-europäischen Länder in nie wieder auszugleichende Dimensionen zu katapultieren.

Wenn Frau Merkel also meint, das Wohl Europas hinge am Wohl des Euro, so ist dem so, weil sie dies mitbestimmte, obwohl ihr bewusst gewesen sein muss, dass dem nicht so sein kann.

Merkels Satz ist eine Hülse, abgefallen im Rettungsbombardement auf die politische Idee einer Währung, die längst verloren ist. Angela Merkel und ihre Eurokratenschar wären aber nicht die, die sie sind, wenn sie nicht Alternativlosigkeit in die Kanonaden des Crashs gebracht hätten.

Der alternativlose Euro ist ebenso eine Erfindung Angela Merkels oder besser gesagt, ihrer Schreiberlinge und Strategieberater, in PR ebenso gewandt, wie in Marketing, denn ohne eine solche Batterie, ist ein politischer Erfolg wie der Merkel'sche unmöglich. Wenn Merkel so alternativlos postuliert, dann klingt das tatkräftig, beinahe so, als habe die Kanzlerin alles im Griff. Auf den zweiten Blick erscheinen ihre Worte aktiv-depressiv, und bei Lichte besehen wirr.

Merkels Aussage beruht auf der (irrigen) Annahme, dass Europa gerettet werden musste. Die Staatshaushalte aller EG-Länder waren mau, dies ohne den Euro; dies zur Gründungszeit des Euro Anfang der 1990er Jahre. Bis zu diesem Zeitpunkt sorgten Wechselkurse innerhalb der EG dafür, dass sich wirtschaftliche Unterschiede verrechneten, allerdings operierten die EG-Staaten jeder für sich mit hoch verschuldeten Haushalten. Anstatt zu reformieren, wurde der Währungsverfall (die D-Mark verlor ein Viertel ihres Wertes von 1949 gerechnet bis 1999 zur Einführung des Euro) verschwiegen. Darin waren sich alle EG-Länder zumindest in Politikerkreisen einig. Der Wahnsinn, dem eine Gleichschaltung der Währungen entgegenzusetzen, basiert auf parteipolitischer Hybris und der Angst davor, dass herauskommen könnte, wie sehr europäische und nationale Politik im Kampf gegen die Haushaltsdefizite versagt hatte. Keiner wollte einen Kassensturz wagen; keiner wagte den damit verbundenen Macht- bzw. Gesichtsverlust.

Ungedeckte Staathaushalte waren das Problem aller europäischen Länder. Einzig Norwegen mag eine Ausnahme sein oder es kann gesagt werden: Es gab Länder, denen ging es schlechter, anderen besser. Die, die es am Nötigsten hatten, ihre Staatsfinanzen aufzubessern, waren diejenigen, die der Gemeinschaftswährung und der damit verbundenen Währungsreform, die den Bürgern verheimlicht wurde, zustimmten. Kurzsichtig und politisch ungenügend profitierten sie einen Moment von den sinkenden Schulden und waren so blauäugig anzunehmen, die Staatshaushalte wären gerettet. Horrende Staatsausgaben, Wahlgeschenke, politische Spielereien, die allesamt keine Kapitaldeckung zeigten, mehrten die Ausgaben schnell wieder und die Staatskassen wurden leerer und leerer.

Ähnlich wie eine Broschur der Europäischen Gemeinschaften zeigt, wurde der Euro beweihräuchert. Dem folgten Lügen, wie die des Bundesfinanzministers Wolfgang Schäuble, der in einem Gespräch mit der Frankfurter Allgemeinen Zeitung 2010 erklärte: Die Rettungsschirme (damals galt der EFSF) würden nicht von Dauer sein. Am 21. März 2011 beschlossen die EU-Finanzminister die Eckpunkte des dauerhaften Rettungsschirms »ESM« (Kapitalbasis letztlich 700 Milliarden Euro; davon 80 Milliarden als sofortige Einlage, die restliche Summe galt als Haftungen); am 2. Februar 2012 wurde der Vertrag zur Einrichtung des ESM unterzeichnet – die Euroländer ratifizierten ihn bis Ende 2012, obwohl dies beinhaltete, dass die parlamentarischen Vertreter auf diese Weise nutzlos (leider weiterhin teuer vom Steuerzahler bezahlt) geworden waren. Bis Ende März 2014 wurde über die Unrecht- oder Rechtmäßigkeit der Einführung des ESM/Fiskalpakt verbunden mit der Entmachtung der Parlamentarier vor diversen nationalen höchsten Gerichten gestritten – das Recht der Schuldenunion besagte schließlich, der ESM sei rechtmäßig, obwohl es nicht so war. Es wird eine Frag der Zeit sein bis diese Lüge bzw. Fehlentscheidung entlarvt werden wird.

Dieser Entleerung folgten weitere Lügen und Rechtsbrüche. Ex-EZB-Chefs Jean-Claude Trichet behauptete im August 2011: *»Die Vorstellung, dass wir in Europa ein Liquiditätsproblem haben, ist komplett falsch.«* Diese Bemerkung kann kaum als richtig angesehen werden, schon gar nicht angesichts der Tatsache, dass seit 2006 keine offiziellen Zahlen zur Wirtschaftslage publiziert wurden; sie kamen am 23. April 2014 und deckten auf, wie die Haushalte der Euroländer derart frisiert wurden, dass Zahlungen aus der Bilanz genommen wurden, um Haushaltsdefizite zu vertuschen.

Die EZB versuchte, den Euro zu halten. Sie kaufte 2011 Schuldenpapiere in Milliardenhöhe und drückte dadurch die Renditen der Länder, die dem Crash am nächsten standen, so Griechenland, Spanien oder Italien, wenngleich der Patriot und EZB-Chef Mario Draghi am 15. Februar 2011 erklärte: »*Italien ist kein Risikoland.*«; und dies, obwohl er gewusst haben muss, dass der Haushalt Italiens so bankrott ist, wie der der übrigen Euroländer. Kanzlerin Merkel beschönigte dies verbotene Vorgehen der Notenbank, die keine direkte Staatsfinanzierung leisten darf, es aber in diesem Rahmen tat, mit den Worten: »*Wir können Zinsen nicht sozusagen künstlich herunterrechnen.*« Die Logik dieser Aussage, sofern sie denn eine ist, mag sich der Kanzlerin erschließen; Menschen für Demo-kratie haben ein Wort dafür, es heißt lügen.

Im Streit um den Ausstieg Griechenlands aus der Schuldenunion, nach allen politischen Winkelzügen, Rechtsbrüchen, Lügen und Machtmissbräuchen und einem Nein der Griechen zu neuen Krediten, durch Kredite finanziert, zu Sparauflagen und der Abhängigkeit von Brüssel, muss Merkel ihren Satz über das Scheitern des Euro ändern. Er lautete dann: »*Scheitert Griechenland, dann scheitert der Euro und Europa und damit scheitert Angela Merkel.*«

Auch wenn Merkel diesen Satz kaum kreieren würde, weil er ja ein Eingeständnis beinhaltet, so zeigt er, wie sehr die Politik der Eurokraten, allen voran Angela Merkel, immer bedroht war vom Scheitern. Als Gegenmittel dienten Lügen, Rechtsbrüche und Aggression, zu dem Despotismus, der an Verfassungen vorbei praktiziert wurde. Das Ergebnis sind: untilgbare Schuldenberge, Anstieg von Armut und Arbeitslosigkeit in den Euroländern, Nullrenditen von Renten und Anlagen wegen der geringen Zinsen usw.

Das Nein der Griechen zeigte, dass die Souveränität der Teilstaaten unangetastet bleiben muss, sonst wird die letzte Schallmauer des gemeinschaftlichen Zusammenlebens der Europäer, das rechtlich geschützt ist, durch politischen Starrsinn zerbrochen. An dieser Mauer zerbrach Merkel. Ihre Politik ist am Ende – durch den Verlust des

Einflusses auf Griechenland hat die deutsche Kanzlerin ihren Thron verspielt. Nun, eigentlich hat sie ihn durch Schweigen verloren, durch das Auslassen etlicher Chancen zu Reformen. Das Nein der Griechen zeigte Merkel: Die europäischen Verträge sind darauf ausgerichtet, dass jedes Land Herr darüber ist und bleibt, ob es im Euro sein möchte oder nicht. Die Griechen bestimmen, ob sie den Euro wollen oder nicht – sie wollen ihn nicht. Demokratie, auch wenn sie scheinbar ist, hat der geblümten Herrschaft der Eurokraten ein Ende gezeigt. Nun ist es an eben jenen Eurokraten, da der Gesichtsverlust nicht mehr abzuwenden ist, ihren Völkern zu einem geordneten Ausstieg aus dem Experiment »Euro« zu verhelfen.

Es muss endlich eine Alternative zum Euro her. Diese muss mit Reformen verbunden sein, mit Machtwechseln und mit der umfassenden juristischen Aufarbeitung der Europolitik.

Europa wird nicht untergehen. Historiker werden zu klären haben, wie eine seit 15 Jahren währende Krise entstand, sie werden darlegen, wie idiotisch das Festhalten der Politik an der Idee war – wie unerklärbar eine Art Verdrängungsmechanismus Demokratie und Recht, Wirtschaft und Verwaltung, Völker und gesellschaftliches Zusammensein beschädigte.

Abgesehen davon gibt es Meinungsmacher, die behaupten, der Euro sinke, aber er tauche wieder auf; die denken sogar, wir brauchen den Euro, so Daniel Eckert in »Die Welt«, vom 13. Januar 2015 unter der Überschrift: »Zerbricht der Euro, stirbt Europas Finanzsystem«, was kaum verwundern dürfte, da der Euro die europäische Währung ist. Nicht nachvollziehbar ist, wie die Presse angesichts der Lage derartige Berichte zulassen kann. Es spricht mehr dafür, dass je geordneter der Ausstieg aus dem Euro erfolgt, desto größer ist die Chance für die Kanzlerin, einen aufrichtigen Schritt für die Menschheit getan zu haben.

Bürgerkrieg und Revolution

Revolutionen waren seit Menschengedenken der, sagen wir, ungeordnete Ausstieg. Er erfolgte, wenn das politische Versagen der Diktatoren/Herrscher (Verschwendungssucht und Misswirtschaft), Ausmaße angenommen hatten, die dem Volk das Essen auf dem Tisch versagte.

Noch hat die sogenannte GroKo die Chance, das Ruder herumzureißen und für Ordnung und andere Verhältnisse in Deutschland zu sorgen, die unseren Kindern eine Zukunft bieten. Da die Staatsinsolvenz nur eine begrenzte Zeit hinausgezögert werden kann und die Beihilfe zur Staatsinsolvenz anderer Eurostaaten den Haushalt, neben allen möglichen anderen Finanzierungshilfen in der Welt, ins Unermessliche belastet, ist es eine Frage der Zeit, ob sich die Politik zu anderen Maßnahmen entschließt oder das Volk Änderungen durch Absetzen der politischen Verantwortlichen erreicht.

Dieses Mal in der Geschichte geht es nicht um Brot – dieses Mal geht es um Geld. Das ist zwar nicht essbar, aber es ermöglicht eine Lebensgrundlage. Diese wird durch die Entwertung des Euro ein Sinken aller Einkommen zur Folge haben – der Umbruch muss geschehen.

Weltweit besitzen 62 Menschen, die hinter den großen Weltbanken stehen, so viel Geld, wie die halbe Weltbevölkerung von rund 3,7 Milliarden Menschen. Das bedeutet: Ein Prozent der gesamten Weltbevölkerung von etwa 7,4 Milliarden Menschen (Stand 2015: 7.336 Millionen, laut Population Reference Bureau), das sind 70 Millionen Menschen, haben 99 Prozent des gesamten Geldvermögens. Eine Anomalie, die grundsätzlich dazu führen wird, dass Arm und Reich bald leben werden, als lebten sie auf zwei Planeten. Von dorther schießen sie Brandsätze an alle dies Stellen der Welt ab, die ihnen genehm erscheinen oder ihren Einfluss bedrohen.

Das Ungleichgewicht wird dazu führen, dass sich eine Art unfreiwilliger Sozialismus bildet, der es erlaubt, Völker an der Armutsgrenze, nahezu ohne Geldvermögen oder Besitz zu halten. Die, die Vermögen haben, werden sich zu einer Art Bonzenkultur entwickeln, der es unabhängig von jedweder Ideologie möglich sein wird, in Saus und Braus zu leben. Diese Rückführung in die Zeiten des Feudalismus' werden dazu führen, dass es zu Umbrüchen kommt. Es ist eine Frage der politischen Ehre, endlich anzuerkennen, dass es eine Minute vor 12 ist, und dass es Zeit wird, sich von amerikanischen, euro-europäischen und sonstigen Abhängigkeiten und Eliteplänen zu befreien.

Zu dieser Problematik passt die Flüchtlingskrise. Die Diskussionen um die aufzunehmenden Menschen beschäftigen und entzweien den Schuldenverband Europa. Die bisher nicht einwandfrei bezifferten Kosten werden sich in Form einer Steuererhöhung oder anderer Beitragszahlungen auf die Deutschen, wie anderen Europäer, niederschlagen. Dies sorgt dafür, dass Ungleichheiten zwischen den Neuankömmlingen und denen bestehen, die nicht mehr abgeben können, weil ihnen auf kurze Sicht durch die Entwertung des Geldes kaum mehr Geld in den Haushaltskassen bleiben wird. All dies spielt der Hochfinanz zu, den US-Eliten, die nichts anderes zu tun haben als Unfrieden zu schaffen und Staaten und Staatenbündnisse aufzulösen, die ihre Alleinherrschaft in der Welt gefährden könnten.

Dagegen hilft auch kein sogenanntes Asylpaket II. Was nach dem langen Schweigen der Kanzlerin und ihren Plänen, Flüchtlinge nach Beendigung des Krieges zurückzuschicken, ins Wort Kontingente als Allgemeinplatz zusammengefasst wurde, kann auch Obergrenze bedeuten. Die fordert Innenminister Thomas De Maizière seit September letzten Jahres. In einer Meldung des »Spiegel« (»De Maizière zur Flüchtlingskrise: Wir können nicht alle Menschen aufnehmen«, Spiegel online, 19.9.2015) sollen europaweit Anzahlen für jedes Land gelten. Bundeskanzlerin Merkel klammerte sich ans deutsche Asylrecht, das keine Obergrenze kennt. Die SPD wetterte gegen ein Mindestmaß – fraglich blieb, wie die Parteichefs von CDU, CSU und SPD mit der Türkei Flüchtlingskontingente für Europa verabredeten, was allerdings, wenn es nach der Kanzlerin geht, allein für 2,5 Millionen Flüchtlinge gilt, die in der Türkei auf eine Gelegenheit warten, nach Europa zu kommen. Die Parteien sprechen aneinander vorbei. Eine Lösung ist nicht in Sicht.

Das belegen sogar Statistiken, wie die des »ARD-Deutschland-Trends« vom Januar 2016. Demnach glauben die Deutschen, die Regierung ist mit der Flüchtlingskrise überfordert. Auf die Option: »Die Regierung hat die Flüchtlingssituation im Griff« stimmten 18 Prozent mit Ja; 81 Prozent verneinten. Mit der Arbeit der Kanzlerin waren nur noch 46 Prozent der Befragten zufrieden. Das ist der schlechteste Wert seit August 2011. Auch die Regierung verlor Punkte: 38 Prozent waren mit der Arbeit des Kabinetts zufrieden. Das Offenlassen wirklicher Optionen mag der GroKo entsprechen – würdig ist sie ihrer nicht. Es ist also an der Zeit, dass sich die Politik endlich achtbar entscheidet.

Da ist es erfreulich, wenn Menschen, wie Altmeister in Sachen Staatskritik Karl-Albrecht Schachtschneider handeln. Schachtschneider brachte im Rahmen der Initiative »Ein Prozent.de« eine Verfassungsbeschwerde auf den Weg. Sie soll dafür sorgen, dass Angela Merkel und Sigmar Gabriel wegen der aktuellen Asylpolitik suspendiert werden und ihre Politik als verfassungswidrig gestoppt wird. Die unter dem Namen »Ein Prozent für unser Land« beim Bundesverfassungsgericht in Karlsruhe eingelegte Beschwerde, stützt sich auf das Recht auf Demokratie, das jedem Bürger Deutschlands nach Art. 38 Abs. I GG als Grundrecht zusteht.

Der Jurist Schachtschneider sieht die Verfassungsidentität Deutschlands in zweifacher Hinsicht gefährdet: Zum einen verletze die Einwanderungspolitik der Bundesregierung das Prinzip, dass Deutschland das Land der Deutschen sei, zum anderen das Prinzip des Rechtsstaats, wie es auf den Seiten von Einprozent(.de) heißt. Die Beschwerde kann erst angenommen werden, wenn 50.000 Unterstützer ihre Zustimmung geben – es bleibt abzuwarten, wie groß der Anteil der Deutschen ist, die zum Umsturz bereit sind.

Trotz immenser Geldmengen, die seit 2011 via Euro-Rettungsschirm ins Land gegossen werden, um den Staatsbankrott zu verhindern, protestieren die Hellenen. Eine Beruhigung der Massen ist schwierig zu erreichen. Der Euro wackelt, die ganze europäische Währungsunion wackelt. Portugal, Spanien, Irland, Italien stehen auf der Liste der Länder, die täglich Bankrott gehen könnten. Da helfen keine Ablenkungsmanöver der Regierung über geschönte Arbeitslosenzahlen, Konjunkturdaten, die aus der Zeit des Wirtschaftswunders stammen müssen und dem Schweigen über die tatsächliche Staatsverschuldung. Aus diesem Grund meutern nicht nur die Griechen. Andere Staaten haben auch schöne Rebellen. Und sie werden durch die Straßen ziehen und fordern und rufen und wüten – sogar in Deutschland, denn das Volk wird seine Angst auf die Straßen tragen. Die Macher der Pleite werden sich verkriechen. Aber sie werden auch gefunden. Egal, ob Revolution oder friedlicher Staatsstreich. Das Volk hat ein Recht auf den grundsätzlichen Umbau unserer Gesellschaftsordnung in Form einer

- Wahlrechtsänderung, um die Regierung zu entmachten,

- Wirtschaftsreform, um endlich eine angemessene Beteiligung der Arbeitnehmer an den Unternehmensgewinnen zu verwirklichen,

- Insolvenz und Währungsreform, um eine stabile Währung zu schaffen und Deutschland aus den Schuldensumpf zu führen,

- Verfassungsreform, um echte, direkte Demokratie zu verwirklichen.

Währungsreform

Die Geschichte der Staatsverschuldung und der ihr folgenden Staatsinsolvenzen ist lang. Zyklen relativer Stabilität enden in der Insolvenz, bedingt durch katastrophale Ereignisse, wie Weltkriege oder schleichende Prozesse, wie etwa einer stetigen staatlichen Neuverschuldung. In diesem Zyklus von Stabilität und Zerstörung erscheint die Periode (scheinbarer) Stabilität zwischen Einführung der Deutschen Mark (1948) bis zum weicher werdenden Euro unserer Tage als historischer Ausnahmefall. »Dieses Mal ist alles anders. Acht Jahrhunderte Finanzkrisen« lautet der Titel einer historischen Analyse staatlicher Finanzkrisen, die von Carmen Reinhart und Kenneth Rogoff zusammengestellt wurde. Am Ende einer langen Periode der Stabilität ist die Erinnerung an Staatsinsolvenz und Zusammenbruch verblasst. Wieder und wieder glauben Politik und Wirtschaft daran, dass sich die Katastrophe abwenden lasse. Doch die Geschichte lehrt anderes.

Beginn des gegenwärtigen Stabilitätszyklus'

Der gegenwärtige Stabilitätszyklus beginnt in Deutschland mit der Währungsreform 1948 und den folgenden Regelungsakten, dem Londoner Schuldenabkommen (1953) über die Auslandsschulden des Deutschen Reichs (1871–1945) und das Allgemeine Kriegsfolgengesetz über die sonstigen Reichsverbindlichkeiten (1957). Sie verfolgten zwei Ziele: den Abbau des Geldüberhangs und die Entschuldung des deutschen Staates.

Das nationalsozialistische Regime finanzierte Krieg durch Schulden. So wurden Steuererhöhungen vermieden (geräuschlose Kriegsfinanzierung). Kreditinstitute und Versicherungen mussten Staatsanleihen zeichnen und Staatskredite geben. Die Reichsschulden stiegen von 19,1 Mrd. RM 1938 auf 379,8 RM bis Kriegsende. Der Bargeldumlauf, der im Jahre 1938 8,5 Mrd. RM betrug, erhöhte sich bis 1945 auf ca. 70 Milliarden RM. Eine Folge war, dass der Staat am

Ende des Krieges frevelhaft verschuldet war. Die Geldmenge vermehrte sich ohne korrelierende realwirtschaftliche Werte; die Reichsmark hatte keinen realen Wert mehr und verlor ihre Funktion als Währung. Die deutschen flohen in Sachwerte, Tauschhandel zählte.

Die Währungsreform von 1948 setzte an, den Geldüberhang zu beseitigen und eine zahlungskräftige Währung zu schaffen und zwar durch sogenannte differenzierte Umtauschkurse. Die Reichsmark wurde nicht zum einheitlichen Kurs auf die Deutsche Mark umgestellt. Löhne, Renten, andere Verbindlichkeiten (z. B. Mieten) wurden im Verhältnis 1:1 getauscht, Sparguthaben im Verhältnis 1:10. Damit wurde das Ersparte entwertet, aber der Geldüberhang beseitigt. Insoweit war die Währungsreform erfolgreich. Nicht verschwiegen werden darf die soziale Schlagseite: Die Vermögensentwertung traf vor allem Rentner, da das Rentensystem kapitalgedeckt war. Aus diesem Grund führte die Adenauersche Rentenreform im Jahr 1957 zu einem Umbau des Rentensystems im Sinne des Umlagesystems.

Verbindlichkeiten des Reichs wurden bei der Währungsreform nicht geregelt. Das heißt: Die Währungsreform 1948 hat nur ein Problem gelöst – den Geldüberhang – das zweite drängende Problem, die Staatsschuld, blieb späteren Regelungsakten vorbehalten. Im Jahr 1953 konnte Deutschland in Verhandlungen mit den Gläubigerstaaten einen weitgehenden Erlass der Auslandsschulden erreichen (sog. Londoner Schuldenabkommen). Später bestimmte das Gesetz zur allgemeinen Regelung durch den Krieg und den Zusammenbruch des Deutschen Reiches entstandener Schäden vom 5. November 1957, dass die Schulden des Reichs erloschen. Damit war auch die inländische Staatsschuld annulliert.

Ende des Stabilitätszyklus' – Explizite Schulden

Die Nachkriegsgeschichte der Bundesrepublik ist durch eine andauernde Neuverschuldung des Staates gekennzeichnet. Dabei wechseln Phasen stärkerer und schwächerer Neuverschuldung. Als Verschuldungsschübe lassen sich die keynesianische Konjunkturpolitik der 70er Jahre, die Wiedervereinigung in den Neunzigern und schließlich die Staatsschuldenkrise im Gefolge der Finanzkrise in den Jahren 2008 bis 2010 lokalisieren. Zu keinem Zeitpunkt wurden Schulden abgebaut. Die währende Neuverschuldung ist die Konstante deutscher Nachkriegspolitik.

Inzwischen belaufen sich die expliziten Schulden der Bundesrepublik Deutschland auf über 2.000 Milliarden Euro (oder anders gesagt: über 2 Billionen Euro). Folgende Vergleichszahlen helfen, die Größenordnung zu verstehen:

- Das gesamte Bruttoinlandsprodukt belief sich 2014 auf rund 2.000 Milliarden Euro, die Verschuldungsquote belief sich also auf 74,7 Prozent. Das bedeutet in einem Gedankenspiel: Um alle Schulden (auf einmal) zu bezahlen, müssten 74,7 Prozent der gesamten deutschen jährlichen Wirtschaftsleistung aufgebracht werden.

- Das jährliche (Netto-)Volumen des Bundeshaushalts beläuft sich auf rund 300 Milliarden Euro. Das bedeutet: Die Schulden belaufen sich auf über das Sechsfache des Deutschen Bundeshaushalts.

- Die jährlichen Zinsausgaben für die Darlehen belaufen sich bei dem aktuell sehr niedrigen Zinsniveau auf rund 30 Milliarden Euro, das sind ca. 10 Prozent der Haushaltsausgaben. Damit ist der Schuldendienst nach dem Bundesministerium für Arbeit und Soziales der zweitgrößte Ausgabenposten.

Das Zinsniveau für die deutschen Schulden bemisst sich auf ca. 1,5 Prozent (Schulden: 2.000 Milliarden ./. 30 Milliarden Zinsleistungen). Momentan ist das Zinsniveau extrem niedrig. Es kann von einer historisch exzeptionellen Niedrigzinsphase gesprochen werden. Es ist nicht davon auszugehen, dass es über den Zeitraum von 67 Jahren bei einem vergleichbar niedrigen Zinsniveau bleibt. Ganz im Gegenteil: Die gegenwärtige Politik der Geldmengensteigerung baut einen Geldüberhang mit erheblichen Inflationspotentialen auf. Irgendwann wird die Geldpolitik der Zentralbanken mit einer drastischen Erhöhung der Zinsen gegensteuern müssen. Das lädt zu einem fiktiven Zahlenspiel ein: Was passiert wenn das Zinsniveau auf 5 Prozent (ein historisch gesehen nicht besonders hoher Zinssatz) steigt? Die Zinsbelastung für den deutschen Haushalt würde um über das Dreifache auf 33 Prozent steigen. In diesem Zahlenspiel zeigt sich das bedrohliche Potenzial der Zinslast.

Um fällig werdende Verbindlichkeiten zu bedienen, werden neue Schulden aufgenommen; d. h. die Schulden werden permanent umgeschichtet. Die jährliche Bruttokreditaufnahme beläuft sich auf knapp 192 Milliarden Euro, die Tilgung auf 191 Milliarden Euro. Im Bundeshaushalt wird nur die Nettokreditaufnahme von ca. 1 Milliarde Euro ausgewiesen. Die zur Tilgung eingesetzte Bruttokreditaufnahme findet als durchlaufender Posten keine Beachtung; er wird im Haushalt weder als Einnahme (Kreditaufnahme) noch als Tilgung (Ausgabe) abgebildet. Der offizielle Bundeshaushalt gibt also nur ein sehr eingeschränktes Bild von den tatsächlichen Zahlungsflüssen, den Einnahmen und Ausgaben. Berücksichtigt man die Bruttoeffekte verschieben sich die Zahlen deutlich: Das Haushaltsvolumen beläuft sich auf rund 500 Milliarden Euro, 2/5, also 40 Prozent davon, sind kreditfinanziert. Der Deutsche Haushalt ist somit vom (internationalen und nationalen) Finanzmarkt abhängig.

Demokratiepolitisch impliziert das einen Bedeutungsverlust demokratischer Macht zugunsten einer demokratisch nicht legitimierten Finanzmacht. Wer die Gläubiger sind, weiß niemand; begründet wird das mit der hohen Frequenz des Inhaberwechsels bei Staatspapieren. Tatsächlich dürfte mangelnder Transparenzwille hinter diesen Machenschaften stecken. Immerhin gibt es eine Klassifizierung der Gläubiger: 60 Prozent Auslandsschulden ./. 40 Prozent Inlandsschulden. Die Auslandsschulden werden nicht benannt. Hier ist (in Analogie zu den Inlandsschulden) zu vermuten, dass ein erheblicher Anteil auf Kreditinstitute entfällt. Die Inlandsschulden (40%) teilen sich auf zwei Positionen auf: 23,51 Prozent inländische Kreditinstitute und 15,86 Prozent auf inländische Nichtbanken. Was sich hinter den Nichtbanken verbirgt, wird in der Statistik nicht erläutert. Hierbei dürfte es sich neben Privatpersonen um große Versicherungskonzerne handeln. Auch wenn (leider) keine Gläubigerstruktur vorliegt, lassen sich zwei Punkte erkennen: ein erhebliches Einflusspotential des Auslandes (internationaler Souveränitätsverlust gegenüber dem Ausland) und ein erhebliches Einflusspotential von Banken / Hochfinanz (demokratischer Souveränitätsverlust gegenüber nicht demokratisch legitimierter Finanzmacht).

Fiskalpolitisch bedeutet das eine gefährliche Anomalie. Privatwirtschaftliche Unternehmen nehmen Kredite auf, um gewinnträchtig zu investieren. Mit den Gewinnen zahlen sie den Kredit zurück und werden wieder schuldenfrei. Der Staat hingegen bleibt strukturell verschuldet. Er erwirtschaftet keine Gewinne. Die Schulden bleiben, sie werden lediglich durch die Aufnahme neuer Kredite zur Tilgung auslaufender Kredite fortwährend umgeschichtet. Die bleibende Konstante ist eine enorme Zinsbelastung.

Außenpolitisch ist die Souveränität Deutschlands tangiert. Der IWF hat eine Rangliste der Gesamtauslandsverschuldung (privater und öffentlicher Sektor) erstellt – Deutschland rangiert auf Platz 3 – was entsprechende ausländische Einflussmöglichkeiten impliziert.

Implizite Schulden

Seit der Stunde null, dem schuldenfreien Neubeginn des deutschen Staatswesens nach dem 2. Weltkrieg, vermehrten sich expliziten Staatsschulden. Daneben gibt es eine zweite, in den Haushalten jedoch nicht ausgewiesene Entwicklungslinie, der Anstieg der impliziten Schulden.

Implizite Schulden sind künftige staatliche Verpflichtungen, wie etwa die Altersrente. Der Anspruch auf Altersrente (die Rentenanwartschaft) entsteht aktuell. Sie wird durch entsprechende Einzahlungen in die Deutsche Rentenversicherung erworben. Fällig wird der Bezug mit Eintritt ins Rentenalter. In einer privatwirtschaftlichen Bilanz müssten für solche Verpflichtungen angemessene Rückstellungen gebildet werden. Nach geltendem öffentlichem Haushaltsrecht bleiben solche Verbindlichkeiten aber unbeachtet. Der Haushalt soll Zufluss (Einnahmen) und Abfluss (Ausgaben) vorweisen (also unter Ausklammerung zukünftiger Verbindlichkeiten, die im Haushaltsjahr noch keinen Abfluss begründen). Der Zustand des geltenden Haushaltsrechts kann im Vergleich zum privatrechtlichen Bilanzrecht allenfalls als primitiv bezeichnet werden. Die Folge ist: Für künftige Verpflichtungen werden keinerlei Rücklagen gebildet. Es ist politisch gewollt, dass stattdessen Schulden angehäuft werden.

Die Stunde null der impliziten Schulden ist die Adenauersche Rentenreform aus dem Jahr 1957. Das Kapitaldeckungsverfahren wurde zugunsten des bis heute geltenden Umlageverfahrens aufgegeben. Im Kapitaldeckungsverfahren muss die Rente angespart werden. Das angesparte Kapital definiert die spätere Rentenhöhe. Im Umlageverfahren kommen die heutigen Arbeitnehmer durch entsprechende Sozialabgaben für die gegenwärtige Rente auf. Dies begründete den sogenannten Generationenvertrag – die jeweils junge, arbeitende Generation kommt für die Rente der jeweils alten, nicht mehr arbeitenden Generation auf. Es sprengte den Rahmen unserer Betrachtungen, Vor- und Nachteile der beiden Rentensysteme zu erörtern. Für die Schuldenthematik ist festzustellen: Das Umlagesystem begründet Rentenanwartschaften auf künftige Renten, die nicht durch eine entsprechende Kapitalrücklage gedeckt sind, sondern durch (künftige) Staatseinnahmen gedeckt werden müssen.

Aufgrund der demographischen Struktur – der zunehmenden Alterung der deutschen Bevölkerung – zeigt die Entwicklungskurve der impliziten Schulden rasant nach oben. Immer weniger junge Menschen müssen die Rente für immer mehr alte Menschen finanzieren.

Diese impliziten Schulden tauchen in der offiziellen Statistik nicht auf, weder im Haushalt noch bei den Maastrichter Verschuldungskriterien. Inzwischen hat die Presse das Thema aufgegriffen: »Deutschland häuft heimlich Billionen Schulden an« (Welt online, 19.6.12), »Deutschland steuert auf ein Schuldenfiasko zu« (Focus Money online, 8.8.14) und »Deutschlands große Lüge«(Handelsblatt, 24.9.11). Auch die Wissenschaft nimmt sich dieses Themas an: Danach soll die Gesamtschuld 283 Prozent des BIP betragen, auf die explizite Staatsschuld entfallen 77 Prozent, auf die implizite 206.

Der Import von Schulden: Die Eurokrise

Neben rein nationalen Schulden begründet die Europäische Union (trotz theoretischer fiskalpolitischer Eigenverantwortlichkeit der Mitgliedsstaaten, wie No Bail- Out Regel, Art. 125 AEUV) Haftungsrisiken für ausländische Schulden. Diese Risiken sind mit der Finanz- und Eurokrise seit 2008 zu Tage getreten. Im sogenannten Haftungspegel beziffert das Ifo-Institut die deutsche Haftungssumme mit 337 Milliarden Euro. Das ist mehr als ein bundesdeutscher Haushalt (ca. 300 Milliarden Euro), aber in Relation zum deutschen Gesamtschuldenniveau ein mäßiger Betrag. Dabei berücksichtigt das Ifo-Institut den deutschen Haftungsanteil. Sollte Deutschland für andere Länder einspringen, um beispielsweise den ESM zu retten, wäre das Risiko bedeutend höher.

Die zauberhafte Vermehrung der Geldmenge

Nach dem 2. Weltkrieg war die Instabilität durch zwei Parameter gekennzeichnet: Staatsschuld und Geldüberhang. Grundlage für die Geldmenge ist das Geld der Zentralbank. Es findet sich in der Bilanz der Zentralbank – die Bilanzsumme entspricht der Geldmenge.

Für die Eurozone ist die Bilanz des Eurosystems bestehend aus der Europäischen Zentralbank und den nationalen Notenbanken maßgeblich. Als Bezugspunkt für die Betrachtung der Geldmengenentwicklung bietet sich das Jahr 2002 an. Damals betrug die Bilanzsumme 795 Milliarden Euro, im Jahr 2014 waren es 2,2 Billionen Euro. Die Bilanzsumme hat sich also seit Bestehen des Euros um den Faktor 2,77 mehr als verdoppelt.

Am 22. Januar 2015 verkündete die EZB ein (weiteres) Programm zum Ankauf von Staatsanleihen. Die EZB will ab März 2015 bis mindestens (d. h. das Programm kann auch länger laufen) September 2016 monatlich für 60 Milliarden Euro Staatsanleihen der Eurozone kaufen und dadurch mehr Zentralbankgeld in Umlauf bringen. Der Vorgang nennt sich quantitative Lockerung (quantative easing). Das Volumen des Programms beläuft sich auf 1.140 Milliarden Euro (19 Monate à 60 Milliarden). Die Bilanzsumme wird 2016 also die Drei-Billionen-Grenze überschreiten. Damit vervierfacht sich die Geldmenge seit Einführung des Euro. Um die Zahl anschaulicher zu machen, soll sie linear vereinfacht auf einen Jahreswert heruntergebrochen werden: 15 Jahre Euro = jährliche Geldmengenmehrung um 20 Prozent.

Geldmenge und Geldwert hängen voneinander ab. Würde Geldmengenwachstum und Inflation gleichgesetzt, wäre die vorstehend jährliche Rate 20 Prozent eine wirtschaftliche Katastrophe. Die Geldmenge ist angestiegen, aber ein inflationsrelevanter Geldüberhang entsteht erst, wenn die realwirtschaftliche Wertschöpfung mit dem Geldmengenwachstum nicht mehr Schritt hält, also wenn immer mehr Geld relativ gesehen immer weniger Sachwerte gegenüber stehen. Hat das Geld derart an Wert verloren heißt das: Inflation.

Kennzahl der realwirtschaftlichen Wertschöpfung ist das Bruttoinlandsprodukt. Das Bruttoinlandsprodukt der Eurozone ist von 2004 bis 2014 maßvoll von 8,16 auf 10,1 Billionen Euro gestiegen.

Fazit: Einem maßvollen Wirtschaftswachstum steht ein maßloses Geldmengenwachstum gegenüber. Die Folge ist ein erheblicher Geldüberhang.

In ihrem Buch »Die große Geldschmelze« vergleichen Hanno Beck und Aloys Prinz die Zentralbanken mit einem Roten Riesen, also einem Stern, der sich bei großer Leuchtkraft aufbläht, um schließlich in einer Supernova zu explodieren. Die Supernova ist dabei Sinnbild für Kollaps und Insolvenz.

Der vormalige Bundesbankpräsident Schlesinger (1991 bis 1993) zieht historische Parallelen zur Nachkriegszeit:

»Wir haben keine Erfahrungen mit einer derartigen Geldpolitik in Friedenszeiten. Die Notenbankbilanz hat sich innerhalb kurzer Zeit von einer auf drei Billionen Euro verdreifacht. Das sind Dimensionen, die eher an die Kriegsfinanzierung erinnern. Damals hat sich die Bilanzsumme verzehnfacht.«

Schlesinger kommt zu dem Schluss: Eine (sinnvolle) Antwort auf den Geldüberhang sei die Währungsreform.

Damit stellt sich die Frage: Stehen wir wie 1948 am Ende einer Stabilitätsphase mit unausweichlicher Währungsreform? Die gegenwärtige Preisstabilität bei geringer Inflationsrate scheint dagegen zu sprechen.

Es lohnt sich, genauer hinzusehen, denn die amtliche Inflationsrate bildet die wirtschaftlichen Realitäten bruchstückhaft ab. Hauptsächlich wird dort die Preisentwicklung für Konsumgüter betrachtet, die für die durchschnittlichen Lebenshaltungskosten relevant sind. Vermögenswerte wie Gold, Aktien, Immobilien werden nicht bewertet. Eine sogenannte Vermögenspreisinflation (andauernder Preis-Anstieg von Vermögenswerten) taucht in der Statistik nicht auf.

Die Flossbach von Storch AG gründete als Denkfabrik das Flossbach von Storch Research Institute; dieses will das Defizit der amtlichen Statistik ausgleichen und legt regelmäßig einen Vermögenspreisindex vor. Danach belief sich die (Vermögenspreis-)Inflation im ersten Quartal 2015 auf 7,3 Prozent im zweiten auf 6,5. Das (unsichere) Geld wird in Sachwerte umgewandelt und treibt dadurch Sachwerte in die Höhe.

Eine ständige Geldmengenmehrung bei niedriger Inflation der Verbraucher-, aber hoher Inflation der Vemögenspreise, scheint ein charakteristisches Kennzeichen der Wirtschaftsgeschichte seit der internetbasierten New Economy zu sein.

Die New Economy schien ein neues Wirtschaftswunder-Zeitalter einzuleiten und die alten Gesetze der Ökonomie außer Kraft zu setzen – eine boomende Wirtschaft ohne Krisenanfälligkeit mit niedriger Inflation und niedrigen Zinsen. Die Zentralbanken ließen die Geldmenge weiter wachsen. Die Folge: Das Geld floss in Aktien, die Aktienkurse stiegen rasant (sog. Dot.com Blase) - bis die Börse im März 2000 einbrach. Deutsche Anleger verloren geschätzt 160 Milliarden Euro. Die Wirtschaft geriet ins Trudeln. Die Notenbanken reagierten mit einer Erweiterung der Geldmenge. Damit begründeten sie einen Rettungsmechanismus, eine paradoxe Rettungslogik, die bis heute gilt: Krisen, die ihre Ursache in einer zu hohen Geldmenge haben, werden mit einer Expansion der Geldmenge bekämpft.

Damit wird der Grundstein für immer neue Krisen gelegt. Nun floss der Geldüberhang in Immobilien – bis 2008 die Immobilienblase platzte. Während der Börsencrash im Jahr 2000 ausschließlich eine Angelegenheit der Privatwirtschaft mit privaten Verlusten blieb, wurde die ursprünglich privatwirtschaftliche Finanzkrise nun zu einer staatlichen Finanzkrise. Als nämlich in Folge der Immobilienkrise Bankenpleiten drohten, intervenierten die Staaten stützend und gerieten dabei an ihre Leistungsgrenze. So entstand ein komplexer gegenseitiger Stützungsmechanismus gefährdeter Banken und gefährdeter Staaten: Staaten stützen Banken und Banken stützen Staaten. Auch in der Finanzkrise kommt die Rettungslogik der Zentralbanken wieder zur Anwendung: die finanziellen Nöte von Banken und Staaten werden durch eine Ausweitung der Geldmenge bekämpft.

Es liegt nahe, dass die Zentralbanken damit die Grundlage für eine neue Blase schaffen, die genauso wie alle früheren Blasen in einer Krise zerplatzen wird. Im Rahmen des quantative easing kauft die EZB Staatspapiere der Eurozone. Sie schafft damit eine künstliche Nachfrage nach Staatspapieren und treibt deren Preis nach oben.

»Das Doping der Notenbanken hat die Welt der Staatsanleihen auf den Kopf gestellt. Eine zehnjährige italienische Staatsanleihe rentiert inzwischen weniger als ein zehnjähriger US-Treasury.«

Einige Staatsanleihen haben sogar eine negative Verzinsung. Parallel wird die Nachfrage nach Staatsanleihen durch weitere staatliche Maßnahmen angeheizt: Die EU hat in dem Regelwerk Solvency II festgelegt, dass die Versicherungen für Staatsanleihen weniger Eigenkapital zurücklegen müssen als für andere Anlageklassen.

US-Ökonom Robert Shiller, Yale-Universität (New Haven), Nobelpreisträger, veröffentlichte sein Buch »Irrationaler Überschwang« das erste Mal im Jahr 2000 – kurz vor dem Platzen der Dot.com-Blase. Er warnte vor der Übertreibung an den Aktienmärkten und sollte Recht behalten. Die zweite Auflage erschien 2005 und warnte vor einer Blase des Immobilienmarktes, die 2008 platzte. Die dritte Auflage erschien dieses Jahr. Während die bisherigen Krisen durch Blasen in einzelnen Segmenten ausgelöst wurden, werde die nächste Krise eine neue qualitative und quantitative Dimension haben, weil alle Märkte (Aktien, Immobilien und Staatsanleihen) überbewertet seien.

Die Krise weitet sich aus und rückt dabei immer näher an den Staat als Grundlage unseres Gemeinwesens heran. Während die New Economy-Krise ein privatwirtschaftliches Phänomen war, geht es nun um den Staat, um seine Befähigung, sich zu finanzieren. Wenn die Blase der Staatsanleihen platzt, gibt es niemanden, der die Staaten stützt. Nicht einmal die Zentralbank, denn sie hat bereits alle Mittel der Geldpolitik ausgereizt. Die Staatsinsolvenz ist die letzte Konsequenz.

Alle Indikatoren weisen darauf hin, dass der Stabilitätszyklus seinem Ende entgegengeht:

- Bereits die Dauer des Stabilitätszyklus' von 1948 bis 2015 ist ein Indiz. Historisch gesehen ist die Explosion überfällig.

- Die Staatsschulden sind riesig.

- Die Geldmenge ist auf ein Maß gewachsen, das nicht mehr kontrollierbar ist.

- Die nächste Krise wird den Staat betreffen, und zwar dann, wenn die Blase um die Staatsanleihen platzt.

Schuldenabbau – Rückzahlung

Eigentlich wäre es naheliegend, das Ruder herumzureißen und die Schulden zurückzuzahlen, aber: Kann Deutschland diese Schulden jemals zurückzahlen?

Würden jährlich 10 Prozent des Bundeshaushalts für die Schuldentilgung aufgewandt, wären die Schulden in ca. 67 Jahren abgetragen. Das wäre ein Überschlag, der viele Faktoren voraussetzt: Angenommen, der Haushalt bliebe bei 300 Milliarden Euro, ergäbe sich daraus 10% = 30 Milliarden Euro; als explizite Gesamtschuld ergäbe sich – entsprechend dividiert –2.000 Milliarden Euro ./. 30 Milliarden Euro.

Bei dieser Rechnung sind die Zinsen nicht berücksichtigt. Die aktuelle Zinsbelastung beläuft sich auf 10 Prozent des Bundeshaushalts. Würde sofort mit der Tilgung begonnen, hätten wir für den Schuldendienst (Tilgung + Zinsen) eine Gesamtbelastung des Haushalts in Höhe von 20 Prozent. Sollte die Zinslast ansteigen – wie in dem obigen Rechenbeispiel von 1,5 auf 5 Prozent, ergäbe sich eine jährliche Gesamtbelastung von 43 Prozent.

Die Rückzahlung der Schulden spielt in der politischen Diskussion überhaupt keine Rolle. Das ist bemerkenswert, weil es eigentlich in der Natur von Schulden liegen sollte, dass man sie zurückzahlt. Zielsetzung der Politik ist lediglich, nach Möglichkeit ohne Neuverschuldung auszukommen. Das bedeutet aber auch: Der gegenwärtige Schuldenstand würde mit einer entsprechenden Zinslast auf Dauer konserviert, mit einem erheblichen Risikopotenzial bei steigenden Zinsen.

Dass eine echte Schuldentilgung nicht als politische Option erwogen wird, ist ein Indiz für die fehlende Machbarkeit. Tatsächlich ist die komplette Tilgung von Staatsschulden die historische Ausnahme.

Staatliche Einnahmeerhöhungen stoßen bei einer Staatsquote von 44,4 Prozent an eine wirtschaftliche Belastungsgrenze. Umgekehrt sind drastische Einschnitte bei den Ausgaben kaum sozial verträglich, politisch dürften sie nicht durchsetzbar sein. Eine solche Sparpolitik liefe auf eine langfristige drastische Senkung des Lebensstandards hinaus, ohne Aussicht auf Besserung – mit entsprechenden sozialen Verwerfungen, Unruhen, bürgerkriegsähnlichen Zuständen. Unabhängig von der unsozialen Schlagseite ist eine solche Politikperspektive auch demokratiepolitisch nicht haltbar, denn so würden gleich mehrere Generationen belastet, die die Schulden nicht gemacht, nicht von ihnen profitiert und ihnen auch nie zugestimmt haben.

Die hohe Staatsverschuldung ist auch Teil eines Verteilungsproblems: privater Reichtum versus öffentliche Armut. So betrachtet liegt es nahe, diese Ungleichheit durch eine Umverteilung zugunsten des Staates, sprich eine Vermögensabgabe zu beseitigen – anders formuliert durch eine partielle Enteignung privaten Reichtums. So kommt die Vermögensabgabe als ein Lösungsmodell für die Staatsschuldenkrise ins Spiel: Mit dem abgeschöpften Vermögen sollen die Staatschulden beglichen werden. So erwägt der IWF eine 10-Prozent-Abgabe, der französische Wirtschaftswissenschaftler Thomas Piketty plädiert für eine progressive Kapitalsteuer. Die Idee einer einmaligen Vermögensabgabe findet sich auch im Wahlprogramm 2009 der Grünen.

Das bundesweite private Vermögen wird auf 6,3 Billionen Euro geschätzt. Die expliziten Staatsschulden belaufen sich auf 2 Billionen Euro. Das bedeutet: 1/3 des privaten Vermögens müsste enteignet werden, um die expliziten Schulden zu tilgen. Da die Reichen 1 Prozent über 30 Prozent des Gesamtvermögens besitzen, wäre es sogar denkbar, diesen Enteignungsprozess einigermaßen sozialverträglich zu gestalten. Allerdings wäre dies mehr als eine Abgabe oder Steuer – es wäre eine Enteignung und womöglich ein Ausstieg aus dem kapitalistischen Wirtschaftssystem. Die Praktikabilität ist fraglich – im Hinblick auf eine etwaige Kapitalflucht müsste dieser Prozess überraschend eingeleitet und schnell durchgeführt werden. Dass eine solche Maßnahme ohne vorherige politische Erörterung unter Geheimhaltung vorbereitet werden kann, scheint ausgeschlossen. Hinzu kommt, dass die Zugriffmöglichkeiten des Deutschen Staats begrenzt sind – das Vermögen der Deutschen, das im Ausland deponiert ist (z. B. Schweizer Banken), entzieht sich dem Enteignungszugriff. Auch wenn eine solche Umverteilungsutopie eine soziale Komponente hat, die vielleicht sogar zu begrüßen ist, muss sie jedoch als ungerecht gelten, bzw. widerspricht nationalen Interessen. Sie stellt eine einseitige und radikale Belastung der inländische Bevölkerung zugunsten ausländischer Gläubiger dar (überwiegend Banken). Bedenkt man, dass der Auslandsanteil der expliziten Schulden bei 60 Prozent liegt (s. o.), wäre die Folge ein regelrechter Ausverkauf Deutschlands. Der Anteil deutscher Auslandsschulden hatte in den letzten Jahren eine stark steigende Tendenz – 2010: 41 Prozent, 2013: 60 Prozent, 2015: 69 Prozent. Deutschland wird im Ausland als sicherer Hafen wahrgenommen (ob zu Recht, sei dahingestellt) – ausländisches Kapital fließt in deutsche Staatsanleihen. Damit wird die Rückzahlungsoption immer unrealistischer.

In die bisherigen Überlegungen wurden allein die expliziten Schulden betrachtet. Sie sind aber die Spitze des Eisberges, denn die impliziten Schulden sind weitaus höher. Wird die implizite Schuldenlast von 7,7 Billionen Euro angenommen, zeigt sich, dass sich die Schuldenproblematik nicht einmal durch eine vollständige Enteignung sämtlichen privaten Vermögens in den Griff kriegen lassen würde. So stellt sich die Frage, wie Deutschland die Schulden loswerden könnte.

Inflation

Eine Strategie ist Inflation. Die Schulden bleiben nominal, werden aber real entwertet. Thomas Piketty meint dazu:

»Eine solche Lösung ist überaus verlockend. Tatsächlich sind auf diese Weise die meisten hohen öffentlichen Schulden abgebaut worden, insbesondere während des 20. Jahrhunderts, in sämtlichen europäischen Ländern.«

Die Hyperinflation des Jahres 1924 hat den inflationsfeindlichen, geldpolitischen Leitspruch der Bundesbank begründet: »Die Geldmenge muss man knapp halten.« Politisch werden die inflationsbedingten sozialen Verwerfungen der 20er Jahre als Nährboden für den Aufstieg des späteren Nationalsozialismus' gedeutet. Inflation wird in der Wirtschaftswissenschaft – nicht nur von eher linken Protagonisten wie Piketty –, sondern auch beim IWF als Lösung für die Staatsschuldenkrise diskutiert.

Wie funktioniert Schuldenabbau durch Inflation? Langfristig besteht ein gleichlaufender Zusammenhang zwischen Inflation und Zinsen – Inflation zieht entsprechende Zinserhöhungen nach sich, die den verschuldeten Staatshaushalt zusätzlich belasten. Langfristig kann die Inflation keine schuldenreduzierende Wirkung entfalten. Der Schlüssel für einen inflationsbedingten Schuldenabbau liegt zwischen der Geldentwertung, die sofort eintritt, und der Zinsanpassung, die folgt, nämlich dann, wenn alte Staatsanleihen mit niedriger Verzinsung fällig werden und durch neue zu emittierende Staatsanleihen mit inflationsangepasster höherer Verzinsung ersetzt werden müssen.

Das Zeitfenster bis zur Zinsanpassung ist relativ klein. Die durchschnittliche Restlaufzeit deutscher Staatsanleihen betrug 2010 5,8 Jahre. D.h. im Mittel würde sich das Zeitfenster nach 5,8 Jahren schließen. Konkret bedeutet das Stand Oktober 2015, dass binnen der nächsten 2 Jahre öffentliche Anleihen im Wert von 537 Milliarden Euro und binnen 2 weiterer Jahre weitere 326 Milliarden Euro fällig werden, also zurückgezahlt und refinanziert werden müssen.

Nach der Zinsanpassung bewirkt die Inflation keine reale Entschuldung mehr. Um eine weitere Entschuldung einzuleiten, müssten Politik und Zentralbanken die Inflationsschraube noch weiter nach oben drehen. Die Inflationsstrategie ist daher bedenklich: (1) Entweder man arbeitet mit einem Inflationsschock, so dass sich der Staat seiner Schulden schnell vor einer Zinsanpassung entledigen kann, (2) oder man operiert mit einer stufenweisen Anhebung der Inflation. Erstere Option würde Wirtschaft und Staatswesen destabilisieren. Gerade vor dem Hintergrund deutscher Geschichte (Hyperinflation 1924) ist diese Option nicht haltbar. Auch die zweite Option – die Inflation immer höher treibt – ist kaum vertretbar. Nach Ergebnissen der empirischen, vergleichenden Wachstumsforschung verhält sich die Inflation bis zum einen Korridor von 5 Prozent relativ neutral in Bezug auf das Wirtschaftswachstum, höhere Raten wirken sich aber negativ aus. (Karsten Junius; Kristian Tödtmann: Inflation und Staatsverschuldung, ifo Schnelldienst 17/2010) Realistisch gesehen kann die Inflation also nur einen sehr begrenzten Beitrag zum Schuldenabbau leisten – sie ist also kein geeignetes Instrument, um das Problem der Staatsverschuldung strukturell zu lösen.

Wirtschaftswachstum

Eine andere Vorstellung wäre das allmähliche Herauswachsen aus den Schulden. Nominal sinkt die Staatsschuld nicht. Aber sie fällt in Relation zu einer stark gewachsenen Wirtschaft nicht mehr so ins Gewicht.

Thomas Piketty sagt dazu:

»Dass das Wachstum, abgesehen von Ausnahmesituationen oder Aufholprozessen, immer relativ schwach war, und dass alles darauf hindeutet, dass es in Zukunft noch schwächer ausfallen wird.« (Piketty, Das Kapital, S. 105)

Die Wachstumsraten der entwickelten Länder sinken. Das ist ein natürlicher Prozess, weil die Wachstumspotenziale ausgeschöpft sind. Piketty rechnet in einer optimistischen Projektion – er merkt an, dass die meisten Ökonomen von niedrigeren Wachstumsraten ausgehen – mit einem durchschnittlichen jährlichen Wachstum der entwickelten Industriestaaten von 1,2 Prozent. Höhere Wachstumsraten sind in den Schwellenländern mit 4 bis 5 Prozent zu erwarten, die sich dadurch in einem langen Konvergenzprozess an das westliche Wohlstandsniveau annähern. (vgl. Piketty, Das Kapital, S. 105 ff.)

Schließlich gewinnen wachstumskritische Überlegungen an Bedeutung: Kann eine Wirtschaft immer weiter wachsen? Gibt es ökologische oder soziale Grenzen? – wie es eine weltweite Umverteilung zugunsten armer Länder erfordert (bzw. ein Abbau von Privilegien der reichen Länder).

Wer Schulden abbauen will, darf keine neuen Schulden machen. Das Wachstum seit Ende des 2. Weltkriegs war kreditfinanziert, jedoch nicht vollauf kreditbedingt. Das Ausmaß des Wachstums und des heutigen Wohlstands ist wohl zu einem nicht unerheblichen Teil kreditbedingt. Ein Politikwechsel im Sinne einer Abkehr von der bisherigen Schuldenpolitik beinhaltet auch einen Verzicht auf dieses künstliche Wachstum zugunsten eines niedrigeren, aber sichereren Wachstums. So fügt sich dieser Politikansatz auch in die Überlegungen über die ökologischen und sozialen Grenzen des Wachstums ein.

Wir müssen wohl lernen, Wohlstand und soziale Gerechtigkeit auch ohne Wachstum zu gestalten. Schuldenabbau durch Wirtschaftswachstum ist keine realistische Perspektive der Politik. In Wachstumskategorien gedacht, hieße es: Mit Wachstumsraten von 1,2 Prozent (optimistische Annahme) ist kein Schuldenabbau möglich.

Der Zyklus der Stabilität geht seinem Ende zu. Die Staatsinsolvenz ist unausweichlich. Die Frage ist: Schiebt die Politik die Staatsinsolvenz auf Kosten der Bürger auf bis sie unkontrolliert ausbricht oder wird versucht, sie politisch zu gestalten, wirtschaftlich und sozial abzufedern und als Stunde null für einen Systemwechsel zu nutzen, für ein stabiles Staatswesen ohne Schulden.

Dass das Aufschieben von Problemen keine Lösung ist, ist ein Allgemeinplatz. Das Aufschieben einer Insolvenz ist im Strafrecht sogar eine Straftat. Mit gutem Grund: Die Gläubiger gewähren dem später insolventen Schuldner immer mehr Kredit; je später es zur Insolvenz kommt, desto größer ist der Ausfall. Das bedeutet: die herausragende politische Herausforderung der Gegenwart ist die politische Gestaltung der deutschen Staatsinsolvenz.

Staatsinsolvenz und Währungsreform

Weiter so Deutschland war der Wahlkampfslogan der CDU bei den Wahlen 1987. Dieser sollte ein optimistisches, positives Lebensgefühl transportieren. Heute gewinnt er eine ganz andere, hoffnungslose Bedeutung. Wir können die Staatsschulden nicht zurückzahlen. Wir können sie auch nicht auf andere Weise abbauen. Also: Weiter wie bisher? Weiter so Deutschland?

Nein, alle Indikatoren weisen auf das Ende der langen Stabilitätsphase nach dem 2. Weltkrieg hin. Das Motto bedeutet, in einen unkontrollierten und unkontrollierbaren Crash hineinzulaufen. Vielleicht kann man ihn noch – wie schon seit Jahren auf Kosten der Bürger im Sinne einer Insolvenzverschleppung geschehen – aufschieben, abwenden aber nicht.

Im privaten Insolvenzrecht ist die Insolvenzverschleppung eine Straftat (§ 15a IV InsO): Wer die Insolvenz verschleppt, schädigt die Gläubiger. Sie gewähren dem unerkannt insolventen Schuldner weiter Kredit, tätigen weiter Geschäfte mit ihm. Ihre Forderungen, mit denen sie später ausfallen werden, wachsen weiter an. Die Insolvenzquote sinkt. Wenn ein Unternehmen die Insolvenz verschleppt, schädigt es auch die eigenen Mitarbeiter. Die Chance auf eine geordnete Restrukturierung mit dem Erhalt von Arbeitsplätzen schwindet: Am Ende bleibt allein die Abwicklung.

Auch im öffentlichen Bereich gibt es diese Verschleppungskosten. Die europäischen Unterstützungsaktivitäten mit immer neuen Krediten an notleidende Staaten haben am Ende ein Ergebnis: einen noch höheren Forderungsausfall. Die europäische Geldmengenaufblähung (quantative easing der EZB) führt zu einem immer größeren Geldüberhang. Um den Geldüberhang zu beseitigen, muss das zu viele Geld am Ende in einer Währungsreform wieder vom Markt genommen werden, die Sparer verlieren ihr Geld. Die Umtauschquote für die neue Währung wird umso schlimmer, je größer der Geldüberhang ist.

Je länger wir warten, je länger wir den Schnitt herauszögern, desto leidiger werden die politischen, sozialen und wirtschaftlichen Folgen. Der deutsche Staat muss sich durch eine Insolvenz von seinen Schulden befreien und das Geld durch eine Währungsreform wieder auf eine erfrischte Basis stellen.

Staatsinsolvenz

Staatsinsolvenz vollzieht sich in Verhandlungen mit den Gläubigern. Es wird eine Quote, ein Hair-Cut, verhandelt. Die Gläubiger verzichten auf einen bestimmten Prozentsatz ihrer Forderungen, sie erhalten die Quote. Ziel der Verhandlungen ist es von Gläubigerseite, eine möglichst hohe Quote zu erreichen. Ziel von Schuldnerseite ist es, den Zugang zum internationalen Kapitalmarkt zu bewahren. Zum Teil wird dieser Verhandlungsprozess mit Hilfskrediten flankiert, die das Überleben des Schuldners und damit seine Zahlungsfähigkeit sichern sollen.

Zielsetzung und Folgen dieser klassischen Staatsinsolvenz sind mit einem grundlegenden Politikwechsel und einer Abkehr von der bisherigen Schuldenpolitik nicht vereinbar.

Es kann kein Ziel sein, den Zugang zum internationalen Finanzmarkt aufrecht zu erhalten. Denn das heißt ja, dass der Staat wieder neue Schulden machen will, so dass sich der Staat weiter im Teufelskreislauf der Schulden dreht. Im Gegenteil: Ziel muss es sein, ohne die internationalen Finanzmärkte auszukommen, d.h. den Staat solide ohne neue Schulden zu finanzieren.

Es kann auch kein Ziel sein, den Gläubigern eine möglichst hohe Quote zu sichern. Denn die Folge wäre, dass beim Staat eine Restschuld verbleibt, die wiederum nicht getilgt wird – sondern (im altbewährten bisherigen Verfahren) nur durch neue Kredite abgelöst und fortlaufend umgeschichtet wird.

Diese Art von Insolvenz ist keine strukturelle Lösung – sondern hält den Teufelskreislauf der ständigen Refinanzierung von Schulden durch neue Schulden am Laufen.

Diese Art von klassischer Staatsinsolvenz kann also nicht Gegenstand der hiesigen Überlegungen sein. Es muss vielmehr um einen strukturellen Ausstieg aus dem jetzigen System der Staatsfinanzierung gehen, einem Abschied vom internationalen Finanzmarkt. Deutschland muss in einem einseitigen souveränen Akt erklären, dass es seine (expliziten) Staatschulden nicht mehr bedient. Für diese Art von Insolvenz gibt es (leider) keine historischen Leitbilder, wie für die Eurokrise ja auch nicht.

Währungsreform

Die einseitig erklärte Staatsinsolvenz löst die Schuldenfrage. Es bleibt der Geldüberhang. Hier muss die Währungsreform eingreifen.

Umtauschkurs

Während laufende Verbindlichkeiten (Gehalt, Miete etc.) in einem Kurs 1:1 in die neue Währung zu konvertieren sind, muss das Geldvermögen durch einen entsprechenden Umtauschkurs ($1/x > 1$) abgebaut werden. Maßstab für den Umtauschkurs des Geldvermögens ist der vorgefundene Geldüberhang.

Die Währungsreform 1948 sah einen Umtauschkurs 1:10 vor. Den genauen Geldüberhang zu beziffern, ist schwierig. Eine Näherung mag helfen: Die aktuelle Bilanzsumme mit der Vorkrisenbilanzsumme der Zentralbank vergleichen und so ein Verhältnis herstellen. Die Bilanzsumme der Deutschen Reichsbank hatte sich durch die Kriegsfinanzierung in etwa verzehnfacht – folglich der Umtauschkurs 1:10.

Die europäische Geldmenge hat sich bei geringem realwirtschaftlichem Wachstum seit der Einführung des Euros verdreifacht und wird sich durch die Politik der EZB (quantative easing) im Laufe des Jahres 2016 vervierfachen. Für die aktuelle Währungsreform ist also ein Umtauschkurz zwischen 1:3 oder 1:4 möglich.

Soziale Folgen der Währungsreform

Aus sozialen Gründen wäre eine Staffelung des Umtauschkurses wünschenswert: Kleine Vermögen sollten zu einem besseren Kurs, höhere Vermögen zu einem schlechteren Kurs getauscht werden können. Im Durchschnitt muss sich die Quote von 1:3 bzw. 1:4 ergeben.

Die Altersente wird wie andere laufende Verbindlichkeiten 1:1 umgerechnet. Die aktuelle Altersrente ist nicht kapitalbasiert, sondern unterliegt dem Umlageverfahren. Die Abwertung des Kapitals wird also – anders als bei der Währungsreform 1948 – keine negative Auswirkung auf das Rentenniveau haben. Zum Umgang mit impliziten Schulden stellen wir nachfolgend ein Maßnahmenpaket vor, das die soziale Sicherung besser stützen und finanzieren wird.

Auch wenn die Altersrente als eine soziale Grundaufgabe des Staates normal weiterläuft, stellen sich Fragen der sozialen Gerechtigkeit und der Gleichbehandlung.

Zum einen wird die kapitalgedeckte, private Alterssicherung von der Währungsreform in einer Weise betroffen, die im Vergleich zur gesetzlichen Rentenversicherung unter Gerechtigkeitsgesichtspunkten nicht hinnehmbar ist. Die Kapitaldecke wird 1:3 bzw. 1:4 abgewertet – mit der Folge, dass die private Rente einbricht. Dabei ist der Sachverhalt aus Sicht der Betroffenen der Gleiche: Sie haben Beiträge gezahlt, damit sie im Alter eine Absicherung haben. Dieses Problem kann aber nur durch sozialistische Interventionen lösen, indem eine Gleichbehandlung hergestellt wird: Die privat Altersversicherten müssen so geteilt werden, als wenn sie mit ihren Zahlungen in die gesetzliche Rentenversicherung eingezahlt hätten.

Ein anderes Problem ist, dass eine oberflächliche Währungsreform allein das Geld erfasst, andere geldwerte Kapitale bleiben unangetastet, wie z. B. Grundvermögen. Auch für diese Anlagen muss eine sozialistische Intervention gelten. Die Inhaber sonstigen Vermögens müssen an den Lasten der Währungsreform angemessen beteiligt werden.

Ausstieg aus dem Euro

Die Europäische Währungsunion fügt dem Unterfangen Währungsreform eine weitere Komplexität hinzu. Deutschland verfügt zurzeit über keine eigene nationale Währung. Die Währungsreform impliziert also den Ausstieg aus dem Euro und die Wiedereinführung einer eigenen nationalen Währung.

Oder wäre auch eine konzertierte europäische Aktion, eine gesamteuropäische Währungsreform denkbar? Ein radikaler Politikwechsel weg von der alten Schuldenpolitik stößt schon in Deutschland auf erhebliche Durchsetzungswiderstände. Auf Europäischer Ebene dürften sie unüberwindbar sein.

Eine gesamteuropäische Währungsreform unter Beibehaltung der Einheitswährung wäre aber auch aus sachlichen Gründen der falsche Weg. Die für das solide Funktionieren einer Einheitswährung vorauszusetzende wirtschaftliche und finanzpolitische Konvergenz besteht innerhalb der Eurozone nicht, vielmehr zieht sich durch Europa ein scharfer Riss zwischen Norden und Süden. Der Euro ist eine Schuldenfalle.

Die vermeintliche Geldstabilität hat zu einer Kapitalschwemme in den südlichen Euro-Staaten geführt, die es bei Beibehaltung der nationalen Währungen nie gegeben hätte. So wurde ein hoher

Schuldenstand aufgebaut. Die Südstaaten können nicht mit Währungsabwertung reagieren, die eine Abwertung der Schulden und einen relativen (gegenüber Staaten mit starker Währung) Gewinn an Wettbewerbsfähigkeit bedeutet. Der Euro hat die Südstaaten in die Schuldenfalle gelockt und versperrt ihnen zugleich den Ausweg.

Denkbar wäre allenfalls ein »Nordeuro«, wenn sich andere wirtschaftlich konvergente Nordstaaten der deutschen Währungsreform und Neuausrichtung der Politik anschließen wollen.

Der Umgang mit impliziten Schulden

Der Weg aus der der expliziten Staatsschuld ist klar: Deutschland erklärt in einem einseitigen souveränen Akt die Einstellung sämtlicher staatlicher Zahlungen. Dieser Weg ist theoretisch auch bei der impliziten Staatsschuld denkbar. Deutschland stellt die Zahlung ein; zahlt keine Altersrenten mehr aus. Alte Menschen müssen wieder arbeiten, sie werden von ihren Familien unterstützt oder stürzen in Altersarmut. Eine soziale Katastrophe.

Dabei liegt dieses Szenario nicht mehr fern: Wenn wir nicht den Weg einer kontrollierten, geplanten Insolvenz gehen, werden die Schulden steigen bis es zum totalen Zusammenbruch kommt, einer unkontrollierte Staatsinsolvenz, die den Staat zerstört. Demgegenüber soll die kontrollierte Insolvenz den Staat stärken, indem sie ihn von seiner expliziten Schuldenlast und seiner Abhängigkeit vom Finanzmarkt befreit.

Implizite Schulden sind künftige Zahlungsversprechen des Staates an seine Bürger, z. B. einer Altersrente. So gesehen sind implizite Schulden kein Übel (wie explizite Schulden), sie sind vielmehr Ausdruck des Sozialstaats: Der Staat bindet sich an seine soziale Aufgabe. Aber und das ist das entscheidende: Diese soziale Aufgabe muss solide finanziert sein, sonst führt die falsch finanzierte

(Kreditaufnahme) soziale Aufgabe in die soziale Katastrophe einer unkontrollierten Staatsinsolvenz.

Die bisherige Taktik im Umgang mit impliziten Schulden ist eine antisoziale Doppelzange:

- die Erhöhung Beitragssätze bzw. deren Konservierung auf einem hohen Niveau

- die partielle Rücknahme staatlicher Leistungsversprechen.

Der größte Anteil der Sozialabgaben entfällt auf die Rente. 1970 betrug der Beitragssatz zur Deutschen Rentenversicherung 17 Prozent, seinen bisherigen Höhepunkt erreichte der Beitragssatz 1998 mit 20,3 Prozent, danach ist er wieder langsam auf 18,7 Prozent abgesunken. Die Entwicklung der Sozialabgaben insgesamt hat sich zurzeit bei ca. 40 Prozent eingependelt. 1980 lag der Gesamtbeitragssatz bei 32,4 Prozent, um dann 1997/1998 den Höhepunkt von 42,1 Prozent zu erreichen.

Parallel dazu wird das Leistungsniveau in allen Zweigen der Sozialversicherung abgesenkt. Die wichtigsten Einschnitte: Die Bezugsdauer des Arbeitslosengelds I wurde seit dem 1. Februar 2006 auf 12 Monate begrenzt. Die Arbeitslosenhilfe wurde abgeschafft. Die Rente wurde durch den sogenannten demographischen Faktor (später: Nachhaltigkeitsfaktor) abgesenkt. Das Renteneintrittsalter wurde auf 67 Jahre angehoben.

Solche sozialen Kürzungen bedeuten, dass der Staat Zahlungsversprechen zurücknimmt. Das ist ein versteckter Staatsbankrott – der Staat kann (oder will) seine Zahlungsverpflichtungen nicht mehr erfüllen. Dabei zeigt sich eine unsoziale Asymmetrie: Während explizite Schulden zugunsten (reicher) Gläubiger weiter bedient werden, werden soziale Leistungsversprechen / implizite Schulden zugunsten sozial schwacher abgebaut.

Menschen für Demo-kratie setzen sich für eine Umkehrung der Verhältnisse ein. Das heißt: die expliziten Schulden sind einzustellen, die impliziten Schulden müssen weiter bedient werden. Menschen für Demo-kratie plädieren zudem für eine soziale Änderung der Finanzierungsstrategie. Anstelle der antisozialen Doppelzange soll eine soziale Verbreiterung der Finanzierungsbasis treten.

Das erfordert erstens eine radikale Familien-/Demographie politische Gegensteuerung. Denn die Generationenbasis ist schmal und wird schmaler.

Der demographische Wandel führt dazu, dass immer weniger junge Menschen immer mehr alte Menschen finanzieren müssen. Vielleicht ist diese Entwicklung unvermeidbar. Sie beruht auf völlig falschen wirtschaftlichen Anreizen. Eltern tragen erhebliche Kosten für die Betreuung ihrer Kinder (Kinderkrippe,- garten und -hort). Die monatlichen Kosten können sich auf ca. 300 Euro belaufen. Dem steht ein symbolisches Kindergeld in Höhe von 190 Euro gegenüber. Kosten, wie höhere Miete für größeren Wohnbedarf, Ausgaben für die Versorgung der Kinder – und die geringeren Verdienstchancen (weniger flexible Arbeitszeiten/Begrenzung der Arbeitszeiten wegen Betreuung der Kinder) wurden dabei noch gar nicht berücksichtigt.

Daraus entsteht die in sich widersprüchliche Situation, dass diejenigen, die durch Kinder zu einer Stabilisierung der Beitragslage beisteuern, anstelle einer dadurch sachlich gerechtfertigten Entlastung, eine Mehrbelastung erfahren. Waren Kinder einst Grundlage der in der Familie organisierten Altersvorsorge, sind sie jetzt eine wirtschaftliche Belastung. Diese Verhältnisse müssen wieder abgeschafft werden.

Das erfordert zweitens eine radikale Erweiterung der Einnahmeseite.

sachlich

Die Finanzierung sollte nicht nur aus Arbeitseinkommen sondern auch aus Kapitaleinkünften bestritten werden. Damit kann ein wichtiges Element der kapitalgedeckten Rente integriert werden. Um diesen Gedanken zu generalisieren: Alle Einkunftsarten sollten zur Finanzierung der Rente herangezogen werden.

persönlich

Aber die Verbreiterung sollte auch in persönlicher Hinsicht erfolgen. Die Finanzierung der Rente und sonstiger Sozialleistungen ist eine Aufgabe der Solidargemeinschaft, also aller leistungsfähigen Bürger. Es ist nicht einsichtig, warum z.B. Selbständige oder Reiche (über der Beitragsbemessungsgrenze) ausgenommen sind.

einkommensmäßig

Die Gehaltsstruktur ist falsch. Ohne Arbeitnehmer ist unternehmerischer Erfolg nicht denkbar. Gemessen an ihrer Bedeutung für die Wertschöpfung werden Arbeitnehmer nicht ausreichend an den Gewinnen der Wirtschaft beteiligt. Eine entsprechende soziale Neuordnung der Wirtschaft würde auch dazu führen, dass sich das Einkommen als eine Berechnungsgrundlage für die Sozialbeiträge verbreitern würde.

tariflich

Schließlich treten Menschen für Demo-kratie auch für eine tarifliche Verbreiterung eintreten. Wir haben ein Steuersystem mit einem progressiven Steuersatz. Ob die faktische Besteuerung höherer Einkommen wirklich höher ist als die niedriger Einkommen (Steuersparmöglichkeiten etc.) ist zwar zu bezweifeln. Aber ich möchte jetzt einfach von dem theoretischen Ansatz ausgehen. Der progressive Steuersatz ist durch zwei Argumente gerechtfertigt:

Leistungsfähigkeit

Wer ein höheres Einkommen hat, kann prozentual mehr abgeben (also Steuern zahlen), ohne seinen Lebensstandard unzumutbar einschränken zu müssen. Wer wenig hat, kann ggf. weniger oder gar nichts geben. Ein linearer Steuersatz würde also nicht der wirklichen, wirtschaftlichen Leistungsfähigkeit entsprechen.

Soziale Steuerung im Sinne sozialer Gerechtigkeit

Der Marktwirtschaft scheint gegenwärtig die Tendenz zu einer sozialen Spreizung inne zu wohnen. Piketty erklärt das u.a. mit einer Kapitalrendite die im Vergleich zu Arbeitseinkommen strukturell höher sei. Das Steuersystem will der sozialen Spreizung entgegen wirken.

Diese beiden Argumente lassen sich auch auf die Finanzierung der Rente übertragen. Das bedeutet: An die Stelle des linearen Beitragssatzes von 19 Prozent mit Deckelung müsste ein progressiver Abgabensatz ohne Deckelung treten. Mit einer solchen, umfassenden Verbreiterung der Einnahmesituation lässt sich die Grundlage für eine solide und soziale Finanzierung der Sozialleistungen legen.

Neuausrichtung der Politik

Der erste Lehrsatz der Politik lautet fortan: Der Staat darf sich nicht mehr verschulden. Er muss sich auf seine eigentlichen, die ihm eigentümlichen Finanzierungsmöglichkeiten besinnen: Steuern und Abgaben. Das schränkt die Handlungsfreiheit des Staats gewissermaßen ein, führt aber zu mehr Offenheit. Bürger und Staat müssen deuten, was sie wollen; überlegen, was das kostet; und entscheiden, ob sie zahlen können.

Dieses Gebot bezieht sich auf alle Schulden, implizite, wie explizite. Der Staat darf keine künftigen sozialen Verbindlichkeiten begründen, ohne dass eine entsprechende Vorsorge bzw. Rückstellung nach wirtschaftsmathematischen Grundregeln gebildet würde – anstatt Schulden zu machen, muss der Staat seine Finanzen kontrollieren.

Piketty beschreibt in seinem Buch »Das Kapital des 21. Jahrhunderts«, wie sich das Verhältnis zwischen Kapital und Einkommen zugunsten des Kapitals verschiebt. Das bedingt soziale Ungleichheit: großes, konzentriertes Vermögen auf der einen Seite bei niedrigen bzw. stagnierenden Einkommen auf der anderen. In dieser Hinsicht ist die Währungsreform auch ein sozialer Einschnitt: Vermögen werden abgebaut, so dass wieder ein sozial gesundes Gleichgewicht zwischen Vermögen und Einkommen entstehen kann.

Dieser soziale Neustart ist vergeblich, wenn die Politik eine erneute Schere von Vermögens- und Einkommensentwicklung zulässt. Deswegen muss der Staat die Steuern und Sozialabgaben im Sinne einer relativen Gleichheit einsetzen. Das bedeutet ansteigende Steuersätze. Das bedeutet aber auch eine andauernde Ausgestaltung der Sozialabgaben. Alle Bürger, auch und gerade die Reichen, sind vom Staat für die Aufgabe der sozialen Absicherung heranzuziehen.

Das jetzige Sozialversicherungssystem entlässt paradoxer Weise gerade diejenigen, die am leistungsstärksten sind, aus ihrer sozialen Pflicht. Alle müssen herangezogen werden und zwar nach ihrem Leistungsvermögen, nach einem progressiven Tarif. Auch hier ist das aktuelle Sozialversicherungssystem paradox: es ist degressiv, indem es die Beitragshöhe ab einem gewissen Einkommen deckelt. Möglich ist zudem eine (progressive) Kapitalsteuer.

Wichtiger als die steuer- und abgabenrechtliche Korrektur marktwirtschaftlicher Fehlentwicklungen ist eine ursachenorientierte Lösung. Die staatliche Verschuldungspolitik hat zur Bildung von Vermögen und dem Ungleichgewicht zwischen Vermögen und Einkommen beigetragen. Der Rückzug des Staats aus der Schuldenpolitik ist also auch ein sozialpolitischer Beitrag – er entschärft die marktwirtschaftliche Tendenz zur gleichheitswidrigen Vermögensakkumulation.

Diese Überlegungen dürfen sich aber nicht auf den öffentlichen Sektor beschränken. Auch in der Privatwirtschaft ist ein Umdenken weg von aggressiver Kreditfinanzierung hin zu nachhaltigem Wirtschaften zu fordern. Erfolgreiche Unternehmen wie Aldi oder Alnatura, die stark gewachsen sind bzw. immer noch stark wachsen, zeigen dass Unternehmen im Wesentlichen auch ohne Kredit erfolgreich wirtschaften und expandieren können. Es ist absurd, wenn die herrschende Wirtschaftslehre solche Unternehmensmodelle wegen der schlechten Eigenkapitalrendite kritisiert. Da diese Unternehmen nur mit Eigenkapital und ohne Fremdkapital operieren, ist ihre Eigenkapitalrendite relativ gesehen zu Unternehmen, die stärker mit Fremdkapital operieren, schlecht. Das ist aber kein Ausweis schlechten Wirtschaftens – sondern ein Qualitäts- und Nachhaltigkeitssiegel. Wie gesagt, hier ist ein (fundamentales) Umdenken erforderlich.

Ein politisches Programm darf sich aber nicht auf bloße Plädoyers zum Umdenken beschränken, sondern muss konkrete politische Maßnahmen erarbeiten. Schaltstelle der privatwirtschaftlichen Kreditvergabe sind die Geschäftsbanken. Eine wirksame Politik muss hier ansetzen.

Oft ist dies Sprache vom Geldmonopol des Staates. Der Staat legt die Währung als gesetzliches Zahlungsmittel fest. Es ist Aufgabe und Monopol der staatlichen Zentralbank, dass Geld in den Umlauf zu bringen.

Das ist aber nur ein Teil der Wahrheit. Denn die Geschäftsbanken beschränken sich nicht darauf, das Zentralbankgeld an ihre Kunden zu verteilen. Sie schaffen selbst Geld, das. sog. Giralgeld, indem sie Geld, das sie gar nicht haben, verleihen. Das funktioniert, weil und solange nicht alle Bankkunden gleichzeitig ihr Geld zurückhaben wollen. Die Banken haben nur eine kleine Barreserve. Sie reicht aus, um die Auszahlungswünsche der Kunden zu befriedigen – aber nur im Durchschnitt. Wenn alle Kunden in einer Krise ihr Geld zurück haben wollen, kann das die Bank nicht. Sie hat nicht so viel Geld. So kommt es zu Bankenkrisen.

Das bedeutet, dass das staatliche Geldmonopol in Wirklichkeit nur sehr limitiert ist. Ein Großteil des Gelds wird nicht vom Staat, sondern von privaten Banken geschaffen. Es ist nicht per se falsch, staatliche Aufgaben auf private Unternehmen zu übertragen. Das Problem liegt an einer anderen Stelle: Die Geschäftsbanken verleihen Geld, das sie nicht haben; sie mehren so die Geldmenge, tragen also zur Geldentwertung bei und schaffen erhebliche Risiken, weil ihre Geschäfts nicht gedeckt sind.

Vor allen Dingen: Die Geschäftsbanken schaffen auf diese Weise Vermögen als Counterpart der Schulden. Die Giralgeldschöpfung der Geschäftsbanken ist also ein wesentlicher Beitrag zur Vermögensbildung und -konzentration, die das soziale Gleichgewicht gefährdet.

Das politische Gegenprogramm ist die konsequente Durchführung des staatlichen Geldmonopols, die den Geschäftsbanken die Befugnis zur Geldschöpfung entzieht. Die demokratiekritische (Über-)Macht der Banken würde gebrochen, indem sie auf ihre eigentliche Aufgabe zurückgeführt und beschränkt würden. Sie könnten dann nur noch Geld verleihen, das sie haben. An die Stelle einer kleinen Barreserve würde die 100 Prozent Deckung treten. In der Wissenschaft heißt die Vollgeld. Die Funktion der Geschäftsbanken würde sich somit auf die Verteilung bzw. Zuteilung des Geldes beschränken: Sie sammeln es ein, wo es nicht gebraucht wird und verleihen es an Unternehmen oder Private, die das Geld für Investitionen benötigen. Eine Abwicklung der Banken auf Kosten der Steuerzahler wird es dann nicht mehr geben.

Die Maßnahmen von Staatsinsolvenz und Währungsreform werden zwangsläufig eine Neuordnung des Bankenwesens nach sich ziehen.

Viele Geschäftsbanken werden den Weg in die Insolvenz gehen, wenn Deutschland den Schuldendienst einstellt. Das ist eine Chance. Der private Bankensektor wird (gesund-) schrumpfen. Und das Bankwesen kann neu geordnet werden: im Sinne einer Vollgeldreform. Die staatliche Zentralbank wird dann einen Teil der Finanzierungsaufgaben, die jetzt bei den privaten Geschäftsbanken angesiedelt sind, übernehmen und so nachteilige Folgen für die Wirtschaft abfedern.

Ein solcher Neuanfang, ist im Rahmen des gegenwärtigen Politik- und Verfassungssystems unmöglich. Die Widerstände aus Politik und Wirtschaft wären unüberwindbar – denn der Neuanfang widerspricht den Interessen und Privilegien der Mächtigen. Ein solcher Neuanfang ist möglich, wenn die Entscheidung über die Geschicke unseres Gemeinwesens aus den Händen einer abgeschirmten Machtelite dort hingelegt wird, wo sie in einer Demokratie hingehört: nämlich in die Hände des Volks. Dies ist allein durch eine radikale Verfassungsreform im Sinne der Selbstverwaltung des Volkes und echter, direkter Demokratie zu erreichen.

Wer folgt auf Angela Merkel?

Obgleich der derzeitige Bundesfinanzminister Wolfgang Schäuble vermutlich seit seinem Eintritt in die CDU im Jahre 1965, davon träumen mochte, Bundeskanzler zu werden, so ist fraglich, ob er dafür berufen sein kann.

Wolfgang Schäuble gilt als dienstältester Abgeordneter im Bundestag (er trat 1972 bei). Er folgte der Kanzlerin am 22. November 2005 als Bundesminister des Innern in die von Angela Merkel geführte Bundesregierung (Kabinett Merkel I) und dies, obwohl seine Berufung wegen seiner Beteiligung an der CDU-Spendenaffäre kritisiert worden war; 2009 wurde er ins Kabinett Merkel II umgebettet, wo er das Amt des Finanzministers übernahm. Gemeinsam mit der Kanzlerin unterstützte er Entscheidungen, wie die zur Ratifizierung des

ESM bzw. des Fiskalpakts; vertrat ein den Bankrott verschleppendes Deutschland international, vor allem bei Verhandlungen zur sogenannten Rettung des Euro und gab keine Auskunft darüber, wie sehr Deutschland verschuldet ist. Statt dessen proklamierte er einen ausgeglichenen Haushalt, was durch Tricks erreicht wurde.

Einem Mann, wie Wolfgang Schäuble, der für deutsche Sicherheit und finanzielle Verantwortung hätte stehen müssen und dies nicht im Sinne des Volkes, sondern als Konsequenz der Krise und im Interesse der Hochfinanz (US-Eliten) tat, kann kaum zugetraut werden, die Regierungsgeschäfte zu führen, wenn der Euro einst Geschichte sein muss. Folglich wird Wolfgang Schäuble zu denen gehören, die einer rechtlichen Prüfung zu unterziehen sind. Das gilt für alle Mitglieder des Kabinetts Merkel II, für alle Parlamentarier, für alle Verantwortlichen bei der Presse, in Lobbyistenteams und sonstigen regierungsnahen Firmen und Vereinigungen, aber auch der Kirche und bei den Gewerkschaften.

Es folgt daraus, dass die neue Regierung nach dem Modell der Selbstverwaltung im Sinne echter, direkter Demokratie nicht aus jenen Reihen hervorgehen kann. Dies können Menschen, die eine fachliche Qualifikation für die entsprechenden Ministerien haben, Führungsqualitäten und den Willen, dem Volk zu dienen. Es müssen Menschen sein, die unberührt von jenen Vorgängen um die sogenannte Eurorettungspolitik geblieben sind bzw. durch ihre Arbeit nachweisen können, dass sie an der Schuldenmache im ganz großen Stil nicht teilhatten. Jenen Bewerbern muss außerdem gemein sein, dass ihre Interessen, politische Arbeit leisten zu wollen, allein dem Volk dienen. Aus diesem Grund dürfte der am besten geeignetste Kandidat ein parteiloser, politisch aufgeklärter Mensch sein, der bereit ist, neue Spielregeln zu entwerfen und alte über Bord.

Selbstverwaltung

Das deutsche Volk darf nicht länger passiv sein, weil es Parteipolitik zum Nutzen eigener Interessen so verfügt. Menschen für Demo-kratie fordern den Umbruch – die Selbstverwaltung des Volkes im Sinne einer echten, direkten Demokratie. In unserem Buch »Das deutsche Desaster« haben wir eine Verfassung für Deutschland vorgestellt. Sie beendet die Gültigkeit des provisorischen Grundgesetzes und wird vom Volk bestätigt. (Humphrey/Rey: Das deutsche Desaster, Frankfurt am Main 2014, S. 231 ff.)

Deutschland wird endlich ein wirklich souveräner, also unabhängiger Staat, der in friedlicher Koexistenz mit andern Staaten lebt. Lange war dies vage geblieben.

Die deutsche Wehrmacht kapitulierte am 7. Mai 1945 vor den Westmächten; am 8. Mai 1945 endete der 2. Weltkrieg durch Kapitulation vor Russland. Es siegte das Staatenbündnis, das gegen Hitler und seine größenwahnsinnigen Pläne gekämpft hatte. Am 5. Juni 1945 wurde Deutschland per »Berliner Erklärung« in Besatzungszonen aufgeteilt; es regierten die vier Siegermächte USA, Frankreich, Großbritannien und die Sowjetunion. In Deutschland gab es weder Parteien, noch eine Regierung, die die Staatsgeschäfte zu übernehmen in der Lage gewesen wäre.

Da es keine einheitlichen Absichten darüber gab, wie mit Deutschland zu verfahren sei, trafen die Siegermächte USA, Sowjetunion und Großbritannien auf der sogenannten Potsdamer Konferenz zusammen, die vom 17. Juli bis zum 2. August 1945 stattfand. Ziel war es, einen Friedensvertrag mit Deutschland zu erreichen. Da aber beispielsweise keine Einigkeit darüber herrschte, wie die Ostgrenze Deutschlands zu gestalten sei, wurde das Problem der deutschen Unabhängigkeit in Form eines (Friedens-)Vertrags mit Gründung beider deutscher Staaten (1949) verschleppt.

Die Deutsche Demokratische Republik und die Bundesrepublik Deutschland vertraten verschiedene wirtschaftliche und soziokulturelle Ansichten. Die BRD galt als Speerspitze der Westmächte (NATO); die Deutsche Demokratische Republik galt als Speerspitze der Ostmächte (Warschauer Pakt). Die DDR beharrte darauf, als eigenständiges Land anerkannt zu werden, was die BRD verweigerte. Die durfte jedoch nicht im Interesse aller Deutschen in etwa um einen Friedensvertrag verhandeln, woraus deutlich wird, dass zunächst allein die Wiedervereinigung beider deutscher Staaten zur Unabhängigkeit Deutschlands führen konnte.

Aufgrund der Bewegungen »Glasnost« und »Perestroika« und der Umgestaltung und Auflösung der Sowjetunion, verlor sich der »Warschauer Pakt«. Die DDR verblieb, wie alle anderen Mitglieder des Bündnisses, ohne nennenswerte Wirtschaftskraft, viel schlimmer noch: Das Land hatte keinen Gegenwert gedeckten Staatshaushalt vorzuweisen. So erging es allen Staaten des »Warschauer Paktes«. Ein jedes war bestrebt, eigenständig zu werden, mit Anerkennung der Staatsform, der Verfassung und der Regierung.

Verhandlungen zwischen den deutschen Staaten führten zur Übereinkunft, das Land wieder zu vereinen. Die Mauer in Berlin fiel im November 1989; die rechtliche Grundlage der Wiedervereinigung wurde jedoch erst im Oktober 1990 besiegelt. Die Eigenmächtigkeit der beiden deutschen Staaten muss die vier Siegermächte überrumpelt haben. Sie hatten ja die Teilung des Landes bei den sogenannten Friedensverhandlungen in Potsdam 1945 vorgezogen, anstatt einen souveränen Staat zuzulassen.

Anstatt sich um gegenseitige Anerkennung zu streiten und die allein traurige Bedeutung zu erlangen, für irgendwelche anderen Staaten Werkzeug zu sein, wäre ein eigenständiger Vertrag, der den deutschen Staaten gewährt hätte werden müssen, zu jeder Zeit möglich gewesen. Vertreter der BRD hätten, ebenso wie Vertreter der DDR, einen gemeinsamen Vertrag aushandeln und den Siegermächten vorlegen können – oder die Siegermächte hätten einen solchen Vertrag anbieten können. Es ist unklar, ob es Bestrebungen dieser Art gegeben haben mag.

Für die BRD galten seit dem sogenannten Bonner Vertrag (1952) vier Einschränkungen, die dem Land alle Hoffnung darauf nahm, als eigenständiger, souveräner Staat gelten zu dürfen: das Verbot von Referenden zu militärpolitischen Fragen, das Verbot des Anspruchs auf den Abzug der alliierten Truppen vor der Unterzeichnung des Friedensvertrags. Zudem wurden die Beschlussfassung vor den Beratungen mit den Siegermächten sowie die Entwicklung einzelner Bestandteile der Streitkräfte verboten, darunter möglicher Massenvernichtungswaffen.

Mit dem Mauerfall 1989 tauchte die historische Altlast wieder auf. Beide deutsche Staaten waren in der Lage, über ihre Souveränität zu verhandeln. Die sogenannten Zwei-plus-Vier-Gespräche wurden ins Leben gerufen, deren Ergebnis der sogenannte Zwei-plus-Vier-Vertrag war, der eigentlich »Vertrag über die abschließende Regelung in Bezug auf Deutschland« hieß.

In diesem Vertrag verzichten die vier Siegermächte auf ihre Vorbehaltsrechte gegenüber Deutschland. Zehn Artikel regeln der Grenzfrage sowie die Bündniszugehörigkeit (NATO), Truppenstärke und des Verzichts auf ABC-Waffen. Er wurde von den deutschen Staaten sowie den vier Siegermächten am 12. September 1990 in Moskau unterzeichnet. Im Vertrag heißt es:

»Dieser Vertrag bedarf der Ratifikation oder Annahme, die sobald wie möglich herbeigeführt werden soll. Die Ratifikation erfolgt auf deutscher Seite durch das vereinte Deutschland. Dieser Vertrag gilt daher für das vereinte Deutschland.« (»Vertrag über die abschließende Regelung in Bezug auf Deutschland«, 12.9.1990, Art. 8(1)).

Die Unterschriften, die von den Außenministern Roland Dumas (für Frankreich), Eduard Schewardnadse (für die UdSSR), Douglas Hurd (für Großbritannien), James Baker (für die USA), der amtierenden Außenminister Ministerpräsident Lothar de Maizière (für die DDR) und Außenminister Hans-Dietrich Genscher (für die BRD) unter den Vertrag geschrieben wurden, mögen darüber hinwegtäuschen, dass der Vertrag am »Tag der deutschen Einheit, dem 3. Oktober« (1990) nicht ratifiziert war.

Dies erfolgte zwei Tage später durch den 1. gesamtdeutschen Bundestag, der sich im Berliner Reichstagsgebäude am 4. Oktober konstituierte – 663 Abgeordnete zählte er (519 Mitglieder des alten Bundestages plus 144 von der Volkskammer der DDR gewählte Mitglieder). Als letzter Vertragspartner ratifizierte die Sowjetunion den Vertrag am 3. März 1991. Mit diesem Tag endet die deutsche Nachkriegszeit. Die USA, Großbritannien, Frankreich und die Sowjetunion haben ihre Besatzungsrechte aufgehoben. Sie vereinbarten eine Reduzierung ihrer in Deutschland stationierten Streitkräfte.

Am 18. Juni 1994 findet in Berlin die letzte gemeinsame Parade der westalliierten Truppen statt. Knapp einen Monat später, am 8. September, werden die Westalliierten in Berlin verabschiedet. Zum ersten Mal findet am Brandenburger Tor im vereinten Berlin der Große Zapfenstreich als höchstes Zeremoniell der Bundeswehr statt. Am 31. August 1994 werden die letzten russischen Soldaten in Anwesenheit des Präsidenten Boris Jelzins in Berlin verabschiedet. Im Gegenzug zu dem Truppenabzug verpflichtet sich Deutschland zur Finanzierung neuer Wohnungsanlagen für die Soldaten in Russland. An diesem Tag verließen Deutschland 380.000 russische Soldaten und 210.000 Zivile.

Mit dem »2+4-Vertrag« hat Deutschland seine friedliche Souveränität in der Welt neu begründet. Unklar bleibt aber, weshalb Deutschland, trotz dieser Souveränität, bisher keine neue Verfassung erarbeitete, die für das wiedervereinigte Deutschland gilt. Artikel 146 GG alter Fassung regelte:

»Dieses Grundgesetz, das nach Vollendung der Einheit und Freiheit Deutschlands für das gesamte deutsche Volk gilt, verliert seine Gültig-

keit an dem Tage, an dem eine Verfassung in Kraft tritt, die von dem deutschen Volke in freier Entscheidung beschlossen worden ist.«

Das bedeutet: Das Grundgesetz kann/darf/sollte von einer anderen Verfassung abgelöst werden. Im Zuge des Verfalls der parlamentarischen Demokratie, die sich einer missratenen Euro-Schuldenpolitik schuldig gemacht hat, die zur Verschleppung der Insolvenz Deutschlands und zur Beihilfe zur Insolvenzverschleppung für andere Euroländer führte, meinen Menschen für Demo-kratie, ist dies längst überfällig. Künftig sollte es heißen:

Das Volk entscheidet im Wege der Volksabstimmung über Sachfragen und bestimmt über die Leitlinien der Politik. Stellung und Bedeutung der politischen Verfassungsorgane (insbesondere Bundestag und Bundesregierung), ändern sich damit grundlegend. Es ist nicht mehr Aufgabe der Regierung, über das Volk zu bestimmen, sondern das Volk bestimmt über die Regierung. An die Stelle von Herrschaft tritt Dienst; es heißt Dialog, der dem Volk nützt; nicht Monolog, der dem Image der Parteipolitik zugutekommt. An Stelle von Selbstbedienung gibt es faire, vom Volk bestimmte Diäten.

Bundestag und -regierung werden zu Beratungs- und Ausführungsorganen. Sie beraten das Volk. Entscheidungsalternativen, Pro- und Contra-Argumente, mögliche langfristige Folgen von Sachentscheidungen können in der parlamentarischen Debatte herausgearbeitet und dem Volk vorgestellt werden. Und sie führen die Leitlinien, die vom Volk vorgegeben werden, konkret aus.

Beides setzt nicht Parteizugehörigkeit, sondern Sachkompetenz voraus. Damit verschieben sich die politischen Parameter. In der jetzigen Parteiendemokratie ist die Voraussetzung für ein politisches Amt die Parteizugehörigkeit. Der Kandidat qualifiziert sich durch die Parteikarriere, d. h., indem er sich in bedingungsloser Loyalität gegenüber der Parteiführung nach oben dient. Sachkompetenz gehört nicht zum Qualifikationsprofil. Nach diesem Parteiverfahren besetzt, können Bundestag und -regierung ihrer beratenden und ausführenden Aufgabe nicht gerecht werden. Bundestag und -regierung müssen sich von den Parteien emanzipieren. Das setzt eine Umkehrung der Verhältnisse voraus. Politisches Amt und Parteizugehörigkeit sind zu entkoppeln: Wer ein politisches Amt anstrebt, darf nicht Parteimitglied sein. Anstelle der Wahl nach Parteilisten muss eine Personalwahl treten.

Doch damit nicht genug. Um die erforderliche Sachkompetenz zu sichern, sind Prüfverfahren einzuführen. Nur wer die Prüfung besteht, qualifiziert sich für politische Ämter. Das ist in der Berufswelt an sich selbstverständlich: Wer einen Beruf ausüben will, muss die berufsqualifizierenden Prüfungen bestehen. Die Loslösung des Politikerberufs von jeglichen inhaltlichen Kompetenzanforderungen stellt eine Anomalie in der Berufswelt dar.

Vielleicht lässt sich die neue Rolle von Bundestag und -regierung mit den Geschäftsführern einer GmbH oder dem Vorstand einer Aktiengesellschaft vergleichen. Sie führen das Unternehmen, indem sie die Beschlüsse der Gesellschafter ausführen. Sie unterstehen der Kontrolle ihrer Gesellschafter.

In wirtschaftlicher Hinsicht gibt es das Controlling. Erfolg und Misserfolg werden beständig kritisch gemessen. Die Ergebnisse des Controllings bestimmen zukünftige Entscheidungen maßgeblich mit. Wie bei dem qualifikationslosen Politikerberuf gibt es hier eine eigentümliche Anomalie: Kein großes Unternehmen kommt ohne Controlling aus; demgegenüber kennt das größte Unternehmen – der Staat Deutschland – kein Controlling! So ist die Verschwendung von Steuergeldern schon fast sprichwörtlich, Steuerungs- und Controlling Mechanismen fehlen strukturell. Schwarz auf Weiß lässt sich das an den jährlichen Haushaltsgesetzen ablesen. Jahr für Jahr hat sich die Bundesrepublik weiter verschuldet. Solche Beschlüsse würden keine Controlling Abteilung passieren und wenn doch (weil die Controlling Abteilung intern ignoriert wird) unweigerlich den Weg zum Insolvenzrichter pflastern. Ohne Kontrolle entartet Politik von gemeinnützigem Dienst zu eigennütziger Herrschaft, von sinn- und maßvoller Verwaltung der Steuergelder zu verschwenderischer Geschenke- und Klientelpolitik. Wir brauchen Controlling. In unserem Verfassungsentwurf (vgl. Das Deutsche Desaster) haben Menschen für Demo-kratie vorgeschlagen, das Controlling beim Bundesrechnungshof anzusiedeln. Zu diesem Zweck muss der Bundesrechnungshof zu einem hochrangigen Verfassungsorgan ausgebaut werden, vergleichbar einem Aufsichtsrat bei einer Aktiengesellschaft. Er muss mit konkreten Vetorechten ausgestattet werden. Der Staatshaushalt kann nicht ohne seine Zustimmung aufgestellt werden.

Der Begriff »Compliance« bezeichnet unternehmensinterne Prüfung, steht also dafür, dass, rechtlich bindende Regularien eingehalten werden. Eine solche Prüfung müsste es auch für das deutsche Verfassungsrecht geben.

Das Bundesverfassungsgericht wird oft als »Hüter der Verfassung« betitelt, dem ist nicht so. Im Gegensatz zu Bundestag und -regierung hat es keinerlei Initiativrechte. Es kann nur auf Antrag tätig werden, aber die Antragsmöglichkeiten sind begrenzt. Nach der offiziellen Lesart, um eine Überlastung des hohen Gerichts zu verhindern. Inoffiziell, um der Politik eine nicht gewünschte, strenge Compliance vom Hals zu halten. Ähnlich wie dem Bundesrechnungshof eine umfassende Prüfungskompetenz in wirtschaftlichen Fragen zuzubilligen ist, sollte das BVerfG eine umfassende, rechtliche Prüfungskompetenz haben. Zu diesem Zweck ist das BVerfG in den Gesetzgebungsprozess einzubinden. Gesetzesvorlagen wären dem BVerfG vorzulegen. Nur wenn es keinen rechtlichen Widerspruch einlegt, kann das Gesetz verabschiedet werden.

Selbstverwaltung ist auf dreierlei Art zu erreichen:

- direkte Demokratie

- Sachkompetenz

- Kontrolle.

Es liegt am Willen des Volkes, diese Aufgaben für die Zukunft zu erkennen und umzusetzen.

Direkt-demokratische Mitbestimmung des Volkes

Menschen für Demo-kratie plädieren für direkte Demokratie. Dabei ist zu unterscheiden: Direktdemokratie bedeutet politische Herrschaft, in dem politische Macht allein und direkt durch die Gesamtheit der abstimmungsberechtigten Bürgerinnen und Bürger erfolgt. Dies gilt als Gegenmodell zur repräsentativen Demokratie, bei der Volksvertreter entscheiden. Außerdem ist unter direkter Demokratie das politische Entscheidungsverfahren gemeint, bei dem Bürgerinnen und Bürger politisch-inhaltliche Sachfragen auf dem Wege der Volksabstimmung unabhängig von Wahlen entscheiden. Dies kann auch im Rahmen einer repräsentativen Demokratie geschehen.

Bürgerinnen und Bürger entscheiden über Personen und inhaltliche Sachfragen durch Volksabstimmung. Direkte Demokratie verfügt über verschiedene Formen politischer Beteiligung: Anregungen, Referenden, Initiativen (Volksbegehren) und Plebiszite.

- Als Anregungen gelten Volksabstimmungen über Gesetzesvorschläge, deren Abstimmungsergebnisse für die Staatsorgane nicht bindend sind. Durch ein Referendum kann ein Parlamentsbeschluss über ein Gesetz oder eine Verfassungsbestimmung einer Volksabstimmung unterworfen werden.

- Initiative sind Entscheidungsverfahren, das von einzelnen Personen, Gruppen oder Organisationen initiiert wird.

- Von Plebisziten ist die Rede, wenn die Kompetenz zur Auslösung einer Volksabstimmung nicht den Stimmbürgerinnen und Stimmbürgern zukommt, sondern bei einem Staatsorgan liegt.

Am 30. Juni 2009 bestätigte das Bundesverfassungsgericht in seinem Urteil zum sogenannten Lissabon-Vertrag:

»*In einer Demokratie muss das Volk Regierung und Gesetzgebung in freier und gleicher Wahl bestimmen können. Dieser Kernbestand kann ergänzt sein durch plebiszitäre Abstimmungen in Sachfragen, die auch in Deutschland durch Änderung des Grundgesetzes ermöglicht werden könnten.*«

Damit schließt das Bundesverfassungsgericht die Einführung direkter Demokratie für Deutschland nicht aus, vertuscht aber einen Pferdefuß, denn nach Art. 79 GG gilt:

»*(1) Das Grundgesetz kann nur durch ein Gesetz geändert werden, das den Wortlaut des Grundgesetzes ausdrücklich ändert oder ergänzt. Bei völkerrechtlichen Verträgen, die eine Friedensregelung, die Vorbereitung einer Friedensregelung oder den Abbau einer besatzungsrechtlichen Ordnung zum Gegenstand haben oder der Verteidigung der Bundesrepublik zu dienen bestimmt sind, genügt zur Klarstellung, daß die Bestimmungen des Grundgesetzes dem Abschluß und dem Inkraftsetzen der Verträge nicht entgegenstehen, eine Ergänzung des Wortlautes des Grundgesetzes, die sich auf diese Klarstellung beschränkt.*

(2) Ein solches Gesetz bedarf der Zustimmung von zwei Dritteln der Mitglieder des Bundestages und zwei Dritteln der Stimmen des Bundesrates.

(3) Eine Änderung dieses Grundgesetzes, durch welche die Gliederung des Bundes in Länder, die grundsätzliche Mitwirkung der Länder bei der Gesetzgebung oder die in den Artikeln 1 und 20 niedergelegten Grundsätze berührt werden, ist unzulässig.«

Art. 20 GG besagt:

»*(1) Die Bundesrepublik Deutschland ist ein demokratischer und sozialer Bundesstaat.*

(2) Alle Staatsgewalt geht vom Volke aus. Sie wird vom Volke in Wahlen und Abstimmungen und durch besondere Organe der Gesetzgebung, der vollziehenden Gewalt und der Rechtsprechung ausgeübt.

(3) Die Gesetzgebung ist an die verfassungsmäßige Ordnung, die vollziehende Gewalt und die Rechtsprechung sind an Gesetz und Recht gebunden.

(4) Gegen jeden, der es unternimmt, diese Ordnung zu beseitigen, haben alle Deutschen das Recht zum Widerstand, wenn andere Abhilfe nicht möglich ist.«

Im Buch »Das deutsche Desaster« (ab S. 40) legten wir dar, dass sich Deutschlands Demokratie nicht auf diese Grundsätze (insbes. Art. 20 Abs. 2) beruft. Das Grundgesetz entstand 1949 nicht von einer vom Volk frei gewählten verfassungsgebenden Versammlung und wurde auch nicht auf diese Weise beschlossen. Es galt, weil viele Bundestagswahlen vergessen machten, dass das Volk nie über das Gesetz abgestimmt hatte. Bundestagswahlen wurden mit Legitimierung des Grundgesetzes gleichgesetzt; das Grundgesetz gilt einer Art Gewohnheitsrecht zufolge. (Jung, Otmar, Grundgesetz und Volksentscheid – Gründe und Reichweite der Entscheidungen des Parlamentarischen Rats gegen Formen der direkten Demokratie, Opladen 1994)

Parteipolitik bestimmt seit Gründung die Geschicke des Staates. Die repräsentative Demokratie, die in Deutschland gilt, entspricht einer Scheindemokratie, die auch nach 1989 durch eine gesamtdeutsche Verfassung nicht aufgehoben wurde. Dazu hätte es einer Verfassung (Humphrey/Rey; Das deutsche Desaster, S. 231) bedurft, die die Mitbestimmung des Volkes an politischen Entscheidungen ermöglicht.

Der Vorstoß der Verfassungsrichter im Lissabon-Vertrag ist eine Hintersinnigkeit. Dem Volk soll keine politische Mitbestimmung eingeräumt werden. Das Bestimmungsrecht des Volkes über den Staatswillen existiert nicht. Würde das Grundgesetz gelten, wie nach

Art. 20 Abs. 2 gefordert, dann ergäbe sich nach dem frei gebildeten Volkswillen direkte Demokratie, nicht parteipolitische Programme, die dem Machterhalt parteipolitischer Interessen entsprechen, wie es leider der Fall ist. Dies entspricht einem Parteiengesetz, das im Art. 21 GG Abs. 1 geregelt ist:

»Die Parteien wirken bei der politischen Willensbildung des Volkes mit. Ihre Gründung ist frei. Ihre innere Ordnung muss demokratischen Grundsätzen entsprechen. Sie müssen über die Herkunft und Verwendung ihrer Mittel sowie über ihr Vermögen öffentlich Rechenschaft geben.«

Das Parteiengesetz (PartG) beschreibt die Arbeit der Parteien wie folgt:

»§ 1 Verfassungsrechtliche Stellung und Aufgaben der Parteien

(1) Die Parteien sind ein verfassungsrechtlich notwendiger Bestandteil der freiheitlichen demokratischen Grundordnung. Sie erfüllen mit ihrer freien, dauernden Mitwirkung an der politischen Willensbildung des Volkes eine ihnen nach dem Grundgesetz obliegende und von ihm verbürgte öffentliche Aufgabe.

(2) Die Parteien wirken an der Bildung des politischen Willens des Volkes auf allen Gebieten des öffentlichen Lebens mit, indem sie insbesondere auf die Gestaltung der öffentlichen Meinung Einfluss nehmen, die politische Bildung anregen und vertiefen, die aktive Teilnahme der Bürger am politischen Leben fördern, zur Übernahme öffentlicher Verantwortung befähigte Bürger heranbilden, sich durch Aufstellung von Bewerbern an den Wahlen in Bund, Ländern und Gemeinden beteiligen, auf die politische Entwicklung in Parlament und Regierung Einfluss nehmen, die von ihnen erarbeiteten politischen Ziele in den Prozess der staatlichen Willensbildung einführen und für eine ständige lebendige Verbindung zwischen dem Volk und den Staatsorganen sorgen.

(3) Die Parteien legen ihre Ziele in politischen Programmen nieder.

(4) Die Parteien verwenden ihre Mittel ausschließlich für die ihnen nach dem Grundgesetz und diesem Gesetz obliegenden Aufgaben.«

Das Mehrparteiensystem, das vom sogenannten personalisierten Verhältniswahlrecht lebt, bringt eine Bundesregierung hervor, die, je nach Parteizugehörigkeit, in Koalitionen gegliedert ist. Sogenannte Sperrklauseln (z. B. Fünfprozenthürde) bewirken, dass das Parteiensystem nicht zersplittert. Daraus resultiert Fraktionszwang (Parteidisziplin), der auf Bundes-, wie Länderebene dafür sorgt, dass die regierende Partei an der Macht bleibt. Das lässt Demokratie vermissen, die – in welcher Form auch immer – durch das Volk legitimiert werden muss; eine Art Gleichheits- und Mehrheitsprinzip, Minderheitenschutz, freie Willensbildung, insbesondere aber die Möglichkeit der politischen Opposition sowie des Machtwechsels auf Volksgeheiß gewährleistet.

Praxis ist, dass die sachliche Entscheidung oft genug gegen parteipolitisches Kalkül, das dem Machterhalt dient, getauscht wird. Das vertieft den Graben zwischen Wählern, die gewillt sind, parteipolitischen Zielen folgen zu wollen, und denen, die endlich die Mitbestimmung fordern, die das Grundgesetz zusichert. Protestwahlen oder Neugründung von Parteien (Grüne, Piraten, AfD) sind die Folge. Allesamt, sofern sie an die gleichen rechtlichen Grundlagen gebunden sind, solange gezwungen, zunächst Machtanspruch, Einfluss zu sichern und die notwendigen Mehrheiten innerhalb einer Fraktion als auch in Verbindung mit anderen Fraktionen zusammenzusammeln, dass eine Sachentscheidung fortwährend geändert werden muss, was wiederum langfristige Änderungen oder Entwicklungen in eine Richtung verhindert. So beispielsweise eine Verfassungsreform, mit Anträgen zur Einführung von Volksinitiative, Volksbegehren und Volksentscheid.

Ein Versuch, diese direkt-demokratischen Mittel auf Bundesebene einzuführen, scheiterte im Januar 1993 als die Gemeinsame Verfassungskommission von Bundestag und Bundesrat (GKV) die erforderliche Zweidrittelmehrheit verfehlte, was auch darauf zurückzuführen war, dass der Antrag der GKV als konzeptionslos angesehen werden muss.

Einen Schritt weiter kam das politische Unterfangen, als die rotgrüne Regierung von 1998 direkte Gesetzgebung in den Koalitionsvertrag aufnahm (Aufbruch und Erneuerung – Deutschlands Weg ins 21. Jahrhundert. Koalitionsvereinbarung zwischen der Sozialdemokratischen Partei und Bündnis 90/ Die Grünen, Bonn 1998, S. 38) und im März 2002 einen Gesetzentwurf zur Einführung einer dreistufigen direkten Gesetzgebung in das Grundgesetz vorlegte (Entwurf eines Gesetzes zur Einführung von Volksinitiative, Volksbegehren und Volksentscheid in das Grundgesetz, Deutscher Bundestag 14. Wahlperiode, Drucksache 14/8503, Berlin 2002).

Der Entwurf kam nicht durch den Bundestag. Die CDU/CSU-Fraktion kritisierte bei der 1. Lesung (21.3.2002) die im Gesetzentwurf vorgeschlagene Unterschriften- und Beteiligungshürde als zu niedrig und sah darin den »Abschied von der Mehrheitendemokratie« und die Gefährdung des föderalistischen Systems. (Rupert Scholz, lt. Protokoll der 1. Lesung im Bundestag, www.mehrdemokratie.de/bu/dd/bundestag/htm.) Die PDS-Abgeordnete kritisierte die gleichen Hürden als zu hoch; der FDP-Abgeordnete Max Stadler wiederum forderte die Volksinitiative nach sogenanntem kassatorischem Referendum (die zulässt, eine Entscheidung aufzuheben), wie es in der Schweiz üblich ist.

Immerhin: Der Innenausschuss des Deutschen Bundestages lud am 19. April 2002 zu einer Anhörung, um mit zehn Sachverständigen, auch zwei aus der Schweiz, die verfassungspolitische Grundsatzfrage und die Verfahrensbestimmungen zu diskutieren. Kaum zwei Monate später, am 7. Juni 2002, stimmte der Bundestag über den Gesetzentwurf ab. Dafür stimmten SPD, Bündnis 90 / Die Grünen, PDS und einige FDP-Abgeordnete. Die CDU/CSU und die Mehrheit der FDP verhinderte erneut die Zweidrittelmehrheit.

Trotzdem sich die deutsche Politik auf einem Weg zu befinden scheint, der die Möglichkeit, direkte Demokratie zu erreichen, nicht ausschließt, ist es seit dem Millennium zu keinem bedeutenden Fortschritt mehr gekommen. Allein in den Verfassungen der Bundesländer existieren die direktdemokratischen Instrumente Volksentscheid und Volksbegehren.

Obgleich andere Länder direktdemokratische Möglichkeiten bieten, kommt Deutschland wohl aktuell zu keiner Lösung. Die an den Machterhalt gebundenen parteipolitischen Bestrebungen aller Parteien, speziell der Regierungsparteien CDU und ihr bayrisches Schattens, der CSU, und die SPD, sind durch zahlreiche Fehlentscheidungen bei der sogenannten Eurorettung und der aktuellen Flüchtlingskrise gar nicht in der Lage, sich derartiger Themen anzunehmen. Schon gar nicht, wenn zu befürchten ist, dass die Kanzlerin oft genug im Interesse einer Elite handelt, der Hochfinanz etwas oder der USA.

Andere Länder kennen direktdemokratische Elemente. Die Schweiz gilt als das Land, in dem die meisten direktdemokratischen Mittel genutzt werden können. (Andreas Gross; Bruno Kaufmann, IRI Europe Länderindex zur Volksgesetzgebung 2002. Ein Design- und Ratingbericht zu den direktdemokratischen Verfahren und Praktiken in 32 europäischen Staaten, Amsterdam 2002, S. 13.) Ebenso gelten in Italien, Dänemark, Irland oder Österreich umfangreiche Möglichkeiten des Volkes, sich am politischen Geschehen zu beteiligen. (Martin Sebaldt: Die Macht der Parlamente, Wiesbaden 2009.)

Die Hinterhältigkeit dagegen, alle Formen direkter Demokratie in die (ohnedies zu ersetzende) deutsche Verfassung zu verhindern, wird oft damit begründet, dass die politischen Vorgänge zu komplex seien. Dem muss aber entgegengehalten werden, dass solange Entscheidungen im Bundestag nach parteipolitischem Zwang geschlossen werden, diese kaum sinnvoller sind als mögliche Fehlentscheidungen, die das Volk trifft. Historische Vorbehalte mögen darin liegen, dass die Mitbestimmung des Volkes zum Scheitern der Weimarer Republik geführt haben soll. Dies hatte zur Folge, dass antidemokratische, konservative Eliten es erreichten, ihren Protegé Adolf Hitler und seinen nationalsozialistischen Gesinnungsbrüdern den Staatsthron zuzuspielen, und so die aufkommende Macht der Arbeiter zu zerschlagen. Hitlers geschickter Wahlkampf (Versprechen, wie 1000-jähriges Reich, Arbeit für alle), PR (Einschüchterung, SS) und letztlich die Gelder der Eliten, führten dazu, dass sich Hitler die Macht aneignete, nach der er sich im Größenwahn sehnte.

Damit stürzte er Deutschland, Europa und die ganze Welt in einen Krieg, der unzählige Tote, Verletzte und Zerstörung mit sich brachte. Er verhinderte jedoch nicht, dass bis heute antidemokratische Eliten wirken, die dem Volk die Mitbestimmung verweigern, eine Scheindemokratie als Demokratie ausgeben und deren verhängnisvolle Finanzpolitik zu einem Krieg auf den Konten führt, den wir gegenwärtig erleben, wobei unklar bleibt, welche Folgen dieser haben wird.

Die Frage, wie sich direkte Demokratie auf das deutsche Parteiensystem auswirken würde, ist noch gar nicht untersucht worden. Dem historischen Vorurteil folgend, gilt allein, dass Instrumente der direkten Demokratie dem Parteiensystem schaden. (Theo Schiller; Volker Mittendorf: Direkte Demokratie, Forschungen und Perspektiven, Wiesbaden 2002)

Parteipolitischer Großmut ist also nur über eine andere Form der Demokratie zu erreichen. Die direkte Demokratie erlaubt die Kontrolle und Abwahl einer Regierung bzw. der Volksvertreter, daher erscheint sie im Verhältnis zur geltenden repräsentativen Form eine Verbesserung. Dabei muss einschränkend gelten, dass keine ganz neue oder reine Form der direkten Demokratie für ganz Deutschland (oder auch der Länder) gelten kann.

Deutschland könnte aber im Zuge, ein Mitspracherecht des Volkes auf Bundesebene einzuführen, sein gesamtes Staatswesen verbessern und darauf ausrichten, dass alle Macht vom Volke ausgeht. Da im Zuge der Europäisierung schon Rechtsstaatlichkeit und der soziale

Aspekt verloren gingen, wäre mit Einführung direktdemokratischer Instrumente zumindest ein Unheil beseitigt. Deutschland könnte auf diesem Weg die Scheindemokratie überwinden und sich zum ersten Mal seit 1949 als demokratisch regiert bezeichnen, sich von der Abhängigkeit z
ur USA und vom Euro befreien.

Wir sind das Volk – Modell für direkte Demokratie

Politik ist dazu da, den Rahmen des gesellschaftlichen Zusammenlebens zu wahren. Historisch ist dieser Grundsatz der oberste. Ohne Ordnungspolitik hat Politik keinerlei Befugnis. Eine solche wird innerhalb eines Gesellschaftssystems für eine Gesellschaftsordnung ausgeübt über die Legislative und dafür verantwortliche Gerichtsbarkeit, über Gerichte und der gleichzeitig ordnenden Funktion des zur Verfügung stehenden Polizeiapparates. Darin kann sich aber nicht die Funktion einer Politik erschöpfen. Die ordnende Funktion als ordnungspolitische Aufgabe für Politik hat weitreichende zusätzliche Bereiche abzudecken. Wie beispielsweise:

- eine Rahmensetzung für Finanzmärkte;

- eine Rahmensetzung für Wirtschaftstätigkeit;

- eine Rahmensetzung für Politik;

- eine Rahmensetzung für Demokratie und zur Vermeidung der Ausuferung politisierter Rechtsprechung in diesem Zusammenhang.

Das Volk muss lernen, von seinem Mitspracherecht Gebrauch zu machen. Alle Mächtigen müssen staats- bzw. volksdienlich arbeiten. Es muss das Interesse aller Unternehmer werden, der Sozialen Marktwirtschaft zuzuarbeiten. Auf jeder Ebene müssen Führungskräfte herangezogen werden, die es verstehen, ihre Position zum Vorteil anderer auszubauen und nicht auf dem eigenen Vorteil beharren. Tugenden, wie Ehrlichkeit, Treue, Unbestechlichkeit müssen wieder in Regierungszentren, Parlamenten, Vorständen und Leitungen anzutreffen sein. Politik darf und muss künftig nur der Sache verpflichtet sein und nicht länger hauptsächlich einer Partei dienlich; Legislaturperioden gehören abgeschafft, das Volk muss beurteilen, inwiefern eine Regierung an der Macht bleiben darf und wann ihre Zeit beendet ist.

In Zeiten des heutigen Europa vermochte es deutsche Politik nicht, zugunsten aller Deutschen einen Ordnungsrahmen zu schaffen, der Deutschlands schützt; Europapolitik vermochte es nicht, zugunsten aller Europäer einen Ordnungsrahmen zu schaffen, der Europa nützt. Daher muss sich Deutschland vom Euro-Europa lösen. Dafür soll folgendes Modell mit direktdemokratischen Mitteln gelten:

Das Volk ist oberstes Verfassungsorgan. Es bestimmt per Gesetzesreferendum oder Volksinitiative, wobei die Volksmehrheit entscheidet. Ist in Sachfragen das Volk anderer Meinung als die Regierung und das Parlament (bzw. die Parlamentsmehrheit), entscheidet das Volk per mehrheitlicher Abstimmung.

Das Staatsoberhaupt würde im Zweijahresturnus gewählt. Es dürfte einer Partei angehören, aber während der Präsidentschaft nicht auch Vorsitzender der (Bundes- oder Landes-)Partei sein oder andere Ämter (als Berater in Firmen, Aufsichtsräten usw.) haben. Es würde repräsentativ von allen Wahlberechtigten durch entsprechende Wahlen ab 18 Jahren gewählt. Die Regierungsfähigkeit legt sich nach Mehrheit fest.

Der Präsident (auch Präsidentin) regiere vollamtlich. Wie derzeit auch, ist der Präsident dem Parlament und den Landesvertretungen unterstellt, die eine Regierungsentscheidung jederzeit aufheben und zur Neubewertung ausgeben bzw. kippen können. Der Präsident muss mindestens zehn Jahre in Landesverbänden bzw. in Arbeitsgruppen, Beraterkreisen beispielsweise der freien Wirtschaft oder bei Nichtregierungsorganisationen gearbeitet haben, um an die Bundesspitze vordringen zu dürfen.

Das Amt des Bundespräsidenten ist abzuschaffen.

Die Ämter (z. B. Bundesfinanzamt) entwerfen Gesetze, die von den Parteien, Verbänden usw. und vom Verfassungsgericht geprüft werden. Auch das Parlament prüft jedes Gesetz. Einigen sich die Entscheider nicht, so gibt es ein Referendum und das Volk entscheidet per Mehrheit. Wichtig dabei ist: Der Präsident ist dem Parlament rechenschaftspflichtig, wie die Parteien. Es gibt dazu besondere Sitzungen, die jährlich stattfinden. Die Stelle des Präsidenten ist per Arbeitsplatzbeschreibung festgelegt; die Wahl des Präsidenten erfolgt nach Prüfung der Eignung, die vor allem auf Führungsqualitäten basiert und eine neurotische, narzisstische oder größenwahnsinnige Persönlichkeit ausschließt.

Die Regierung ist eine Kollegialbehörde (ohne Chef). Alle Regierungsmitglieder sind auf Zeit gewählt. Ihre Amtszeit endet automatisch. Die Regierung kann in der gleichen Besetzung nicht wiedergewählt werden. Vorstellbar ist eine Amtszeit von vier Jahren. Die Amtsenthebung jedes Mitglieds der Regierung ist, ebenso wie beim Präsidenten, jeder Zeit möglich. Jeder Verdacht strafbarer Handlungen ist zu prüfen. Dazu müssen entsprechende Verfahren und eine Kontrollgruppe entwickelt werden, deren Mitglieder nach einem Jahr abgehen.

Die Vergütung der Regierungsmitglieder erfolgt nach Tabellen, die zu entwickeln sind. Regierungsmitglieder müssen nicht gewählte Parlamentarier sein, die je nach der Wahl des Präsidenten ausscheiden. Die Gehälter müssen voll versteuert werden; die Berentung erfolgt wie bei jedem anderen Arbeitnehmer auch. Das gleiche gilt für Leistungen des Gesundheitswesens, wobei alle im Staatsdienst befindlichen dazu aufgerufen sind, in die staatlichen Systeme einzuzahlen. Endet die Regierungszeit der Regierungsmitglieder, so können sie in der freien Wirtschaft oder in politischen Kreisen jederzeit arbeiten, nicht jedoch in Firmen, die im Auftrag der Regierung arbeiten (das soll im Rahmen von 5 Jahren gelten) oder die die Regierung beraten.

Alle Volksvertreter sind auf Amtszeit von ebenfalls zwei Jahren gewählt. Endet diese wird das Parlament aufgelöst und das neue tritt seinen Dienst an. Die Wahl des Parlaments ist an die Wahl des Präsidenten gebunden.

In diesem Modell sind die Staatsorgane der Gesetzgebung vierstufig. Immer ist der Zugang der Bürger zu den Gerichten möglich; der Bürger genießt vollen Rechtsschutz. Wurde der Verfahrensweg nicht eingehalten oder inhaltlich nicht richtig formuliert, so sind Beistand und Unterstützung anzubieten, damit der Bürger in die Lage versetzt wird, sein Anliegen vorzubringen. Das Verfassungsgericht muss sich um Annahme des Verfahrens bemühen und ebenso um Begründung – egal, wie die Entscheidung ausfallen könnte.

Die Justiz verwaltet sich selbst, unterliegt aber auch Kontrollen. Grundsätzlich gilt: Der Richterspruch muss dem Recht folgen. Dazu müssen Richter unabhängig sein. Die Justiz verwaltet sich selbst. Die Besetzung der Richter erfolgt nach Qualifikation und Arbeitsergebnissen. Auch ihre Amtszeit ist zu begrenzen, wobei mehrere Legislaturen möglich sein sollen. Allein Sachkompetenz zählt: Wer z. B. Finanz- oder Verwaltungsrichter werden will, muss eine Karriere in der (Finanz-)Verwaltung durchlaufen.

Der Grundsatz der Rechtswegerschöpfung wird abgeschafft; Verfassungsbeschwerden gehören sofort vor das Verfassungsgericht. Verwaltungsakte, die aufgrund verfassungswidriger Gesetze Bestand haben sind aufzuheben. (Humphrey/Rey: Das deutsche Desaster, Frankfurt am Main, 2014, Frankfurt am Main 2014, S. 230) Vor allem das Haushaltsrecht ist umzugestalten; bei Zweifeln an der Verfassungsmäßigkeit der Haushaltsplanung müssen die Verfassungsrichter per Eilverfahren entscheiden und Haushaltsmittel sperren.

Die Staatsanwaltschaften sind der Weisungsbefugnis der Politik zu entziehen. Staatsanwälte dienen allein der Rechtsstaatlichkeit und Bürgervertretung; sie klären Straftaten auf (in Zusammenarbeit mit anderen Organen, wie Polizei) und bringen sie bei Gericht zur Anklage. In einem Rechtsstaat haben sie eine Kontrollfunktion.

Was zu sagen bleibt ...

Es ist Krieg. Er wütet auf den Konten. Die Fronten liegen dort, wo die Hochfinanz Schulden macht und Politiker im Sinne dieser Hochfinanz zu Ordnung und Maß aufrufen. Der Schuldenmeister USA hat sich um ein so Vielfaches übernommen, dass die Schulden nicht mehr tilgbar sind. So ergeht es auch den Ländern in Europa, besonders denen, die den Euro als Währung einführten.

Wie die größte Krise Europas begann, ist kaum auszumachen, obgleich der 15. September 2008 als Datum gilt. An diesem Tag crashte die Investmentbank »Lehman Brothers«, die einen Schuldenberg von 613 Milliarden Dollar angehäuft hatte. Seither versuchen Abwickler die Konkursmasse in Geld für die Gläubiger zu verwandeln.

Doch nicht allein bei Lehman wurde fahrlässig gehandelt. Weltweit brachten Investmentbanker seither Schrottkredite als Wertpapiere mit märchenhaften Renditen an Käufer, um hohe Boni zu kassieren. Hedgefondsmanager liehen sich beispielsweise in Japan billiges Geld, um es in Griechenland oder den USA anzulegen, verziert mit Beteiligungen und Vermittlerprovisionen. Es waren Banker, die Bestimmungen aushebelten und Abkommen brachen, um Geld in der ganzen Welt herum zu verschieben; es waren Politiker, die nicht eingriffen. Das geschieht seit den 1970er Jahren; Wirtschaft und Politik waren nicht in der Lage, sich gegen die Spiele der Hochfinanz zu wehren.

Spekulationsblasen am amerikanischen und spanischen Immobilienmarkt folgten in den 1980er und 1990er Jahren, wobei vor allem Japan verlor. Dort platzte 1989 eine Aktienblase – seither ist das Land in Deflation. Alle Maßnahmen, die die japanische Notenbank ergriff, um die Krise zu lösen, waren unwirksam. Die Krise wurde zum Ausnahmezustand, dann zur Normalität. Dies geschah auch während der Zeit als die Blase um neue Technologien platzte, allen voran die der Computersysteme. Obwohl der Sektor sich weiterhin entwickelt; Gewinne, wie in den 90er Jahren wurden wohl nicht mehr erzielt. Seit 2000 wurde es letztlich en vogue, das Länder, wie China, Staatsanleihen, z. B. von den USA, kauften, um den amerikanischen Schuldenberg zu sichern. Dieses Prinzip der Schuldenstützung wirkt längst auch in Europa, wo die die Europäische Zentralbank (EZB) Anlagenramsch aufkauft, um die Schulden der Euroländer stabil zu halten und damit die Euroländer. Zudem wurde der Leitzins gesenkt, damit Kredite billiger und billiger wurden.

Die Europäische Zentralbank (EZB), die durch Abstimmungen der Parlamente der Euroländer, seit dem 4. November 2014 die Hoheit über die Staatshaushalte jener Länder und die Aufsicht über die 120 führenden Banken im Euroraum übernommen hatte, prüfte im Jahr 2014 den Wert von 130 Euro europäischen Banken (darunter 24 deutsche). Die European Banking Authority (EBA) gilt als europäische Behörde für Bankenaufsicht. Sie ist Teil des »Europäischen Systems der Finanzaufsicht« (ESFS), einem Netzwerk aus den nationalen Aufsichtsbehörden der 27 EU-Mitgliedsstaaten, den drei EU-Aufsichtsbehörden für Banken, Wertpapiermärkte und Versicherungen (EBA, ESMA, EIOPA), deren gemeinsamen Ausschuss sowie dem Europäischen Ausschuss für Systemrisiken (ESRB). Ihre wichtigste Aufgabe ist es, ein einheitliches europäisches Regelwerk für die Finanzinstitute einzuführen, wobei die Verantwortung für die Kontrolle der Finanzinstitute bzw. -märkte national bleiben sollen. Die EBA übernahm die Aufgaben des Europäischen Ausschusses für Bankenaufsicht (CEBS) und überprüfte parallel zur EZB 2014 Banken in Nicht-Euro-Staaten, etwa die Großbritanniens.

Die Kosten dieser Prüfungen trug der Steuerzahler; die Kosten dafür, Kapitallücken zu stopfen, sollten die Banken durch Kapitalmaßnahmen oder den Verkauf von Beteiligungen oder Forderungen erwirtschaften. Bei den Tests ging es darum, festzustellen, wie ausfallgefährdet Kredite waren. Die Bilanzen 2013 brachten faule Kredite in Höhe von 136 Milliarden Euro zutage. 25 der geprüften Banken aus 11 Ländern bestanden den Test nicht. Spitzenreiter ist Italien mit 9

Geldhäusern, mehrere Verlustinstitute gab es in Zypern und Griechenland (je 3), Slowenien sowie Belgien (je 2) – in Deutschland war die Münchener Hypothekenbank betroffen, in Österreich die ÖVAG, die ohnedies abgewickelt wurde. Auch in Spanien, Frankreich, Irland sowie Portugal gab es je eine Bank, die negativ auffiel. Mit dem Jahr 2015 hieß es, die Verluste seien ausgeglichen – wie dies möglich gewesen sein sollte, blieb fraglich.

Immerhin musste die Deutsche Bank, die den Test 2014 noch tadellos bestanden hatte, für das 3. Quartal 2015 einen Verlust von 6,8 Milliarden Euro ausweisen. Nun will das Management 20.000 Stellen abbauen. Reicht dies nicht, werden weitere Jobs abgebaut werden müssen. Die Deutsche Bank, die zudem Milliarden an Verpflichtungen für Rechtsstreite weltweit vorhalten muss, ist in Schwierigkeiten. Das bedeutet vor allem, dass nach der Staatspleite, die Deutschland verschleppt und Beihilfe dazu leistet, nun auch die größte deutsche Bank in große Schwierigkeiten geraten ist.

Ähnlich wie in Griechenland, dessen Banken zunächst von Hedgefondsmanagern missbraucht wurden und dann in die Pleite abrutschten, dem die Staatspleite folgen musste, die aber durch Zahlungen aus dem ESM und anderen Hilfsprogrammen bisher verzögert wurde, ergeht es nun auch Deutschland.

Der Milliardenverlust der Deutschen Bank kann kaum gedeckt werden, denn Milliarden an Hilfsgeldern aus beispielsweise dem ESM, durch Stellenabbau oder durch Vermögenswerteverkauf wird die Bank auf Dauer nicht stabil halten. Am 9. Juni 2015 stufte die Ratingagentur Standard & Poor's das Kreditrating der Deutschen Bank runter auf BBB+. Das ist immer noch ein guter Wert, aber schlechter als das Rating, das Lehman Brothers vor dem Untergang 2008 zugeteilt wurde.

Es bleibt abzuwarten, wie sich die Deutsche Bank aus dieser Misere befreien will. Auf Staatsgelder oder Hilfsgelder kann sie zwar hoffen, aber nicht auf Werte, denn die sogenannten Hilfskredite sind nicht

Gegenwert gedeckt. Damit ist klar, dass sich die Deutsche Bank nicht wieder erholen wird. Es ist damit auch klar, dass die Finanzkrise, die Europa selbst mit der heimlichen Währungsreform bei Einführung des Euro, nicht in den Griff bekommt, in eins ihrer letzten Stadien gehen wird: die Pleite.

Die deutsche Politik, die es sich vor dem Hintergrund dieser Pleite zur Aufgabe machte, Parteipolitik als Staatstheater zu betreiben, anstatt sinnvolle politische Arbeit zu leisten, hat dazu beigetragen, dass die europäische Finanzkrise als die größte jener Krisen in die Geschichte eingehen wird. Sie beruht auf politischem Versagen, Lügen, Rechtsbeugung und Rechtsbruch.

Waren wir in unserem Buch »Das Deutsche Desaster« noch zu dem Schluss gekommen, dass ein gemeinsames Europa anderer Voraussetzungen bedarf, so kommen wir nun zu dem Schluss, dass Europa kaum mehr Aussichten hat, zu überleben. Werden nicht sofort Maßnahmen ergriffen, wie Insolvenzordnung für Staaten, Währungsreform, Neuausrichtung der Politik, also der geordnete Ausstieg, wird Europa in die weltweite Schuldenmasse eingehen. Und darin ertrinken. Dem kann allein der ungeordnete Umsturz folgen, Revolution, Bürgerkrieg oder bürgerkriegsähnliche Zustände. Mit jedem Tag, der vergeht, steigt die Chance auf die Option Chaos. Menschen für Demo-kratie rufen deshalb zum geordneten Ausstieg auf.

Es bleibt zu hoffen, dass nachkommende Generationen aus dieser Krise lernen, dass politische Macht zu begrenzen ist. Allein echte, direkte Demokratie kann dies leisten – diese gilt es herzustellen. Je eher, desto besser.

Unser Dank

Seit zehn Jahren beschäftigen sich Menschen für Demo-kratie mit der Entwicklung Deutschlands im Verbund mit Europa und am Gängelband der USA und berichteten über Rechtsbrüche, Werteverlust und Staatsterror unter www.menschenfuerdemo-kratie.de.

In dieser Zeit haben verschiedene deutsche, wie US-Regierungen unser Land in die schlimmste Krise aller Zeiten gestürzt und dies durch den größten Volksbetrug aller Zeiten erreicht, der vor allem darin bestand, dass nach dem 2. Weltkrieg (im Westen) eine Scheinverfassung ohne Mitsprache des Volkes installiert wurde. Bis 1989 war dies ein Teil Deutschlands, nach der Wende und dem Zusammenbruch des »Warschauer Paktes« wurde es zu dem wiedervereinigten Deutschland, wie wir es heute kennen.

Durch Täuschungsmanöver, die bewusste, schleichende Außerkraftsetzung staatlicher Institutionen, auch durch Abtretung etlicher Entscheidungsprozesse an die EZB im Zuge der Euroentwertung, aber auch der von der USA gelenkten Weltpolitik, die Aufhebung der Rechtsstaatlichkeit, eine nicht mehr tilgbare (deutsche) Staatsverschuldung (15 Tausend Milliarden Euro – explizite und implizite) und das bevorstehende Inkrafttreten des TTIP, das Deutschland endgültig an USA-Produkte bindet und dem Land das Mehrprodukt und eine Kassenlage erhält, die es erlaubt, noch einige Zeit länger Schulden anzuhäufen und Geld zu drucken, wann immer es nötig erscheint, wurden die Deutschen entmündigt und um eine Zukunft betrogen, die das Land als eigenständig, demokratisch und rechtsstaatlich ausweist.

Dies zu kommentieren und, da anders unmöglich, mit Worten zu verurteilen, haben wir dieses Buch gemacht. Wir danken allen Freunden, Bekannten und auch Verwandten für ihre leidenschaftlichen Ideen. Wir danken den Mitarbeitern der Firma Global-Text

Fachübersetzungen für alle Worte in englischer Sprache. Wir danken Andreas Sawusch dafür, mit Hingabe und zuverlässig, alle Texte ins Netz gestellt zu haben. Wir danken Lilo Schmitt und Brigitte Fuchs, die fleißig tippten. Wir danken der Kanzlei Simon Jakob & Kollegen in Heidelberg für ihren Mut, unser Vorhaben juristisch zu begleiten. Wir danken dem Allround-Talent Peggy Wolf für das Redigieren der Texte.

Wir danken allen, die dieses Buch ermöglicht haben. Ein besonderer Dank gilt dem Verlag R. G. Fischer in Frankfurt, mit dem wir das große Glück hatten, zusammenarbeiten zu dürfen.

Dr. Michael Humphrey und Volker Hans Rey im März 2016

Über die Autoren

Volker Hans Rey war über Jahre hin Steuerberater a. D., Diplom Versicherungssachverständiger und Wirtschaftsmathematiker (Schwerpunkt: Alterssicherungssysteme) mit eigenem Büro in Heidelberg.

Bei seiner täglichen Arbeit fielen ihm Unregelmäßigkeiten auf, die Großkopferte (auch legal, weil gesetzliche Grundlagen mangelhaft waren) in Anspruch nahmen oder aber im Rahmen ihrer parteipolitischen Tätigkeit beschlossen – oft beides leider nicht im Sinne des Bürgers. Aus diesem Grund kam Volker Hans Rey zur Ansicht, dass die parlamentarische Demokratie ihr Ende finden muss. Selbstverwaltung und echte, direkte Demokratie allein ermöglichen, umzusetzen, was Volkes Wille ist.

Durch Gründung der Initiative »Menschen für Demo-kratie« trägt Volker Hans Rey dazu bei, sachgerecht über Themen, wie den maroden Staatshaushalt, das überschuldete Vorsorgesystem, die Folgen von ESM/Fiskalpakt und das auf Schulden geeinte Europa zu informieren. Seine Spezialität heute sind Kampagnen gegen Rechtsverstöße des Staates, die oft ohne das Wissen der Betroffenen, beispielsweise Renten schmälern oder Hilfen für Unterstützungsbedürftige.

Dr. Michael Humphrey begleitet als Rechtsanwalt mit den Schwerpunkten Verfassungs- und Europarecht, Internationales Privat- und allgemeines Zivilrecht, die Arbeit von Menschen für Demokratie.

Er entwickelt und unterstützt Kampagnen der Initiative, wie das Verfahren gegen die Bundesregierung wegen Veruntreuung von Steuergeldern, vor Sozialgerichten zur Festsetzung von Hartz IV oder Klagen vor dem Bundesverfassungsgericht gegen den ESM/Fiskalpakt.

Literaturempfehlungen

Hinweise auf z. B. Autoren, Bücher, Studien, Umfragen oder Websites erfolgen im Text. In diesem Verzeichnis finden sich Bücher u. a. Materialien, die wir empfehlen.

Arnold, Peter; Arnold, Wolfgang: Die Bombenfunktion Zinseszins, Hamburg 2014.

Benedikter, Roland: »Konfrontation als Schicksal? China, USA und die neue pazifische Konstellation«, in: Blätter für deutsche und internationale Politik 11 (2012), S. 56-64.

Birnbaum, Norman: »Obamas Macht, Obamas Ohnmacht«, in: Blätter für deutsche und internationale Politik 12 (2012), S. 5–8.

Bode, Thilo: Die Freihandelslüge. Warum TTIP nur den Konzernen nützt – und uns allen schadet, München 2015.

»Edward Snowden enthüllt die Dimension der Überwachung des Globus durch US-Geheimdienste: Böse Wahrheiten über die hochgelobte Freiheit und ihre demokratische Bewältigung«, in: Gegenstandpunkt 3 (2013), S. 49–58.

Foschepoth, Josef: Überwachtes Deutschland. Post und Telefonüberwachung in der alten Bundesrepublik, Göttingen 2012.

Gammelin, Cerstin; Löw Raimund: Europas Strippenzieher. Wer in Brüssel wirklich regiert, Berlin 2014.

Geppert, Dominik: Ein Europa, das es nicht gibt. Die fatale Sprengkraft des Euro, Berlin 2013.

Gillen, Gabriele; Rossum, Walter van (Hrsg.): Schwarzbuch Deutschland. Das Handbuch der vermissten Informationen, Reinbek bei Hamburg 2009.

Hankel, Wilhelm (et al.): Das Euro-Abenteuer geht zu Ende: Wie die Währungsunion unsere Lebensgrundlagen zerstört, Rottenburg 2011.

Häring, Norbert: So funktioniert die Wirtschaft, Freiburg 2012.

Häring, Norbert: Was Sie schon immer über die Wirtschaft wissen wollten, aber bisher nicht erfahren sollten, Stuttgart 2010.

Hebel, Stephan: »Die märkische Marktfrau: Angela Merkels geschmeidiger Neoliberalismus«, in: Blätter für deutsche und internationale Politik 3 (2013), S. 81-90.

Henkel, Hans-Olaf: Die Abwracker. Wie Zocker und Politiker unsere Zukunft verspielen, München 2009.

Henkel, Hans-Olaf: Rettet unser Geld. Deutschland wird ausverkauft: Wie der Euro-Betrug unseren Wohlstand gefährdet, München 2010.

Hickel, Rudolf: »Deutschland deine Banken: Kasinos schließen, Stärken bewahren«, in: Blätter für deutsche und internationale Politik 3 (2013), S. 91–98.

Humphrey, Michael; Rey, Volker Hans: Das deutsche Desaster. Wie die Deutschen um die Demokratie betrogen werden und warum Europa kaum bessere Aussichten hat, Frankfurt am Main 2014.

Jung, Ottmar: Grundgesetz und Volksentscheid. Gründe und Reichweite der Entscheidungen des Parlamentarischen Rats gegen Formen direkter Demokratie, Opladen 1994.

Kipp, Janne Jörg: Die große Enteignung, Rottenburg 2015.

Klimenta, Harald (et al.): Die Freihandelsfalle. Transatlantische Industriepolitik ohne Bürgerbeteiligung – das TTIP, Hamburg 2014.

Krätke, Michael: »Weltmacht an der Klippe«, in: Blätter für deutsche und internationale Politik 2 (2013), S. 81-90.

Leibovich, Mark: Politzirkus Washington. Wer regiert eigentlich die Welt?, Stuttgart 2014.

Leuschel, Roland; Vogt, Klaus: Die Inflationsfalle: Retten Sie Ihr Vermögen!, Weinheim 2009.

Lewis, Michael: Boomerang. Europas harte Landung, Frankfurt/New York 2011.

Mayer, Thomas: Europas unvollendete Währung. Wie geht es weiter mit dem Euro?, Weinheim 2013.

Meier, Michael: Das Ende der Behaglichkeit. Wie die modernen Kriege Deutschland und Europa verändern, München 2015.

Piketty, Thomas: Das Kapital im 21. Jahrhundert, München 2014.

Quiring, Manfred: »Großraum Eurasien: Putins neues Superbündnis und das Ende der GUS«, in: Blätter für deutsche und internationale Politik 11 (2012), S. 91-99.

Sarrazin, Thilo: Europa braucht den Euro nicht. Wie uns politisches Wunschdenken in die Krise geführt hat, München 2012.

Schachtschneider, Karl Albrecht: Die Rechtswidrigkeit der Euro-Rettungspolitik. Ein Staatsstreich der politischen Klasse, Rottenburg 2011.

Sinn, Hans-Werner: The Euro Trap. On Bursting Bubbles, Budgets, and Beliefs, Oxford 2014.

Starbatty, Joachim: Tatort Euro. Bürger schützt das Recht, die Demokratie und euer Vermögen, Berlin 2013.

Stelter, Daniel: Die Schulden im 21. Jahrhundert. Was ist drin und was fehlt in Thomas Pikettys »Das Kapital im 21. Jahrhundert«, Frankfurt am Main 2014.

Stephan, Cora: Angela Merkel. Ein Irrtum, München 2012.

Streeck, Wolfgang: »Auf den Ruinen der alten Welt: Von der Demokratie zur Marktgesellschaft«, in: Blätter für deutsche und internationale Politik 12 (2012), S. 61–72.

Ulfkotte, Udo: Gekaufte Journalisten. Wie Politiker, Geheimdienste und Hochfinanz Deutschlands Massenmedien lenken, Rottenburg 2014.

Ulfkotte, Odo: Raus aus dem Euro, rein in den Knast. Das üble Spiel von Politik und Medien gegen Kritiker der EU-Einheitswährung, Rottenburg 2013.

Vogl, Joseph: Der Souveränitätseffekt, Berlin 2015.

Wagenknecht, Sahra: Freiheit statt Kapitalismus. Über vergessene Ideale, die Eurokrise und unsere Zukunft, Frankfurt/New York 2012.

Walther, Dietrich (Hrsg.); Stock, Walter; Hartmann, Wolf D.: Die Euro-Expansion. Was könnte der Euro in einem gesamteuropäischen Wirtschaftsraum bewirken?, Frankfurt am Main 2015.

Weik, Mathias; Friedrich, Marc: Der Crash ist die Lösung. Warum der finale Kollaps kommt und wie Sie Ihr Vermögen retten, Köln 2015.

Weik, Mathias; Friedrich, Marc: Der größte Raubzug der Geschichte. Warum die Fleißigen immer ärmer und die Reichen immer reicher werden, Köln 2014.

Michael Humphrey Volker Hans Rey:

Das deutsche Desaster
Wie die Deutschen um die Demokratie betrogen werden
und warum Europa kaum bessere Aussichten hat
2014. 254 Seiten. Hardcover € 19,90 (D)
ISBN 978-3-8301-1642-4
Auch als E-Book erhältlich

Der Euro verbindet eine Bankrottgemeinde mit Insolvenzverschleppung. Die Schulden des Euro wirken auf alle EU-Länder, welche die täglich schwächer werdende Währung zähneknirschend stützen.

Deutschland ist eine Scheindemokratie, eine Diktatur der Geldhändler, deren Marionetten Politiker sind, die weiterhin gegen das Volk arbeiten.

Noch findet der Krieg auf den Konten statt. Diktatoren schüren Angst davor, dass Konten leer sein könnten, und bedienen sich zur gleichen Zeit an Geld, Vermögen und Werten, die ihnen nicht gehören. Die Presse berichtet nicht aufklärerisch, die Jurisprudenz urteilt nach parteipolitischen Interessen.

www.edition-fischer.de • www.rgfischer-verlag.de

Michael Humphrey Volker Hans Rey:

The German Disaster
How the Germans were cheated of their Democracy and why
the Prospects for Europe can scarcely be better
2014. 254 Seiten. Hardcover € 26,00 (D)
ISBN 978-3-8301-1646-2
Also available as ebook

The Euro unites a bankrupt community with the delaying of insolvency. The debts of the Euro affect all EU countries which reluctantly support this daily weakening currency.

Germany is a sham democracy, a dictatorship of moneytraders, and the politicians are their puppets, who continue to work against the interests of the people.

The war over their accounts is still being waged. Dictators fear that these accounts, these assets, might soon be exhausted, while at the same time helping themselves to funds and assets which do not belong to them. The press provides no informative reporting, and the courts pass judgement according to party-political interests.

www.edition-fischer.de • www.rgfischer-verlag.de